财政部规划教材
全国财政职业教育教学指导委员会推荐教材
全国高职高专院校财经类教材

保险中介业务

杜朝运　邓华丽　主编

经济科学出版社

图书在版编目（CIP）数据

保险中介业务／杜朝运，邓华丽主编. —北京：经济科学出版社，2015.10
财政部规划教材　全国财政职业教育教学指导委员会推荐教材　全国高职高专院校财经类教材
ISBN 978-7-5141-6206-6

Ⅰ.①保…　Ⅱ.①杜…②邓…　Ⅲ.①保险业-中介组织-中国-高等职业教育-教材　Ⅳ.①F842.4

中国版本图书馆 CIP 数据核字（2015）第 258748 号

责任编辑：侯晓霞　程辛宁
责任校对：郑淑艳
版式设计：齐　杰
责任印制：李　鹏

保险中介业务

杜朝运　邓华丽　主编
经济科学出版社出版、发行　新华书店经销
社址：北京市海淀区阜成路甲 28 号　邮编：100142
教材分社电话：010-88191345　发行部电话：010-88191522
网址：www.esp.com.cn
电子邮件：houxiaoxia@esp.com.cn
天猫网店：经济科学出版社旗舰店
网址：http://jjkxcbs.tmall.com
北京密兴印刷有限公司印装
787×1092　16 开　13 印张　320000 字
2016 年 3 月第 1 版　2016 年 3 月第 1 次印刷
ISBN 978-7-5141-6206-6　定价：29.00 元
（图书出现印装问题，本社负责调换。电话：010-88191502）
（版权所有　侵权必究　举报电话：010-88191586
电子邮箱：dbts@esp.com.cn）

编写说明

保险中介是介于保险经营机构之间的或保险经营机构与投保人之间的,专门从事保险业务咨询与招揽、风险管理与安排、价值衡量与评估、损失鉴定与理算等中介服务活动,并从中获取佣金或手续费的单位或个人。保险中介包括保险专业代理机构、保险经纪机构和保险公估机构三类。本书主要对这三类机构的业务进行介绍。

按照高职高专一体化课程教材的编写要求,本教材在编写过程中充分考虑教、学、练相结合,根据岗位工作内容确定学习内容,教材内容以工作内容为依据。各部分内容不仅仅是知识,更多是知识的运用,把知识放到工作过程中,以过程串起知识,从而实现课程与工作一体化。

本教材是集体合作的结果。泉州经贸职业技术学院杜朝运负责导言和项目五,广州番禺职业技术学院邓华丽负责项目一,山西职业技术学院崔泽园负责项目二和项目三,泉州经贸职业技术学院陈维滨负责项目四和项目六,内蒙古财经大学职业学院辛桂华负责项目七和项目九,四川财经职业学院王超负责项目八。在各位编写者提供初稿的基础上,由杜朝运和邓华丽负责统稿、修改和审定,最终成书。

本教材的完成要感谢2013年9月在陕西西安召开的财政部学历教材审稿会上专家们提出的宝贵意见,同时也要感谢财政部干部教育中心给予的关心和支持!书中存在的不妥之处,恳请读者们批评指正!

编者
2015年10月

目 录

导言 ··· (1)

项目一　保险代理合同业务运作 ······································· (20)
模块一　订立、变更和终止保险代理合同 ··························· (20)
模块二　保险代理合同争议处理 ······································· (27)

项目二　保险代理业务经营运作 ······································· (30)
模块一　保险代理机构和兼业保险代理业务经营运作 ············· (30)
模块二　个人保险代理业务经营 ······································· (37)

项目三　保险代理人道德要求与法律监管 ··························· (48)
模块一　认知保险代理人职业道德与执业操守 ····················· (48)
模块二　保险代理人法律监管 ·· (58)

项目四　保险经纪合同业务运作 ······································· (70)
模块一　保险经纪合同的订立 ·· (71)
模块二　保险经纪合同纠纷处理 ······································· (77)

项目五　保险经纪和再保险经纪业务经营 ··························· (81)
模块一　保险经纪业务经营 ··· (81)
模块二　再保险经纪业务经营 ·· (99)

项目六　保险经纪人道德要求与法律监管 ··························· (107)
模块一　认知保险经纪人职业道德与执业操守 ····················· (107)
模块二　保险经纪人的法律监管 ······································· (117)

项目七　保险公估合同业务运作 ······································· (131)
模块一　签订保险公估合同 ··· (131)
模块二　保险公估合同纠纷处理 ······································· (135)

项目八　保险公估业务经营 (139)

　　模块一　保险公估准备 (139)
　　模块二　保险公估评估 (146)
　　模块三　撰写保险公估报告 (149)

项目九　保险公估人道德要求与法律监管 (154)

　　模块一　认知保险公估人职业道德与执业操守 (154)
　　模块二　保险公估人法律监管 (164)

附录一　个人保险销售人员代理合同 (173)
附录二　保险兼业代理合同 (179)
附录三　专业保险代理合同 (183)
附录四　保险经纪服务委托协议书 (190)
附录五　再保险经纪服务协议书 (193)
附录六　机动车辆保险公估合作协议 (195)

导言

【学习目标】
认知保险中介，了解保险代理人、保险经纪人和保险公估人；了解国外保险中介制度，熟悉我国保险中介发展现状；了解各类保险中介从业资格考试。

一、认知保险中介

（一）何为保险中介

保险是风险管理的重要方式，在风险分散、风险转移中发挥着重要作用。随着保险业的迅猛发展和市场经济的需求增大，保险业内部的分工也越来越细化，保险中介应运而生。

保险市场主体包括保险人、被保险人、保险中介人等。保险中介是保险市场的重要组成部分，通常包括保险代理公司、保险经纪公司和保险公估公司。在比较成熟的保险市场，保险公司、保险代理公司、保险经纪公司、保险公估公司四者分工明确，各司其职。

保险公司的主要工作是设计开发保险产品、费率厘定、承保风险、核算赔款、资金运用等；保险中介是直接面对客户的保险销售和服务的渠道，掌握着大量的客户资源，不但可以满足客户多种形式的保险服务需求，还可以为保险公司提供客观的保险业务来源和增值服务，形成"小保险大中介"的市场格局。

保险中介人在保险人与被保险人之间起到了桥梁和纽带的作用，保险中介一方面将保险企业的商品即保险产品推向市场，并将市场上相关的消费信息及时反馈给保险公司，以便其根据市场需求及时改进原有险种或设计新险种，调整销售策略；另一方面保险中介代表客户与保险公司进行有效的沟通和磋商，争取为受托客户以合理的保费获得最大的保险保障。同时，保险中介在风险管理和售后服务如协助客户索赔、定损、理赔等方面发挥着不可替代的专业作用，充分体现其所具有的公正性、中介性和专业性，最大限度地保证保险双方的利益。

概括起来，保险中介是指介于保险经营机构之间或保险经营机构与投保人之间，专门从事保险业务咨询与招揽、风险管理与安排、价值衡量与评估、损失鉴定与厘算等中介服务活动，并从中收取佣金或手续费的机构或个人。

根据不同的服务范围和服务对象，保险中介人可分为：代表保险人招揽和推销业务并提供各种辅助服务的保险代理人；代表投保人和被保险人利益选择保险并提供咨询和顾问服务的保险经纪人；接受保险人和被保险人的委托，客观地从事保险勘察、评估、检验、理赔业务的保险公估人。

（二）保险中介的特点

1. 专业性。保险中介人为保险人和被保险人提供专业的保险服务，必须具备一定的保险、金融、法律、会计、理工等专业知识和广泛的行业背景，才能以扎实的专业知识、熟悉的业务技能和行业经验作出正确的判断和选择，提供专业性的中介优质服务。

2. 经济性。保险中介人是提供劳务服务的营利性单位或个人，其目标是追求经济效益最大化。保险中介人通过为保险市场提供有偿服务来实现自身的经济利益，同时由于有专业技术的保障，有效地降低了由于保险市场信息不对称和不完全性所带来的高交易成本，从而提高了保险市场交易的效率，使得保险市场的其他主体也通过保险中介服务获得实际效益。

3. 多元性。保险中介人的服务贯穿于保险活动的整个过程，从保险营销到风险评估、从风险管理到设计保险方案、从协助投保到协助索赔、从事故勘察到估损理赔等售前售后服务无所不包，具有多元性的特点。

4. 广泛性。保险中介服务的对象来源广泛，在市场经济体制下，所有的市场主体，包括生产者、经营者、消费者，不论是公司法人还是自然人，都可以成为保险中介服务的对象。广泛的服务对象也为保险中介人自身的发展拓展了空间。

（三）保险中介的分类

1. 保险代理人。保险代理人是根据保险人的委托，向保险人收取代理手续费，在保险人授权的范围内代为办理保险业务的单位或个人。其组织形式可以是公司法人、合伙企业，也可以是自然人。保险代理人从事的代理活动是一种民事法律行为，具有民事代理的一般特征。

保险人的授权范围一般包括代销保险单、代收保费、代为勘察、代为理赔等。为确保保险人和保险代理人权利的实现和义务的履行，一般采取书面形式确定委托—代理关系。

保险代理人能够加强保险市场买卖双方的信息沟通，促进保险资源的优化配置，并与买方、卖方共同形成完整的保险产业链，对保险市场的健康发展有着非常重要的作用。

2. 保险经纪人。保险经纪人是基于投保人的利益，为投保人与保险人订立保险合同提供中介服务，并依法收取佣金的单位或者个人。保险经纪人可以是公司法人，如有限责任公司或股份有限公司，也可以是合伙企业或自然人。

保险经纪人的市场行为具有双重性：一方面代表投保人的利益，为投保人选择合适的保险人和保险产品；另一方面又需要充分了解保险人并为保险人招揽业务。按照惯例，保险经纪人完成其举荐行为即为保险当事人双方订立合同提供机会并最终订立保险合同后，保险人应向保险经纪人支付佣金；但保险经纪人受托作为被保险人或受益人的代理人向保险人索赔或向其提供保险咨询服务时，服务手续费应由委托人支付。

3. 保险公估人。保险公估人是保险标的的评估、勘验、鉴定、估损和厘算服务的中介主体，一般以法人或合伙企业形式存在。保险公估人具有特定的资格，应向专管机关登记，缴存保证金，领取营业执照。

由于保险公估人通常是具有专业知识和技术技能的专家担当，并且保持公正、独立、专业的立场，因此，保险公估人的职业信誉较高，所作出的保险公估报告通常为保险双方当事人所接受，是建立保险关系、履行保险合同、解决保险纠纷的有效保障。

保险公估人具有独立的法律地位，不代表保险关系中任何一方的利益，具有明显的独立性和公正性，有利于保护保险双方的利益、履行保险公司的义务、维护保险公司的信誉、维护保险市场的秩序以及推动保险业的健康发展。

（四）保险中介的发展环境

保险中介的发展在很大程度上取决于其生存的环境。良好的环境有利于保险中介的发展，有利于保险中介目标的实现，也有利于保险业健康稳定的发展。影响保险中介发展的环境主要包括经济环境、法律环境、技术环境、文化环境等。

1. 经济环境。经济环境对保险市场发展的影响主要表现在：经济增长会促使可保风险和可保标的的增长；居民收入的增加将导致保险需求的增加；产业结构的调整，引起保险供给和需求的变化，保险市场的繁荣兴衰进而对保险中介的发展产生影响。

2. 法律环境。法律环境一方面是指保险业自身的法律法规；另一方面是指与保险有关的其他方面的法律法规。保险中介的市场行为是法律基础上的委托—代理行为，保险中介活动必须在法制的框架内开展，一方面通过宏观政策面的分析制定经营计划和选择市场机会，依法开展业务经营，使消费者的合法权益得到保障；另一方面又运用法律手段来保障自身的各项权益。良好而健全的法律环境有利于保险中介的发展。

3. 技术环境。一方面科学技术是保险中介人提高业务运作能力的手段，比如保险代理人可以带着手提电脑外出开展业务，保险公司可以通过计算机技术快速信息共享，还可以通过电话、传真、电子商务销售保险产品等；另一方面科学技术本身是保险中介业务经营中必须掌握的内容。比如对于航空、航天项目的保险，对于大型核电站、火力发电站的保险，对于大型桥梁、建筑物的保险等，都需要具有一定的专业知识背景，才能设计出符合实际情况并能有效进行风险管理的保障计划。此外，科技的进步也对保险中介的存在和发展提出了挑战，比如电子商务和网络经济的兴起，包括保险公司在内的许多企业都在运用网上直销的方式，保险市场中介的地位和作用受到一定的威胁。

4. 文化环境。社会文化环境所导致的保险消费者购买行为和心理因素，对保险中介的发展具有重要影响。一般来说，东西方社会文化背景不同，在此基础上所形成的价值观念、宗教信仰、道德规范、审美观念以及世代相传的风俗习惯等存在很大的差别。以中国为例，中国人比较忌讳谈论死亡或意外等不吉利的事情，或者以迷信的心态对待风险，通过市场自主转移风险的意识相对单薄，而更多地依靠家庭本身。文化上的差异会影响人们从保险中介那里购买保险的可能性和信任度，从而影响保险中介的发展。

【拓展阅读】

保险中介从业资格考试

一、保险代理从业人员资格考试

1. 保险代理从业人员资格考试报考条件：年满十八周岁且具有完全民事行为能力；具有初中以上或者同等学历的人员文化程度。

2. 保险代理从业人员资格考试题型题量：单选题90道，每题1分；判断题10道，每题1分；试卷满分为100分，及格分数线为60分。

3. 保险代理从业人员，资格考试命题范围：保险原理知识占30分，命题范围是《保险基础知识》第一章至第五章；财产保险知识占10分，命题范围是《保险基础知识》第六章；人身保险知识占25分，命题范围是《保险基础知识》第七章和《保险营销员管理规定》、职业道德和职业行为规范占15分，命题范围是《保险中介相关法规制度汇编》，其中《中华人民共和国保险法》占10分（全部为判断题），《保险专业代理机构监管规定》、《中华人民共和国民法通则》、《中华人民共和国消费者权益保护法》和《中华人民共和国反不正当竞争法》共占10分。

二、保险经纪从业人员资格考试

1. 保险经纪从业人员资格考试报考条件：年满十八周岁且具有完全民事行为能力；具有高中以上或者同等学历的人员文化程度。
2. 保险经纪从业人员资格考试题型题量：单选题100道，每题1分；试卷满分为100分，及格分数线为60分。
3. 保险经纪从业人员资格考试命题范围：分为"保险原理与实务"和"保险经纪相关知识与法规"两部分。"保险原理与实务"占60分，"保险经纪相关知识与法规"占40分。

三、保险公估从业人员资格考试

1. 保险公估从业人员资格考试报考条件：年满十八周岁且具有完全民事行为能力；具有高中以上或者同等学历的人员文化程度。
2. 保险公估从业人员资格考试题型题量：单选题100道，每题1分；试卷满分为100分，及格分数线为60分。
3. 保险公估从业人员资格考试命题范围：分为"保险原理与实务"和"保险公估相关知识与法规"两部分。"保险原理与实务"占60分，"保险经纪相关知识与法规"占40分。

二、国外保险中介制度

保险中介制度是保险中介行为的各种规范的总称。保险中介制度的具体制定方式主要有以下几种：政府直接制定保险代理人、保险经纪人、保险公估人管理法规，规定各类保险中介人的行为规范；保险中介人协会（行业协会）以自律组织出现，通过组织成员共同订立自律守则，梳理各种关系，规范中介人的市场行为；各公司为自身的经营管理而制定各类有关保险活动的规章制度。在长期的保险实践中，由于各国保险业发展历史不同、发展环境不同，各国保险中介制度设计也不同（见图0-1）。即使是同一国家或地区，在不同的发展阶段，其保险中介制度也在改变。

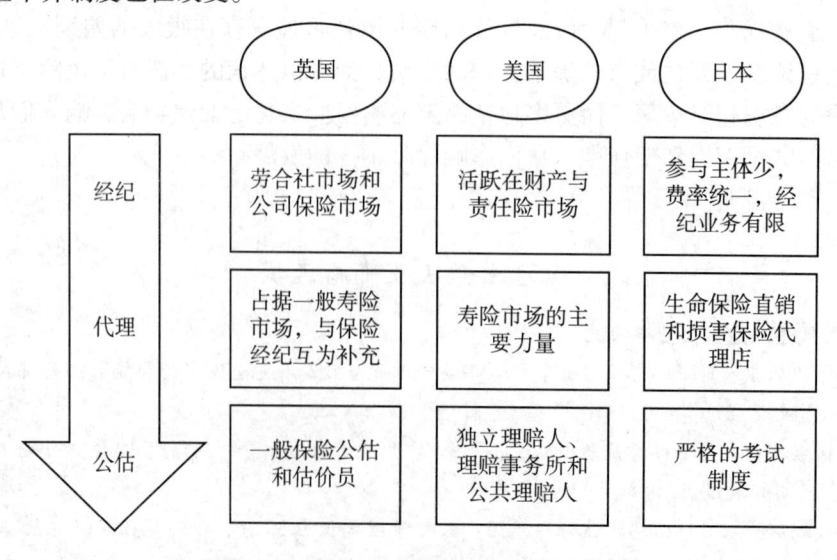

	英国	美国	日本
经纪	劳合社市场和公司保险市场	活跃在财产与责任险市场	参与主体少，费率统一，经纪业务有限
代理	占据一般寿险市场，与保险经纪互为补充	寿险市场的主要力量	生命保险直销和损害保险代理店
公估	一般保险公估和估价员	独立理赔人、理赔事务所和公共理赔人	严格的考试制度

图0-1 英国、美国、日本保险中介比较

（一）英国的保险中介制度

英国作为保险经纪人制度的起源地，拥有世界上最发达的保险经纪市场，其保险中介市场是以保险经纪人为中心的模式。这主要归因于英国商业历史所形成的依靠经纪人开展业务的特定习惯，以及劳合社的独特地位和影响力。可以说，英国劳埃德咖啡馆造就了保险经纪人，而劳合社在英国保险业的特殊地位造就了英国的保险经纪制度。

1. 英国的保险经纪制度。按组织和经营方式的不同，英国保险市场可分为两大市场，即劳合社保险市场和公司保险市场。在伦敦劳合社市场上，按照商业习惯，保险和再保险合同的签订必须经由注册保险经纪人来安排。英国保险业高度发达，保险公司众多，人们的保险意识也较高，已比较习惯于接受保险经纪人提供服务。英国保险经纪公司在世界范围内非常活跃，颇具影响力。例如，英国韦莱保险经纪公司（Willis）是世界第三大、欧洲最大的保险经纪公司。据统计，英国保险市场上有800多家保险公司，而保险经纪公司却超过3 200家，约为保险公司的4倍，拥有保险经纪从业人员8万多名，业务涉及财产保险、人寿保险和再保险领域，并在财产保险市场上占据主导地位，市场份额占财产保险业务量的60%以上，占一般人寿保险和养老金保险业务量比例分别为20%和80%。保险经纪人的组织形式包括个人、合伙企业和股份有限公司。英国对保险经纪人的管理比较严格，一方面要求经纪人定期向保险协会提供交易统计表，说明其与每家寿险公司交易的比例情况；另一方面，保险经纪人必须提交偿付保证金和购买职业保险，每年还要及时提交审计过的财务报告，违法者会被除名。

2. 英国的保险代理制度。保险代理人在英国保险市场上同样发挥了一定的作用，占据了一般人寿保险市场的大部分份额，在针对个人或家庭的汽车保险和住宅保险方面作用尤为突出。同时，代理人在提供信息、代表保险人对损失进行检验和理赔方面也都有其独到功效。根据1986年《金融服务法》，英国人寿保险业务的代理人分为公司代理人和指定代理人两种。公司代理人负责销售代理一家保险公司的人寿保险商品。指定代理人又称兼职代理人，可以由银行、住房协会或其他个人担当。《金融服务法》的出台引起指定代理人的地位变化。此前，大多数住房协会以经纪人的身份出现。由于该法对经纪人的规定过于严格，使许多住房协会变为指定代理人而依附于一家人寿保险公司。对于保险代理人的管理，主要是依据英国保险协会的各项规定，财产险代理人不用必须办理注册、登记，也不必专属于单一公司，最多可以跨6家保险公司，但若从事人寿保险业务则必须以公司代理人的身份依照金融服务法办理注册登记。劳合社的保险代理人，除在其他监管机构登记外，还受本社内部管理部门劳合社监管委员会的严格监管。英国特许保险学会专门负责保险中介人在从业前的专业考试及资格认可，从另一方面行使对保险代理人的监管职能。

3. 英国的保险公估制度。保险公估在英国的保险市场上也有较久远的历史，可以追溯到1666年伦敦大火之后，建筑物火灾保险的评估和理赔直接导致了保险公估业的产生。最初的公估工作主要是火灾保险领域，随后逐渐扩展到意外险、公众责任险等。英国的保险公估人根据委托人不同可以分为两类：一类是以保险公司的理赔代理人的身份工作，是保险公司的一般代理人，成为一般的保险公估人（insurance loss adjuster）；还有一类公估人专门接受被保险人的委托，从事有关估价和索赔的工作，其英文名称为"assessors"（估价员），他们专门为被保险人服务而不接受保险公司的委托。在英国，保险公估没有被纳入专门的保险监管范围。保险公估公司成立的基本要求与一般商务机构没有区别，保险公估主要受普通法律约束。保险公估人协会在保险公估人的监管方面扮演着举足轻重的角色。若协会会员违反了协会章程、职业道德规范或规章制度，则可能被处以罚款、停业整顿甚至取消会员资格等处罚。此外，信用评价、投诉受理和消费者协会等社会组织对公估人的经营行为进行监督。

【拓展阅读】

劳合社

劳合社起源于300多年前爱德华·劳埃德的咖啡馆。在那里，船东们可以见到那些拥有资金、能为他们的船舶提供保险的人士。自那以后，劳合社从水险出发，逐渐发展成为全球领先的专业财产与责任险保险市场。这里将专业承保技术与专业人才储集在一起，整个市场享有一流财务评级的保障。目前，劳合社承保的业务来自全球200多个国家和地区。

劳合社的大部分业务都是在劳合社经纪人的协助下安排的，经纪人大大简化了客户（保单持有人）和承保人之间风险转移的过程。客户可以向经纪人、代理出单人或者服务公司说明自己的保险需求。辛迪加的专业承保人对风险进行定价、承保，并处理后续与风险有关的索赔。目前劳合社市场上有超过50家管理代理公司和超过80个辛迪加，集中了专业承保技术与专业人才。

劳合社和市场上其他竞争对手不同，它本身并不是一家公司，而是一家被英国国会法案（the Lloyd's Act of 1871, etc）规制下企业实体。在2012年，劳合社的总保费达到创纪录的25.50亿英镑，税前利润总额达2.77亿英镑。

（二）美国的保险中介制度

美国是世界保险最发达的国家，拥有系统、健全的保险中介制度，保险代理人、保险经纪人和保险公估人分别在不同领域发挥着各自的作用。美国保险中介市场是保险代理人与保险经纪人相结合、以代理人为主的模式。

1. 美国保险经纪制度。美国有保险经纪公司1 000多家，其中100多家在世界保险市场上具有广泛的影响。据美国商业保险杂志统计，2004年世界十大保险经纪公司中有6家来自美国；世界前两大保险经纪公司达信保险经纪公司（Marsh Inc.）和怡安保险经纪公司（Aon Corp.）均为美国的公司。同时，这两家保险经纪公司的单独保险经纪收入都高于世界其他前8家保险经纪公司业务收入的总和。

在美国，保险经纪人按照销售产品种类的不同可分为销售财产意外保险的经纪人和销售人寿保险的经纪人两大类。美国的保险经纪人主要活跃在财产与责任保险领域，招揽大企业或大项目的保险业务，他们的主要业务是为客户提供各种保险方案，安排再保险、风险管理和自保管理。在寿险方面，保险经纪人几乎不介入。如在纽约州有规定，保险经纪人不得办理人寿保险和年金保险业务。同时，人寿保险业的大多数经纪人本身就是保险代理人，他们之所以被称为经纪人是因为他们会把不满足自己所代理公司标准的业务安排给其他多家保险公司。在财产保险经纪人中，有独立经纪人和经纪公司。在美国有些州，当财产保险的独立代理人领有15家以上公司代理的执照时，会被称为独立经纪人。经纪公司一般规模较大，如达信保险经纪公司在世界范围内为大型工商企业提供保险服务和风险管理咨询服务。

保险经纪人的佣金支付标准以保险公司经营业务性质及种类等因素确定，如商业火灾险的佣金率一般为保险费收入的19%，一般商业责任保险的比率为18%，汽车保险为16%，劳工补偿保险为20%。

全国人寿保险协会、美国特许人寿保险经销商和特许金融顾问协会、百万元圆桌会议等自律组织则从业务水平、职业道德及行为规范等方面对保险经纪人进行管理。州政府通过设立专门的监管机构——保险监督官协会来对保险经纪人进行直接管理和监督。如负责认定保险经纪人必备的执业资格和条件，监督、管理其经营行为。他们有权对违规的保险经纪人发出警告、进行罚款、责令暂停整顿甚至建议吊销营业执照等处罚。1996年3月，全国保险经纪人协会起草了一份《保险经纪人示范法规》，引导和推动保险经纪人制度朝着规范化方向发展。

2. 美国的保险代理制度。美国的保险代理人是保险市场的主要角色，目前拥有100多万代理人。代理的业务无所不包，遍及各行各业，是保险公司特别是人寿保险公司获取业务的重要来源，也是美国保险业得以迅速发展的重要原因之一。

在美国，保险代理人按业务种类不同可分为人寿保险代理人、事故及健康险代理人和财产责任险代理人。按保险代理人代表保险公司数量的多寡，分为专业代理人与独立代理人。专业代理人只能为一家保险公司或某一保险集团代理业务，对其招揽的业务，保险公司保留其占有、使用与控制保单记录的权利；独立代理人具有独立地位，可同时为几家保险公司代理业务。在人寿保险及财产险中的个人保险领域，美国保险公司主要依赖于专属代理人，因为它更适合于人寿保险业务险种繁多、业务量大的特点；在非人寿保险领域，美国保险公司更多地借助于独立代理人。可见，美国的保险代理人是多层次和多种类的，这就为保险公司提供了多种可选择的销售方式。美国是通过各州立法及行业自律规则来对保险代理人进行监管的。尽管美国各州的保险代理制度约束性规则并不完全相同，但一般均从注册登记、资格保证、业务知识培训、职业道德培育、销售行为及客户保护上做出严格规定，要求代理人必须遵守。

3. 美国的保险公估制度。美国的保险公估人有三种类型：独立理赔人、理赔事务所和公共理赔人。其组织结构可以是公司，也可以是合伙企业或个人。理赔事务所可向全国所有保险公司提供火险、车船保险等方面的理赔服务。其理赔人员受过专门训练，有能力对付欺诈性索赔，并能公正地对待所有被保险人，所以其核定的赔款很少发生争议。

独立理赔人和理赔事务所是代表所有保险人处理赔案的，并不依附于单一某家保险公司；公共理赔人则代表公众利益。为避免保险公司的理赔人员做出偏向自己公司的不公正的赔偿处理，被保险人一般聘请代表公众利益的公共理赔人参与理赔过程的谈判，由被保险人按公共理赔人最后裁定的赔款金额的一定比例支付服务费。

在美国，对保险公估人主要实行许可证管理。如美国有34个州规定保险公估人必须取得许可证方可营业。

（三）日本的保险中介制度

日本在1996年保险业法修订之前，保险中介人仅仅是保险代理人，随后也引进了保险经纪人制度，但经纪人的作用有限，保险代理制度仍占绝对主导的地位。这主要是因为日本的保险市场是一个典型的内向集中型市场，经营业务主要立足于国内市场，保险公司数量不多，但都规模较大，主要采取代理销售方式。

1. 日本保险经纪制度。随着日本保险市场的开放、保险公司数量的增加、经济全球化不断加强以及风险日益复杂化，日本开始注重培育保险经纪人。1996年4月，日本新的《保险业法》实施后，逐步引进了保险经纪人制度。日本的保险经纪人采取登记制度，而不是执照制度，目前仅限于办理非人寿保险业务，且主要招揽大企业或大项目业务，对中小企业保险业务涉及较少。

日本的保险经纪人制度目前作用相当有限，这是因为日本保险业多实行连锁经营方式，财产保险公司只有二十多家，且大多都有企业背景，又都执行统一的市场费率标准，对保险经纪人的需求有限。同时，财产保险的保险代理店的经营形式与保险经纪人的经营方式很接近。另外，保险经纪人主要从事的风险评估工作在日本一般由保险公司职员负责进行。在国际保险市场上，日本以前的再保险业务和直接业务都是由伦敦的保险经纪人安排的，现在已有部分业务由美国保险经纪人代为安排。日本的保险经纪业务要取得实质性进展，仍需付出很大努力。

日本新的保险业法对保险经纪人的要求是必须通过由日本生命保险协会或损害保险协会组织实施的保险经纪人资格考试，要向大藏省银行局保险部办理注册登记手续并交存保证金；保险经纪人在从事保险经纪业务中给投保人造成的损失由自身承担赔偿责任；应参加保险经纪人职业责任保险；必须遵守诚实原则，不得有欺诈行为等。

2. 日本的保险代理制度。日本《保险业法》认可的保险代理人有生命保险营销人和损害保险代理店两种，二者都必须在保险监管机构金融厅注册。

寿险公司采用生命保险营销人制度。营销人制度与代理人制度极为相似，主要区别在于营销员与公司的合同属劳务合同而不是代理合同。保险营销人员是公司的职员，但其工作主要是外勤，所以又称为外勤职员。日本有世界上最强大的人寿保险市场，这在很大程度上归功于日本生命保险公司所属的数十万生命保险营销员及其所构筑的庞大的保险营销网络。据统计，全日本有一支约40万人的外勤展业大军，活跃在寿险事业的最前线。日本的外勤展业制度有以下三个特点：第一，外勤人员多，外勤人员数约为内勤的37倍；第二，外勤人员中女性多，占比90%以上；第三，外勤人员工资差别大。目前，随着投保人对代理人所提供服务质量要求的不断提高，全职的经过严格培训的男性职员逐渐增多。这种保险营销制度适应了人寿保险业务受众多、投保人主要是自然人以及保单内容复杂的特点，但同时也给管理工作带来难度。

财产保险营销方面，主要采用的是代理店制度，其业务量约占财产保险业务总量的90%，占有相当重要的地位。保险代理店在性质上属于兼业代理人，顺应了财产保险业务的财产种类多、风险差异大、技术复杂的特点，也有利于保险公司的管理，同时避免了代理人之间的不公平竞争。日本的保险代理店主要分为两大类：一类是专业进行保险销售的"专业代理店"；另一类是像汽车店、汽车修理厂、房产中介、旅行社等的"兼业代理店"。专业代理店也分为两类：一类是只接受一家保险公司委托的"专属代理店"；另一类是接受多家保险公司委托的"综合代理店"。代理店还可分为特级代理店、上等级代理店、普通级代理店和初级代理店4个等级，代理机构的等级主要根据保费收入、取得保险代理人相应资格的代理人数量、遵守法律法规的情况和对客户的服务态度等划分。不同等级的保险代理店获得的授权不同，代理手续费也不同，级别越高，业务范围越大，保险公司支付的代理手续费越高。

日本保险代理人资格的取得都需要通过考试。日本人寿保险协会和日本财产保险同业协会分别负责对生命保险营销员和损害保险代理店的资格考试和等级认定。另外，两个协会的检查室还负责对代理人销售行为的监察，如代理人的实际运营状况、保险展业宣传材料有无误导等。对代理人的违规行为将被系统列入黑名单，并在黑名单中保留5年。

3. 日本的保险公估制度。日本的保险公估人制度是由日本损害保险协会认定的一种资格制度。保险公估人专门从事建筑物或动产的保险价值计算、事故原因及状况调查、损失额的鉴定等业务，其需要通过损害保险协会的资格考试并注册。损害保险协会每年组织保险公估人的等级考试，且只能通过低级别考试来换取更高级别考试资格，通过考试后，获得相应的级别待遇。日本的个人保险公估人一般受聘为保险公司的顾问，主要职责是估损和价值评估。具体的估损是公估人在接到保险公司的委派后，到事故现场进行调查，并对遭遇风险的保险财产的价值及损失情况进行估测，然后以损失报告的形式将理赔金额告知保险公司。价值评估是公估人对保险财产的重置价值进行评定、估算。2006年起，日本保险公估人的服务领域正逐渐由估损向损失控制方面扩展。

【拓展阅读】

其他国家和地区保险中介制度简介

一、德国的保险中介制度

在德国，对保险中介人的法律地位、作用、营业的资格条件和行为准则作出规定的法律依据，是德国的《商法》、《民法》和《保险合同法》这三部法律。根据德国《商法》的规定，保险中介人是指为投保人与保险人订立保险合同提供中介服务，并有权从保险人在合同订立后所收取的保险费中请求佣金的单位或个人。他们的基本职能和业务范围主要是：(1) 招揽保险购买者，销售保险单；(2) 为保户设计保险内容和条件；(3) 签订保险合同；(4) 提供各种保险服务；(5) 提供风险管理和保险咨询服务；(6) 收取保险费。

按照法律地位的不同，德国《商法》将其国内的保险中介人界定为保险公司编制内外勤人员、保险代理人和保险经纪人三类。

对于保险公司编制内外勤人员，一般情况下，这些人员是以公司派出的检查员（Inspector）的身份在各自负责的地区范围内检查保险代理人的业务状况，然而遇到一些承保内容复杂的险种如工业企业保险时，即又以公司专业人员的面貌出现，直接推销保险单和为保户服务。有时候，他们也参加保险公司其他重要的营销活动如广告宣传等。编制内外勤人员既向其所在保险公司领取工资，又按招揽业务的多少收取佣金，以及车资和其他费用补贴。

保险代理人是按照《商法》规定，经保险人授权，以保险人的名义并为保险人的利益进行中介活动，实施与保户签订保险合同行为的人。他们与保险人的关系，以及所享受的权利和承担的义务由保险代理合同规定。

与保险代理人不同，保险经纪人则是被称作被保险人的"同盟者"，他们与保险人之间并没有合同关系，而是与委托他们办理投保事宜的保户之间存在合同关系。

二、新加坡的保险中介制度

新加坡的保险中介市场主要由几十家保险经纪公司和众多保险代理人组成。代理人是寿险产品销售的主要渠道，2001年其业务收入占总保费的80%以上。

新加坡对保险中介市场的监管经历了20世纪90年代以前的市场行为监管，到90年代的偿付能力监管，再到最近以风险管理为基础的一体化监管体制。目前主要采取以风险管理为基础的审慎监管模式，其措施主要有：一是修改保险法并颁布《财务顾问法》，取代原有的保险中介法律法规，将普通保险经纪、寿险经纪和所有中介纳入监管范畴，从资格审查、注册要求、机构发展、代理构架、佣金标准、成本控制等方面进行了详细而严格的规定；二是改革保险代理人管理办法，包括规范代理机构的组织结构、严格代理人的从业标准、改革代理人佣金标准和支付办法并从2002年起取消了对佣金标准的限制等。同时，充分发挥保险行业协会的作用，将保险中介机构的一些日常性监管如代理人市场准入、市场行为自律、投诉处理等交由相关的保险行业协会负责。

三、中国香港的保险中介制度

中国香港保险代理人与经纪人并存，且以保险代理人为主体。中国香港的代理人中，个人代理人的数量众多，其作用主要表现于寿险业务中，而公司代理则主要运用于非寿险。而经纪制的运用，一方面是由于非寿险业务中投保人对其强烈需求，另一方面是由于在相当长的时期内中国香港受英国的殖民统治，致使英资保险公司办理业务的方式方法对中国香港保险业造成影响。在中国香港保险市场中，保险代理人发挥着十分重要的作用。中国香港的代理人分布于寿险、非寿险等领域，所招揽的业务占保险公司全部业务量的60%以上。保险经纪人是中国香港保险市场上的另一支重要的中介力量，在寿险以及船舶险的招揽上成效卓著，在港外资保险集团的保险业务80%以上来自保险经纪人。中国香港保险市场发展较为成熟，从事保险经营活动的主体呈现出多元化和国际化的特点，保险业有着健全的法制管理和严密的行业自律。受市场国际化的影响，保险从业者容易接纳来自世界各国的保险经验和保险推销技术，并在实践中推广应用，保险公司对各种类型的保险中介有极大的认同感，同时社会公众保险意识较强，对保险中介服务的需求旺盛。

中国香港保险中介制度的监管规则包括法律法规以及自律规则两部分。法律法规主要指《香港保险公司条例》及其附则和保险业监理处订立的对保险经纪人的最低要求准则。自律规则是指香港保险业联会制定的《保险代理管理守则》。《香港保险公司条例》于1983年6月30日颁布，其立法原则源于英国，但结合了香港实际情况。1997年香港回归后，该条例继续有效。《保险代理管理条例》于1993年1月颁布实施，并于1995年成为正式法规。

三、我国保险中介制度

在我国计划经济体制下，并不重视保险中介的作用，除了有一些兼业代理人外，其他保险中介形式基本属于空白，所以，整个保险中介制度具有很大的缺陷，在一定程度上影响保险业的有效发展。随着我国经济体制改革和保险体制改革的不断推进，保险中介制度也有了较大的发展，在保险市场上不仅出现了保险代理公司，而且还发展了保险经纪公司和保险公估公司。截至2013年底，全国共有保险专业中介机构2 525家。其中，全国性保险专业代理机构143家，比2012年增加51家；区域性保险专业代理机构1 624家，比2012年减少54家；保险经纪机构438家，比2012年增加4家；保险公估机构320家，比2012年减少5家。

（一）我国保险中介制度发展历程

1. 保险中介制度初创阶段（1980~1992年）。1805年，英国东印度公司鸦片部经理戴维森在广州发起成立了广州保险公社，又称谏当保安行或谏当水险行，它是在中国成立的第一家保险机构。1949年10月20日，中国人民保险公司（简称"人保"）在北京成立，标志着新中国统一的国家保险机构的诞生。但从1959年起，由于认为人民公社化后保险工作的作用已消失，故国内保险业务逐步停办。

1980年初，中国人民保险公司开始恢复经营保险业务，1983年国务院发布了《中华人民共和国财产保险条例》。1984年人保从中国人民银行内部正式分离出来，保险业开始进入市场化阶段。自此之后，人保主要采取增加销售渠道，广泛招募代理的销售策略，发展出了大批保险代理人。1988年和1991年平安保险公司（即中国平安保险（集团）股份有限公司的前身）和中国太平洋保险公司（即中国太平洋保险（集团）股份有限公司）相继成立，新成立的保险公司积极利用兼业代理的形式开拓和抢占市场。

在这一时期，保险中介主要以保险公司附属机构的形式存在，并且经营方式较为粗放和直接。

2. 保险中介制度的发展阶段（1992~1995年）。1992年美国友邦保险控股有限公司（简称"友邦保险"）获准在上海开业，新中国保险市场迈开了对外开放的第一步，初步形成了中外保险公司并存、竞争的市场格局。友邦保险通过建立专业的保险营销员队伍，成为第一家将保险营销员制度引进国内的保险公司。此后，国内各家人身保险公司逐渐开始学习采用这种积极的营销机制。

我国保险中介这一阶段的基本特征是以兼业代理模式为主，保险营销员与兼业代理并存。随着保险代理机构数量的增加，保险代理从业人员素质参差不齐、恶性竞争等问题开始不断暴露出来，管理部门开始加强对保险中介行业的监管。

1992年，中国人民银行颁布了《保险代理机构管理暂行办法》，规定保险企业设立保险代理机构须经人民银行批准，保险代理机构一律不得设立分支机构等制度措施，有效地遏制了兼业代理机构的恶性膨胀。1994年，北京、上海、深圳等大中城市陆续成立了保险行业协会，协助中国人民银行对保险中介机构进行监督、培训和资格考试。

3. 保险中介制度的规范化阶段（1995~1999年）。1995年颁布的《保险法》对保险中介的展业行为作了明确的规定，中国保险中介机构开始进入规范化发展轨道。1996年，原中国人民保险公司改组为中国人民保险（集团）公司，下设中保财产保险有限公司、中保人寿保险有限公司、中保再保险公司三家子公司，实现了财产保险和人寿保险的分业经营。

随后，新华人寿保险股份有限公司、泰康人寿保险股份有限公司等国内寿险公司成立，中宏人寿保险有限公司、太平洋安泰人寿保险有限公司等合资保险公司也相继成立。这一阶段，寿险营销业务大规模发展，但很多保险公司盲目追求保费规模，采用人海战术，忽视了对营销员的招聘、培训和管理，造成了诸如高离职率、高退保率（退保率指一定时期内退保的保额与承接保单总额的比率）等问题。

1996年5月，中国保险行业协会设立。1997年，中国人民银行颁布了《保险代理人管理条例（试行）》，并依据该规定对保险代理从业人员实行资格考试，特许上岗的制度。1998年，中国人民银行又颁布了《保险经纪人管理规定（试行）》和《保险兼业代理人管理暂行办法》。1997年9月，当时国内的13家保险公司在京共同签署了《保险行业公约》，各家保险公司和行业协会也建立了一些规章制度。1998年11月18日中国保险监督管理委员会（简称"中国保监会"）成立。上述规定的颁布和行政主管部门中国保监会的成立，为中国保险中介机构的规范化发展奠定了基础。

4. 保险中介制度体系完善阶段（1999~2008年）。1999年，中国保监会批准筹建北京江泰保险经纪股份有限公司、上海东大保险经纪有限责任公司、广州长城保险经纪有限公司三家全国综合性的保险经纪公司，标志着中国保险经纪市场的正式启动。2001年，经中国保监会批准，广东方中保险公估有限公司、深圳弘正达保险公估有限公司等5家保险公估公司成立。

保险中介业务

伴随着保险经纪公司、保险公估公司的出现，中国保险中介行业从此翻开了新的一页，保险专业中介的体系初步建立。在这一体系下，保险专业代理机构、保险经纪机构、保险公估机构三足鼎立。

自2004年起，中国保监会发布了一系列针对保险中介设立分支机构、进行信息化建设、促进发展、分类监管等方面的意见和通知，保险中介制度体系逐步完善起来。

5. 保险中介制度的最新发展趋势（2009年至今）。

（1）设立保险专业中介门槛逐步提高，鼓励专业中介向集团化方向发展。2009年，中国保监会发布了《保险专业代理机构监管规定》，规定设立保险专业代理公司的注册资本金最低要求为200万元，经营区域不限于注册地所在省、自治区、直辖市的保险专业代理公司，注册资本不得少于1 000万元。

到了2013年，中国保监会大幅提高了保险专业代理公司的注册资本金要求，从200万元，一下子提升到5 000万元。2013年5月16日，中国保监会印发《关于进一步明确保险专业中介机构市场准入有关问题的通知》，其中规定在上述注册资本金提高之前设立的保险专业代理公司，注册资本金不足5 000万元的，只能在注册地所在省（自治区、直辖市）申请设立分支机构；注册资本金不足5 000万元的，且已经在注册地以外的省（自治区、直辖市）设立了分支机构的，可在该省（自治区、直辖市）继续申请设立分支机构。

2011年，中国保监会发布了《保险中介服务集团公司监管办法（试行）》，鼓励保险专业中介机构向规模化、专业化方向发展。2012年，中国保监会正式批复设立民太安保险公估集团股份有限公司，标志着我国保险中介集团化经营的大幕正式开启。

（2）清理整顿保险兼业代理机构，鼓励兼业代理机构向专业化转变。2011年，中国保监会发布《关于清理规范保险兼业代理机构有关事项的通知》，开展针对未取得《保险兼业代理许可证》即非法代理保险业务的机构和《保险兼业代理许可证》已过期未及时更换的机构的清理整顿。

2012年，中国保监会保险中介监管部相继发布了《关于暂停区域性保险代理机构和部分保险兼业代理机构市场准入许可工作的通知》和《关于进一步规范保险中介市场准入的通知》，决定暂停除金融机构、邮政、汽车生产销售和维修企业以外的所有保险兼业代理机构资格核准。同时，中国保监会持续引导和鼓励汽车销售和维修企业逐步转型成为保险专业代理公司。

（3）电话营销、网络营销等新渠道快速发展。我国自2002年起，就出现了保险电话销售模式，但直至中国平安保险（集团）股份有限公司在2007年推出电话车险之后，国内的财产保险公司才纷纷开始开展汽车类财产保险（简称"车险"）的电话营销。2013年，保险行业电话车险约贡献18%左右的车险保费。同年，全国寿险电话营销业务收入占全部寿险保费收入的1.15%。虽然近年来电话营销发展速度加快，但同时暴露出的问题也很多，如电话销售人员离职率较高、电话误导、骚扰等方面的客户投诉大量增加等问题较难解决，未来电话营销的增速将有可能逐渐放缓。

2000年8月，中国太平洋保险（集团）股份有限公司和中国平安保险（集团）股份有限公司几乎同时开通了全国性的网站进行保险销售，但之后一度发展缓慢。到了2008年，随着国内电子商务平台的兴起，互联网保险开始进入快速发展通道。据中国保险行业协会公布的《互联网保险行业发展报告》，2013年全年，国内互联网保险行业共实现规模保费291

亿元，约占全年保险行业规模保费的1.37%。而2011~2013年，国内经营互联网保险业务的公司从28家上升到60家，保费规模从32亿元增长到291亿元，三年间增幅为810%；投保客户数量从816万人增长到5 437万人，增幅为566%。互联网保险虽然保持着高速的发展势头，但其在整个保险市场中所占的比重还不足3%，这和欧美发达国家相比还有着巨大的差距。例如，2011年美国寿险保费收入中，网上直销份额占8%左右；美国车险保费收入中，网上直销业务占到30%。

此外，我国互联网保险产品目前主要以价值较低、黏度较差、相对单一的产品为主。未来，互联网保险营销将从产品价值、保费规模和服务水平等多方面进行提升，发展潜力巨大。

（二）我国保险代理业务现状

1. 专业保险代理。近年来，保险业的蓬勃发展为保险代理机构业务发展提供了良好的外部环境。一方面，保险公司为提高核心竞争力，从传统的展业型向管理型、开拓型过渡，开始重视与代理公司合作，有些保险公司还将部分代理机构发展为专属代理公司；另一方面，保险代理机构符合行业产销分离的大趋势，保险代理具有公正、中立的市场地位，具备专业化服务的优势，已逐渐得到市场和消费者的认同。目前我国保险专业代理机构的发展现状主要从以下三个方面说明。

第一，保险专业代理机构是保险中介市场的重要组成部分，成长迅速。虽然我国保险代理起步较晚，但发展迅猛，机构数量增长很快，总量与其他两类专业机构相比有绝对优势。截至2012年底，保险专业代理机构数超过保险经纪机构与保险公估机构总量的两倍。但专业代理机构数量上的膨胀与其准入门槛相对较低，专业性、技术性要求相对不高有很大关系。在《保险专业代理机构监管规定》出台前，最低50万元注册资本的低门槛，使得机构的规模发展，出现的不是"森林"，而是几棵"大树"与"一捆草"的集合。

第二，我国专业保险代理的主要经营模式有三种。一是具有股东背景或融资集团支撑的专业代理机构，此类机构基本实现全国性的规模化经营，如泛华、华康等；二是专注于某个领域的专业代理机构，此类机构经营模式以电子商务平台或电话营销为主，如惠泽保险网；三是一般的专业代理机构，销售各家保险公司的产品。

第三，尽管业务规模增速较快，但专业代理机构的盈利能力有待提高，且区域差异显著。2012年，原保险保费收入15 487.93亿元，保险专业代理机构保费收入586.66亿元，所占比重还不足4%。在实现业务（佣金）收入方面，全国保险专业代理机构实现业务（佣金）收入102.09亿元，同比增长25.22%。其中，实现财产险佣金收入71.74亿元，实现人身险佣金收入30.35亿元。保险专业代理机构的分布持续东高西低的态势，在东部一些经济发达的地区，保险专业中介市场发展十分迅速。相比而言，中部和西部的一些省份则发展缓慢。无论是从总的中介机构数量上，还是从中介机构的实现保费收入和业务收入上看，东部沿海几省份都处于全国的领先阶段，而一些西部和中部省份则发展相对较慢，比如西藏自治区和青海省仍然只有两家专业的法人机构，实现保费收入也与东部省市有相当大的差距。

2. 兼业保险代理。根据不同的兼业代理形式划分，目前我国保险兼业代理人主要包括金融机构兼业、行业兼业、企业兼业和社会团体兼业四种。按照中国保监会的相关政策规定,"我国在市场准入上,优先发展银行、邮政、铁路和民航等实力雄厚、人力资源丰富、管理规范、窗口服务功能较强的单位;此外,考虑发展信誉较高、规模较大的交通运输企业和汽车销售企业等"。因此,我国的保险兼业代理结构是以银行、邮政储蓄、农信社等金融机构代理(银邮类兼业)为主体、辅以交通运输部门(非银邮类兼业,包括旅行社、运输公司等)代理的业务模式。其中银邮兼业代理销售保险产品业务已成为寿险公司重要的业务增长点和主要销售渠道之一,部分寿险公司的银行代理业务占全部业务比例已经超过一半。

我国的保险兼业代理市场建立较晚,自 2006 年以来进入加速发展时期。截至 2011 年年底,全国共有保险兼业代理机构 195 518 家,其中银邮类的数目 140 322 家,占比超过七成(见表 0-1)。2011 年上半年,全国保险兼业代理渠道实现保费收入 3 515 亿元,占同期全国总保费收入的 43.66%。其中,实现财产险保费收入 667.26 亿元,实现人身险保费收入 2 847.74 亿元。

表 0-1　　　　　　　　　　2011 年兼业代理机构数量及占比

类　　型	机构数目(家)	占比(%)
银邮类	140 322	71.77
车商类	25 282	12.93
交通运输类	7 192	3.68
其他类	22 722	11.62
总计	195 518	100

从表 0-1 中可以明显看出银邮类是保险兼业代理的主要形式。实际上,从往年保费收入看,银邮类在整个保险代理渠道中都占据重要地位。因为银保渠道的主要特点是代理险种范围广,承担的责任和风险小,销售网点多,客户资源较丰富。非银行类保险兼业代理机构主要集中于汽车和运输行业,近年来发展较为平稳,主要特点在于:一是代理险种与主营业务密切相关,险种类型以车险、货运险、企财险和短期健康意外险为主;二是产险公司建立的代理合作关系较多,伴随近几年汽车行业的发展,车险代理发展迅速;三是代理机构参差不齐,有规模大、资本雄厚的汽车销售商、运输集团,也有大量规模小、实力弱的汽车维修点等,内控规范程度和保险资源差异较大。

截至 2014 年年末,全国共有保险兼业代理机构网点 210 108 个,其中,金融类 179 061 个,非金融类 31 047 个。银保渠道之所以在整个保险代理渠道中都占据重要地位主要是因为其代理险种范围广,承担的责任和风险小,销售网点多,客户资源较丰富。非银行类保险兼业代理机构主要集中于汽车和运输行业,近年来发展较为平稳,主要特点在于:一是代理险种与主营业务密切相关,险种类型以车险、货运险、企财险和短期健康意外险为主;二是产险公司建立的代理合作关系较多,伴随近几年汽车行业的发展,车险代理发展迅速;三是代理机构参差不齐,有规模大、资本雄厚的汽车销售商、运输集团,也有大量规模小、实力弱的汽车维修点等,内控规范程度和保险资源差异较大。

3. 保险营销员。自 1992 年引入个人营销模式以来,我国保险市场发生了翻天覆地的变化，个人代理对于保险业的贡献日益增强，成为我国保险产品尤其是寿险产品的重要销售渠道。总体来看，目前我国的个人代理营销制度发展趋势良好，基本适应保险市场的发展要求，保持较高的市场效率，在相当长的一段时间内，其主渠道地位不会改变。根据中国保险行业协会编写完成并出版发行《保险营销员现状调查报告》，截至 2013 年年底，全国共有保险营销员 289.9 万人，其中人身险营销员约为 250.9 万人，财产险营销员约为 39 万人。2013 年，人身险保费收入 10 740.93 亿元，其中，寿险营销渠道保费收入 6 093.75 亿元，贡献占比为 56.73%；财产险保费收入 6 481 亿元，其中，产险营销员渠道保费收入 1 324.85 亿元，贡献占比为 20.44%。保险营销员对于保险业特别是寿险业保险产品销售、满足客户保险需求发挥了重要作用。

近年来，我国保险营销员的收入状况持续改善，陌生拜访仍然是营销员主要的展业手段。与此同时，保险营销展业方式的多元化趋势也逐步显现，除了陌生拜访、转介绍、电话、产品说明会、宣传小册子等传统的展业方式外，职场销售、网页、邮件等方式也逐渐被采用。但面对行业竞争的激烈化，保险营销员的展业难度和压力仍然较大，最大的挑战是吸引新客户。受营销职业特性的影响，保险营销人员流动性普遍较高，行业和公司的忠诚度较低，从业时间较长的保险营销员对工作的满意度也普遍低于入行新人。

随着市场上对高质量营销人员的需求，我国保险营销员的准入资格逐步严格，监管部门也先后出台了多项针对保险营销管理体制的政策。保监会在 2012 年发布的 83 号文件《关于坚定不移推进保险营销员管理体制改革的意见》中指出现行保险营销员管理体制关系不顺、管理粗放、队伍不稳、素质不高等问题日益突出，不适应保险行业转变发展方式的需要，不适应经济社会协调发展的时代要求，不适应消费者多样化的保险需求。加强对保险营销员的管理可以更好地防范保险市场的系统性风险并更有效地维护被保险人的利益。各个保险公司也开始更加理性地考虑保险营销员的雇佣问题。保险营销员队伍也自然不再像前几年一样保持每年 10% 以上的较快的上升速度。

（三）我国保险经纪业务现状

20 世纪 80 年代，国外保险经纪公司开始进入中国市场，并逐步与国内保险公司建立业务合作关系，但初期多限于三资企业和再保险经纪业务，并未对中国保险市场产生深远影响。1995 年《保险法》和 1998 年《保险经纪管理规定（试行）》的出台，从制度上拉开了保险经纪公司与保险公司共同发展的序幕。2000 年，北京江泰、上海东大和广州长城三家保险经纪机构成立，标志着中国保险经纪业正式起步。

经过十几年的发展，保险经纪机构的渠道作用越来越受到保险公司尤其是新成立的保险公司的重视。部分经纪机构或依靠技术力量，或依托股东背景，或积极吸引外资品牌逐步形成了适合自己的发展模式。一些经纪公司开始在大型商业、重点工程、行业统保及特殊风险等领域迅速成长，成为行业的"领头羊"。如长安、长城等多家保险经纪公司，已经成长为电力、金融、石化、军工、航空、钢铁、环境保护等多个领域的风险管理顾问。其发展特点可概括如下：

第一，保险经纪公司发展迅速，有序的市场竞争格局逐渐形成。自保险经纪市场正式起步以来，吸引了大量的资本进入行业，机构数量增长较快，由成立之初的 3 家，发展至 2012 年底的 434 家。从 2006 年开始，保险经纪机构进入相对稳定发展期，部分经营不善的经纪机构主动退出市场,有进有出的市场态势逐渐形成。一些成立较早、业务规模相对较大的保险经纪机构发展思路更加明确,战略规划更加清晰,逐步强化基础管理、风险控制、产品开发和服务质量的提升,重视盈利能力和创新能力的培育,与保险公司之间趋于理性、广泛、深入的合作。

第二,财产保险经纪业务一直是保险经纪人的主导业务且发展势头良好。目前保险经纪机构已经成为我国保险市场中非车险、特殊风险和团体保险领域的重要力量。2012年,全国保险经纪机构实现业务收入63.68亿元,同比增长14.78%。其中,实现财产险佣金收入48.48亿元,实现人身险佣金收入8.01亿元,实现再保险业务类佣金收入1.20亿元,实现咨询费收入5.99亿元。

第三,外资保险经纪公司抢占中国市场。占据国际保险市场70%以上份额的三大保险经纪巨头,美国达信保险经纪公司(Marsh)、怡安保险经纪公司(AON)和英国韦莱保险经纪公司(Willis)都以独资、控股或合资方式进入我国保险经纪市场。在当前竞争日趋激烈的条件下,三家外资公司依然保持着较高的市场占有率,市场排名稳步上升。相比而言,受保险公司传统体制制约,我国保险公司与保险经纪机构的职能交叉,保险经纪机构在市场定位、业务开拓、服务质量等方面专业性不够强,社会公众对保险经纪机构认知度不高,人们将经纪机构与"掮客""黄牛"等同起来,排斥心理较重,导致保险经纪机构与保险业的总体发展状况不协调。以2012年数据为例,保险经纪机构实现的保费收入占总保费收入比重还不到5%。而在美国,保险经纪公司实现的保费收入超过全部保费收入的60%。

(四)我国保险公估业务现状

早在1982年,国内保险公司就已开始委托境外公估公司代为勘查、鉴定、评估、厘算等公估业务。直到1990年,新中国第一家现代公估人——保险理赔公估技术服务中心才在内蒙古自治区正式成立,为日后保险公估机构的设立起到了良好的示范效应。随后的几年内,国内陆续设立了多家保险公估行和从事保险公估业务的机构。1994年2月,深圳民太安保险公估有限公司经中国人民银行深圳特区分行批准正式注册成立,成为国内第一家专业从事保险公估及相关业务的正式保险公估机构。2002年1月1日,《保险公估机构管理规定》正式颁布实施,自此,中国保险公估业的发展步入了有法可依、快速发展的新轨道。具体表现可概括如下:

第一,我国保险公估业的市场介入度不断加深。自中国加入WTO后,为了迎接激烈的国际化竞争,各保险公司开始改建企业经营模式,使保险公估业介入保险理赔的深度和广度都有了一定的提高,业务范围不断扩大,业务服务的专业化程度也不断提高。如民太安公估公司作为我国最早设立的专业保险公估机构,设立了专门的车险公估公司和医疗健康险公估公司。

第二,我国保险公估业的发展起步晚,发展迅速。2002年,我国保险公估机构23家,2012年底增加至325家。业务规模也有较大的增长,2012年,全国保险公估机构实现业务收入15.68亿元,同比增长14.96%。其中,实现财产险公估服务费收入15亿元,实现人身险公估服务费收入915万元,实现其他收入5 897万元。

第三,我国保险公估机构业务发展不平衡。保险公估业务在我国经济发达区域较为活跃，市场集中度较高。从 2005 年到 2012 年的《保险中介市场报告》中可以看到，几年来业务收入排在前 20 名的保险公估公司，每年的业务收入总和超过我国整个保险公估行业业务收入的 60% 以上，同期较其他两类保险中介机构（保险代理与保险经纪）的市场集中度都要高。另外，从业务结构上看，财产险公估服务费收入占比超过 95%。在财产险中，机动车辆公估服务占据半边天，其次是企业财产险、货运、船舶险和建筑、安装工程险。

第四，我国保险公估机构自身实力较弱，对保险公司依赖性较强。目前我国保险公估机构设立的注册资本金门槛较低，根据中国保监会 2001 年 3 号文件，保险公估机构注册资金为 50 万元。目前运营的保险公估机构除少数注册资金在 200 万元以上，一般都仅维持法律规定的最低注册资金。在从业人员方面，截至 2010 年底，保险公估机构从业人员达 3 万余人，持证上岗率 44.70%，质量良莠不齐。再加之大多数从业人员达不到一年培训 100 小时的要求，导致技术力量薄弱，影响业务质量和公估结论的权威性，滥赔、惜赔的现象频频出现。在管理方面，我国绝大多数保险公估机构开业时间短，市场拓展能力差，把市场竞争的重点放在各种"公关"渠道上，忽视内部科学管理制度的制定和完善，缺乏科学的现代企业管理制度，从而导致经济效益低下。

综上所述，我国保险中介市场的图解如图 0-2 所示。

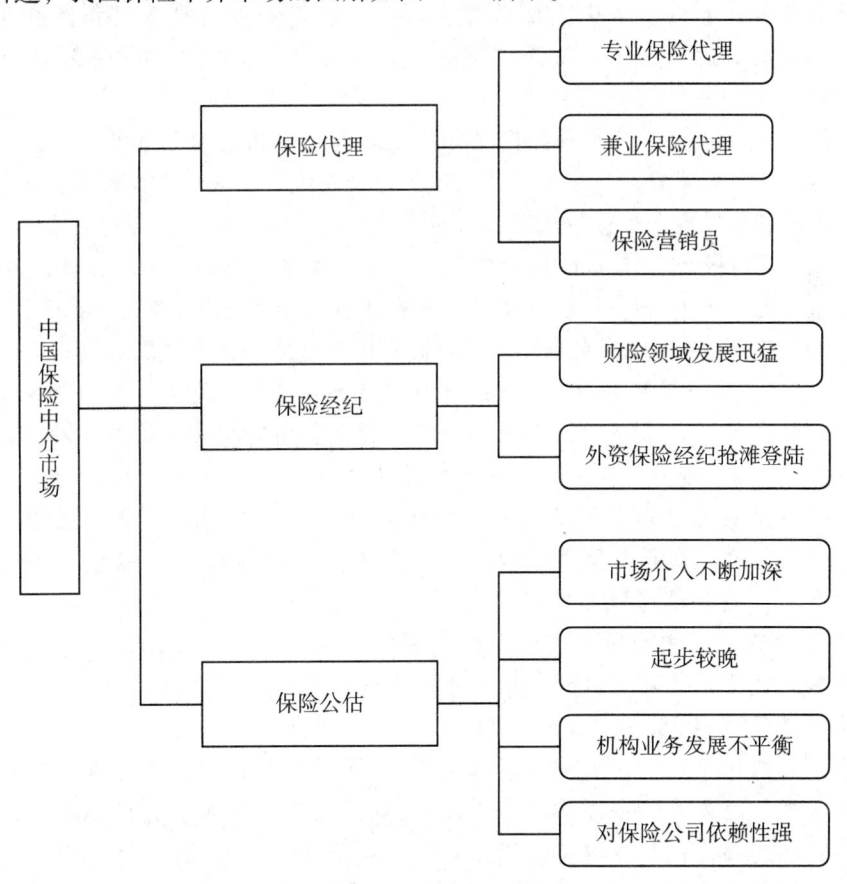

图 0-2　中国保险中介市场图解

项目小结

1. 保险中介的特点与分类。
2. 英国、美国和日本的保险中介制度设计。
3. 我国保险中介制度的现状。

习题与实训

1. 试着分类总结英国、美国和日本的保险中介制度有什么共通之处。
2. 如何理解保险中介在保险市场中的作用？试分析我国保险中介未来的发展。
3. 案例分析。

（1）2007年1月，吴先生为其儿子投保了5份少儿保险，缴费期为6年。根据该少儿保险条款规定，如果投保人在保险交费期间因疾病或者意外事故死亡，则可免交余下保险期间的保险费，保险合同中载明的保险责任应由保险人赔偿损失或给付保险金。2008年9月，投保人吴先生因肝炎后转肝硬化身故。吴先生的妻子根据保险条款的规定，向保险公司申请保费豁免。经保险公司调查，吴先生2003年就已确诊为重症肝炎，系带病投保，在投保时未履行如实告知义务。但吴先生的妻子称，投保书并非吴先生本人亲笔签名，是业务员代签的，吴先生投保时根本就没有能够见到投保书和保险条款，因此无法进行告知，故起诉至法院。法院经笔迹鉴定，证实投保人签名的确不是吴先生的笔迹。试分析此案例。

（2）2013年8月中旬，众乐保险代理有限公司总经理陈某携巨款潜逃海外，中国保监会和公安部门随即介入调查，后在中国驻该国使馆支持下，中国警方与该国执法部门通力合作，抓获涉嫌经济犯罪的众乐保险代理公司实际控制人陈某，并将其押解回国。

众乐保险代理有限公司成立于2007年7月，注册资本为300万元，公司自2010年起开始主营个人寿险代理业务，2011年该公司完成新单保费1.5亿元，2012年新单保费超4.8亿元，同比增长超200%。众乐在短短几年内保费规模迅猛增，其采取的模式为"期缴变趸缴"。保险中介将保险公司原本的期缴产品（分期缴纳保费）"改装"后，变成了一次性付完本金的"理财产品"。也就是说，保险中介面向保险公司时是分期缴纳保费，而客户在面对保险中介的时候却又变成了趸缴，即一次性缴费。

众乐利用高净值人士的"客户大单"和保险公司给出的高额佣金、渠道费用等短期内迅速提升公司规模。众乐甚至将代理所得以新客户名义来购买新保单，继续套取保险公司返还的佣金，并要求保险公司给予更高的返还。一般而言，保险公司给予中介的佣金比例不超过15%，但中国保监会就佣金比例并未设定上限。因此，向保险公司承诺能拿到大笔保单做砝码，要求高返佣，在中介行业被视为运作资金链的"利器"。据悉，众乐拿的佣金最高可达100%~150%。按照这样的返佣比例，比如，保险中介每代理一份年缴保费1万元的保单，他们就能够从保险公司那里拿到1.5万元的佣金。一份"理财产品客户协议书"写着产品基本内容为，交易本金20万元，投资期限365天，产品名称"稳得利"，收益率8%，产品类型为"保本保证收益理财计划"；而保险合同上的险种名称为"财富年年两全保险（分红型）"，保险费合计14万元，缴费方式为年交，缴费期间为20年。

众乐"模式"一旦投资亏本就将面临资金链断裂，显然是一个极具风险的投资行为。这次携款潜逃事件也并不纯粹是个意外。试结合保险代理人的定位和责任讨论"众乐模式"存在的问题，并结合国外经验和国内现状对此类事件的防范提出建议。

项目一

保险代理合同业务运作

【职业能力目标】

　　知识学习目标：熟悉保险代理合同的基本内容；了解保险代理合同签订、变更和终止的基本流程；熟悉保险代理合同纠纷的解释原则。

　　技能训练目标：能处理好保险代理合同的订立、变更和终止业务并学会对合同纠纷进行分析和解决。

【典型工作任务】

　　本项目工作任务：保险代理合同订立、变更和终止业务处理；保险代理合同纠纷分析。

　　标志性成果：填制完整的保险代理合同。

【业务场景】

　　保险公司或保险代理公司或保险兼业经营机构，主要参与者为保险代理人方和保险公司方。

【导入案例】

　　小王大学毕业，正巧一国内知名保险公司来校园招聘内勤人员和外勤人员各若干，小王有理想、有热情，希望趁自己年轻能到富有挑战性的外勤岗位锻炼一番，但听说内勤人员与公司签订的是劳动合同，而外勤人员与公司签订的是代理合同时，小王犹豫了，不知道劳动合同与代理合同究竟有什么区别，代理合同对自己的权益有多大保障。

模块一　订立、变更和终止保险代理合同

【任务描述】

　　本模块工作任务：搜集人身保险代理合同、财产保险代理合同、保险代理公司代理合同、保险兼业机构代理合同、个人保险代理合同各一份，总结分析其合同特征、合同要素、合同内容，了解签订保险代理合同的意义；掌握保险代理合同的签订、变更和终止业务处理。

　　标志性成果：搜集整理的各类保险代理合同；签订完成一份个人保险代理合同。

【知识准备】

一、保险代理合同的特征

（一）有偿性

　　保险代理合同是一种有偿合同。有偿合同是指合同双方当事人权利的享受是有代价的。

保险代理人要取得一定的劳务手续费，就要进行有效的业务活动；而保险人要通过保险代理人开展业务活动，就要支付一定比例的手续费，以保证代理人员的生活必需。

（二）双务性

保险代理合同是一种双务合同。保险代理合同中双方的权利和义务有着相互关联、互为因果的关系。在保险代理合同中，双方当事人都要承担各自的义务和享受应有的权利，一方的权利正是另一方的义务。

（三）特殊性

保险代理合同是一种特殊合同。被代理人在不违背代理人基本利益的前提下，可以单向调整委托—代理业务范围。这种单向调整合同内容，可以征求保险代理人的意见，也可以不征求保险代理人的意见。如保险公司决定停办某种保险业务、调整费率等。

二、保险代理合同的要素

（一）主体

保险代理合同的主体是指在保险代理合同中享有权利、承担责任的人。保险代理合同的主体具体如下：

1. 保险代理人。保险代理人是指根据保险人的委托，向保险人收取代理手续费并在保险人授权的范围内代为办理保险业务的单位或个人。在我国，保险代理人有专业代理人、兼业代理人和个人代理人三种形式。

2. 保险人。保险人是保险活动中经营保险业务的组织。《中华人民共和国保险法》中明确规定："保险人是指与投保人订立保险合同，并承担赔偿或者给付保险金责任的保险公司。"

（二）客体

保险代理合同属于民事法律关系范围，一般而言，民事法律关系的客体是指民事法律关系主体在履行权利与义务时的共同指向，如物、行为（或不行为）、智力成果和特定的精神利益。就保险代理合同而言，保险代理人与保险人权利与义务所指向的对象既不是某种物，也非智力成果和精神利益，而是保险代理行为，即保险代理人从事的有意识的代理活动。

（三）内容

保险代理合同的内容主要指保险代理合同当事人之间由法律确认的权利和义务，这些权利和义务通常由保险代理合同中的具体条款反映出来，具体内容如下：

1. 合同双方的名称。合同双方的名称即保险人、保险代理人双方当事人的法定名称。

2. 代理权限范围。代理权限范围即保险代理合同规定的授权范围，是对保险代理人行为的约束。保险代理人必须在规定的授权范围内从事代理活动，不得进行无权代理或越权代理。同时，保险人的授权范围不得超越国家有关法规的规定。比如，我国《保险兼业代理管理暂行办法》指出，兼业代理人不得代理再保险业务，不得兼做保险经纪业务。

3. 代理期限。代理期限指保险代理人为保险人提供代理业务活动的期间,也是保险代理合同依法存在的效力期限。代理期限一般按年计算。此外,代理期限还应规定保险代理合同的时效,也即在合同当事人双方协商的基础上所确定的合同具体起讫日期。明确保险代理期限和代理合同时效,在特定的情况下将有助于判别保险代理行为责任的归属问题。

4. 代理地域范围。代理地域范围是保险代理合同对保险代理人的地域限制。保险代理人必须在规定的地域范围内从事保险代理活动,不得跨区域代理业务。

5. 代理的险种。在规定的权限范围内,保险代理合同还必须明确授权代理的业务险种,如家庭财产险、机动车辆保险等。

6. 手续费的支付标准和支付方式。手续费是指保险人在接受保险代理人代理业务成果的同时付给代理人的劳务报酬,保险人往往根据代理业务的数量、质量以及不同的险种规定不同的手续费支付标准。此外,还应规定代理劳务报酬的结算和支付方式。除个人代理外,手续费必须以转账支票方式支付。

7. 保险费转交时间和方式。保险代理合同还应规定保险代理人转交保险费的时间期限和方式。一般而言,保险代理人需要与被代理保险公司定期结算,支付方式可以为现金结算也可为转账支付。

8. 违约责任。违约责任条款列明当事人双方违背合同规定时所应承担的违约责任。如保险人若不按合同规定给付保险代理人劳务报酬,保险代理人若违背保险人授权范围开展业务,受害方都有权解除代理合同并要求赔偿损失。

9. 争议处理。争议处理列明一旦当事人发生争议时适用的处理方法,通常有协商、调解、仲裁和诉讼四种方式。

三、保险代理合同当事人的权利和义务

(一)保险代理人的权利和义务

1. 保险代理人的权利。保险代理人的权利是由接受保险人的委托并签订保险代理合同而产生的。由于保险代理人进行的是民事活动,因此其权利的产生必须符合法律程序并受法律保护。所谓符合法律程序,就是双方当事人必须签订明确双方权利和义务关系的保险代理合同,并使合同的内容符合有关法律法规的规定。概而言之,保险代理人的权利主要有以下两方面:

(1)获取劳务报酬的权利。保险代理人有权利就其开展的保险代理业务所付出的劳动向保险人索取劳务报酬。获得劳务报酬是保险代理人最基本的权利,代理手续费的支付标准和支付方式应在保险代理合同中予以明确,在我国现阶段,保险代理费的支付应符合国家的有关规定。

(2)独立开展业务活动的权利。保险代理人在代理合同规定的授权范围内,具有独立进行意思表示的权利,即有权自行决定如何同投保人洽谈业务。例如,保险代理人在保证承保质量的前提下,有权自主选择投保人,在承保时间和地区上也有相对的自主权。

2. 保险代理人的义务。保险代理人的义务就是保险代理人依据代理合同约定,必须进行某种代理活动或不得进行某种代理活动,以实现保险人的合法权益。保险代理合同是义务合同,一方的权利就是另一方的义务。保险代理人的具体义务如下:

（1）诚实和告知义务。保险代理人基于保险人的授权从事保险代理业务，承担着保险人所应承担的义务，所以，保险代理人必须遵循诚信原则，也必须履行如实告知义务。保险代理的诚信原则应反映在保险代理活动的全过程之中。一方面，保险代理人应将投保人、被保险人应该知道的保险公司业务情况和保险条款的内容及其含义，尤其是保险条款的免除责任如实告知投保人、被保险人；另一方面，保险代理人也应将投保人、被保险人所反映的实际情况如实告知保险人。

（2）如实转交保险费的义务。受保险人委托，保险代理人可以在业务范围内代收保险费，代收保险费应立即上缴保险人或按合同规定的方式转账缴给保险人，保险代理人无权擅自挪用代收的保险费。此外，对于投保人欠缴的保险费，保险代理人也没有垫付的义务。

（3）维护保险人利益的义务。保险代理人不得与第三者串通或合伙隐瞒真相，损害保险人的利益。在代理过程中，保险代理人有义务维护保险人的利益，这是保险代理关系和代理活动的特点所决定的。因此，从某种意义上说，保险人的利益就应是代理人的利益。

（二）保险人的权利和义务

1. 保险人的权利。即保险人依据代理合同约定，获得作为或不作为的许可、认定及保障。

（1）规定代理权限的权利。保险人有权规定保险代理人代理本公司的保险业务种类及业务范围，也有权要求保险代理人按照保险人规定的条款、费率及实务手续开展业务活动，保险代理人无权擅自变更保险费率或保险条款以及代理业务范围。

（2）监督保险代理人代理行为及业务的权利。因为保险代理人的代理行为后果直接作用于保险人，所以，在不干涉保险代理人独立开展业务的前提下，保险人有权监督代理人的行为及业务活动状况。比如，一般保险代理合同都规定在一定期限内代理人应该完成的最低保险业务量，保险人则有权监督这一量化指标的完成情况。

2. 保险人的义务。即保险人依据代理合同约定，必须进行的某种行为或不得进行的某种行为。

（1）支付代理手续费的义务。保险人在接受保险代理人为其代理的业务成果的同时，必须按代理合同规定的标准和方式支付保险代理手续费。一般代理手续费的支付既要考虑代理业务数量，也应考虑其业务质量，即考虑退保率、赔付率等因素，这些因素的考虑应在保险代理合同中有关手续费的支付标准和方式上加以体现和明确。此外，任何形式的代理佣金的拖欠和减少均视为保险人的违约行为。

（2）提供辅助资料的义务。保险人必须及时向保险代理人提供代理业务所必需的保险条款、费率、实务手续说明及各种单证等。

（3）对保险代理人进行业务培训的义务。虽然保险人与保险代理人以平等的合同当事人身份签订代理合同，但在代理关系建立的初期，保险代理人对保险人的业务险种及公司的其他事项是完全陌生的，为了更好地让保险代理人了解公司的宗旨，以便积极地为公司开展业务活动，保险人有义务对代理人进行上岗前培训；为了提高保险代理人素质，增强其遵纪守法的意识，保险人有义务在代理期限内对代理人进行定期或不定期的业务培训、技术技巧训练和法律法规教育。

四、保险代理合同订立的原则

1. 最大诚信原则。即保险代理人与保险公司签订代理合同的真实目的确实是为了代理保险业务以取得手续费收入；保险公司也确实是为了依靠保险代理人销售其保险产品，而不是为了其他目的而用欺骗或违法的手段签订合同。
2. 合法性原则。一是签订保险代理合同的双方当事人（合同主体）必须具备法律规定的主体资格；二是保险代理合同所规定的保险代理行为（合同客体）必须符合国家法律和社会公共利益；三是保险代理合同的内容必须真实且符合有关法律规定。
3. 自愿平等原则。即保险代理合同的双方当事人的地位平等，在双方自愿、平等协商的基础上签订代理合同，而不能采用威逼、胁迫等手段迫使对方签订代理合同。
4. 对价有偿原则。保险代理合同双方当事人之间的交易关系是提供服务和支付报酬的关系，是服务与货币的交换关系，有别于一般经济合同的等价有偿关系。
5. 书面形式原则。保险代理合同必须采用书面形式，用无歧义的文字明确表述双方当事人的权利和义务。按照《中华人民共和国合同法》（以下简称《合同法》）的规定，凡应当采用书面形式而以其他形式订立的合同，一般被认为不成立或无效。在司法实践中，如果当事人已履行了口头形式的经济合同，则被认为该合同已成立或有效。

业务一　签订保险代理合同

业务描述：保险代理人与保险人签订保险代理合同。

一、要约

要约是指一方当事人以缔结合同为目的，向对方当事人所作的意思表示。发出要约的人为要约人，接受要约的人为受要约人。要约是订立合同所必须经过的程序。保险人和保险代理人在平等协商的过程中，由其中一方先提出要约，双方就代理权限、代理险种、代理范围以及代理手续费等项目进行协商，并在意见达成一致的前提下签订保险代理合同。一般而言，保险人负责拟定代理合同的主要内容。

二、承诺

承诺是指受要约人同意接受要约的全部条件以缔结合同的意思表示。保险代理人如对保险人列出的合同的主要内容和事项表示满意，则作出同意的答复，保险代理合同即告生效。

要约与承诺是订立合同的两个阶段，被要约人对要约人的要约可以接受也可以拒绝，所以要约并不构成对被要约人的约束。

业务二 变更保险代理合同

业务描述：保险人或保险代理人因情况变化需依据法定的程序对原保险代理合同修改和补充。

一、变更保险代理合同主体

变更保险代理合同主体即变更保险人或保险代理人。

（一）变更保险人

保险公司合并、分立、解散等事由的出现将导致代理合同主体的变更。从我国目前状况来看，由于保险人合并、分立而导致保险人变更的情况并不多见，但是随着保险市场竞争的进一步加剧，保险公司的合并、分立乃至破产等情形的发生将有可能增加。

（二）变更保险代理人

保险代理人的变更主要指法人保险代理人的变更，即保险代理公司因合并、分立而引起的代理合同主体的变更。

保险人和保险代理人发生合并、分立等变更后，必须经新设公司及另一方当事人同意后方可变更代理合同。因主体变更的代理合同，在一般情况下很少发生。

二、变更保险代理合同的内容

变更保险代理合同的内容主要是指变更当事人双方的权利和义务。主要表现为变更具体的代理合同条款事项，即变更代理期限、手续费支付标准和方式、代理权限、代理险种、保险费支付方式等约定事项。例如，保险人在开始选择保险代理人时，通常比较谨慎，对代理人的授权范围较窄，有的只准其代理销售保险单、收取保险费，而很少授权其协助办理损失查勘和理赔。随着代理关系的深入及对保险代理人行为能力有更深入的了解之后，保险人可以通过变更代理合同扩大代理的权限范围并适当增加代理手续费、改变保险费交付方式等。此外，不同保险代理人要求合同内容的变更往往集中在代理手续费的支付标准上，而专业保险代理人除关心代理人手续费标准外，同时也关心代理业务范围和代理险种。

业务三 终止保险代理合同

业务描述：保险人或保险代理人因到期或其他原因终止保险代理合同。

一、填写保险代理合同解除申请书

保险代理合同终止分自然终止和解除两种情形。自然终止是指保险代理期限届满时由于双方不再续订代理合同而使代理权自行终止，合同的法律效力自行消灭。解除是指在保险代理合同有效期限内，合同一方当事人依照法律或约定行使解除权，提前终止合同效力的法律行为。合同的解除是合同一方当事人的意愿，但却是合同双方当事人均享有的权利。

解除保险代理合同可以分以下两种：

（一）约定解除

约定解除是指合同当事人在保险合同订立时约定在某项事项发生时，任何一方都可以行使解除权使合同效力消灭。例如，在代理合同有效期内，双方已达成解除合同的书面协议，规定如果保险代理人在一定时间内不能完成事先约定的最低数量的代理业务额，则保险人有权行使解除权解除代理合同。

（二）法定解除

法定解除是指当依照法律规定的解除事项出现时，合同一方当事人或双方当事人都有权或自觉解除合同。法定解除包括以下两种情况：

1. 由于国家政策、法令、计划的变更使保险代理合同失去依据或合同内容与新的变更相违背，则当事人双方必须自觉解除合同。
2. 合同当事人的一方因不可抗力而无法履行代理合同的义务或一方关闭、停业、分立、合并，则另一方有权解除合同。

二、办理解除代理合同证明

保险营销员要解除代理关系，需带上身份证，银行卡（工资卡）、合同、押金收据、执业证去所代理的保险公司办理，取得解除代理合同证明（见表1-1）。代理人在申请业内正常流动的时候，需将此证明交给接收方保险公司。

表1-1　　　　　　　　　　解除代理合同证明

销售人员姓名		销售人员代码	
入司时间	年　月　日	离司时间	年　月　日
身份证号码		资格证号码	
离司时职级		联系电话	

业内流动状态：
□ 该销售人员已在我公司办妥离司手续，符合业内正常流动条件。
□ 该销售人员已在我公司办妥离司手续，在我公司服务期未满1年，
　服务期从　　年　月　日至　　年　月　日。

销售人员签名：　　　　　　（公司名称及签章）

年　月　日

模块二　保险代理合同争议处理

【任务描述】

本模块工作任务：分析保险代理合同纠纷产生的原因；寻求保险代理合同纠纷解决的方式。

标志性成果：保险代理合同纠纷分析处理报告。

【知识准备】

在处理纠纷的实践中，人们逐渐总结出一套阐释合同条款和文字的国际惯例和原则，这些惯例与原则成为现行协商、调解、仲裁及法院裁决合同纠纷问题的重要依据。代理合同的主要解释原则如下：

一、按文义解释

按文义解释是指对合同中的措辞应按该词最普通、最通常的文字含义并结合上下文来解释。在同一合同内出现的同一个词，对它的解释应该是同一的；合同中所用的专业术语应按所属专业部门的标准含义解释。

二、按意图解释

合同是根据双方当事人自由意志的结合而订立的，因此，在解释时必须尊重双方订约时的真实意图，这种意图要根据合同的文字、订约时的背景、客观实际情况来分析和推定。意图解释只适用于文义不清、用词含糊的情况，如果合同表述清晰，则必须按字面解释。

三、明示优于默示

代理行为一般受制于代理合同及社会公德与公认行为规则，合同中规定的条件称为明示条件，社会公德与公认行为称为默示条件。在不违背法律和公德的前提下，当明示与默示条件不一致时，对合同的解释应以明示条件为准。

四、合同变更优于合同正文

保险代理合同订立以后，双方当事人会就各种条件的变化进一步磋商并对合同正文予以修订，当因合同变更而产生的修正与原合同内容相抵触时，对合同的阐释应以更正的内容为准。如果合同的变更不止一次，则最近的变更优于先前的变更。

业务一　找出保险代理合同纠纷产生的原因

业务描述：搜集一典型的保险代理合同纠纷案例，分析其产生的原因，并尝试对合同条款进行阐释。

保险代理合同的订立应该是按照有关法律法规的要求做到内容具体、文字准确、条款齐全。但是，在合同的实施过程中，双方当事人往往在主张权利和履行义务时发生争议和纠纷。这些争议和纠纷就会影响合同的顺利执行，并影响代理关系的进一步存在和发展。一般而言，保险代理人与被代理人多在代理手续费、代理权限及违约责任等方面产生异议、引起摩擦并导致纠纷。究其争议的原因，不外乎以下几个方面：代理合同条款文义表达不清晰、不准确；当事人双方对合同条款及有关文字释义的差异；由违约责任或其他责任的归属问题造成。

业务二　处理保险代理合同纠纷

业务描述：为业务一中搜集的典型案例寻求合理的解决渠道。

一、协商

协商是指保险人和保险代理人在自愿诚信的基础上，根据法律规定及合同约定，充分交换意见，相互切磋理解，求大同存小异，对所争议的问题达成一致意见的自行解决争议的方式。这种方式不但能使矛盾迅速化解，而且还可以增进双方的进一步信任与合作，有利于合同的继续执行。

二、调解

调解是由合同双方当事人都信赖的第三方出面，在查清事实，分清责任，并听取双方意见的基础上，作出的使双方都可以接受的解决纠纷的调解协议。调解一般是在双方无法通过自行协商消除分歧时采用，调解人一般选取处在中立地位，具有一定权威的第三方。保险代理纠纷的调解人一般由保险行业协会或其他中介机构承担。

三、仲裁

仲裁是指争议双方自愿将彼此间的争议交由双方共同信任、法律认可的仲裁机构居中调解，并作出裁决。仲裁机构主要是指依法设立的仲裁委员会，是独立于国家行政机关的民间团体，不受级别和地域的限制，它有良好的信誉和公正性。

申请仲裁必须以双方在自愿基础上达成的仲裁协议为前提，没有达成仲裁协议或单方申请仲裁的，仲裁委员会将不予受理。订有仲裁协议的，一方向人民法院起诉，人民法院将不予受理。

仲裁实行一裁终局的制度，裁决书作出之日即发生法律效力。一方不履行仲裁裁决的，另一方当事人可以根据民事诉讼法的有关规定向人民法院申请执行仲裁裁决。当事人就同一纠纷不得向同一仲裁委员会或其他仲裁委员会再次申请仲裁，不得向人民法院提起诉讼，仲裁委员会和人民法院也不予受理。在仲裁裁决生效后六个月内，若当事人提出的证据符合撤销裁决书的法定条件，可以向仲裁委员会所在地的中级人民法院申请撤销裁决。

四、诉讼

诉讼是指争议双方当事人通过国家审判机关——人民法院解决争端，进行裁决。人民法院在受理案件时，实行级别管辖和地域管辖、专属管辖和选择管辖相结合的方式。在不违反民事诉讼法关于对级别管辖和专属管辖的规定的前提下，合同双方当事人可以在书面合同中协议选择被告住所地、合同履行地、合同签订地、原告住所地、标的物所在地人民法院管辖。当事人首先应依法或依照合同约定到有权受理该案件的法院提起诉讼，人民法院才可受理并按相应的民事程序进行审理、判决。如合同中未有约定，而法律规定有两个以上人民法院具有管辖权的，原告可以向其中一个人民法院起诉。

人民法院审理案件实行先调解后审判、二审终审制。如调解成功，要做成调解书，由审判人员和书记员签名并盖人民法院的印章；如调解不成功，人民法院依法判决，并作出判决书。当事人不服一审法院判决的可以在法定的上诉期限内上诉至高一级人民法院进行再审，第二审判决为最终判决，当事人对已生效的调解书或判决书必须执行。一方不执行的，对方当事人有权向人民法院申请强制执行，对第二审判决还不服的，只能通过申诉和抗诉程序。

知识要点

1. 保险代理合同的特征、要素和基本内容。
2. 保险代理合同签订、变更和终止的基本流程。
3. 保险代理合同纠纷的解释原则。
4. 保险代理合同纠纷的处理方式。

习题与实训

1. 将全班同学分成不同角色，模拟操作保险代理合同的签订、变更和终止业务。
2. 保险营销员与保险公司之间是代理关系还是劳动关系？
3. 案例分析。

小方于某年被某保险公司招募为保险销售人员，报酬与业绩直接挂钩，报酬形式为保费佣金。小方与保险公司签署的《保险代理合同书》约定：双方基于保险代理合同形成委托代理关系，保险销售人员从事约定的代理业务，获得保险公司支付的代理费报酬。第2年的6月，小方在前往办理一笔保险业务的途中发生单方责任的交通事故。事后，小方多次要求保险公司给予工伤待遇，均被保险公司拒绝。请问，保险公司的做法是否合理呢？

项目二

保险代理业务经营运作

【职业能力目标】

知识学习目标：了解保险专业代理机构，保险兼业代理人及个人保险代理人的概念，掌握保险代理业务的操作流程，熟悉保险代理机构业务的经营范围；掌握个人保险代理业务的促成技巧。

技能训练目标：学会如何有效合规地做好保险代理业务；个人保险代理能够熟练地进行产品说明；个人保险代理能够熟练地进行保险促成。

【典型工作任务】

本项目工作任务：掌握保险专业代理业务运作、保险兼业代理业务运作和个人保险代理业务运作。

标志性成果：模拟完成一笔保险代理业务。

【业务场景】

保险公司或保险代理公司或保险兼业经营机构，主要参与者为保险代理人方和客户方。

【导入案例】

某市邮政局于 2010 年 9 月至 2012 年 8 月期间，存在部分营业网点未取得经营保险代理业务许可证从事保险代理业务、聘任不具有从业资格的人员等行为，违反了《中华人民共和国保险法》第一百一十九条、第一百二十二条的规定。依据《中华人民共和国保险法》第一百六十条、第一百六十九条的规定，当地保监局作出责令改正，罚款五万元的行政处罚。这一案例给我们什么启示？保险代理机构业务经营应遵循什么规范？

模块一 保险代理机构和兼业保险代理业务经营运作

【任务描述】

本模块工作任务：通过专业保险代理机构签订保险合同；通过兼业保险代理机构签订保险合同。

标志性成果：分别通过专业保险代理机构及兼业保险代理机构所签订的保险合同。

【知识准备】

一、专业保险代理机构的业务开办流程

（一）申请经营保险代理业务许可证

根据《保险专业代理机构监管规定》，申请设立保险专业代理机构的申请人须具备相关条件，并且按要求向中国保监会提交相关资料，同时，设立保险专业代理公司，其注册资本

的最低限额为5 000万元,最后,经中国保监会依法批准后获得由其颁发的许可证,然后才能办理工商登记,领取营业执照并开业。

(二) 开展保险代理业务

专业保险代理机构在授权范围内开展保险代理业务,具体包括:

1. 代理销售保险产品。保险代理机构代理的保险产品可以分为财产保险和人身保险,保险代理机构的专业代理人员通过多种渠道向企业和个人进行保险宣传,招揽保险业务。与其他保险代理人相比较,保险代理机构代理行为的重要特征是专业性和规范性。

2. 代理收取保险费。收取保险费是保险代理机构经营中的重要内容,体现了保险合同双方的权利和义务。保险代理公司应当开设独立的代收保险费账户,不得挪用代收保险费账户中的资金或坐扣保险代理手续费。

保险代理机构在会计账户上应当以被代理保险公司为单位,对代收保险费进行明细账反映,并在委托代理合同约定的期限内将代收保险费交付给被代理公司。

3. 代理相关保险业务的损失勘查和理赔。当经由保险代理机构招揽的客户出险后,保险代理机构利用其熟悉客户情况的优势协助保险公司进行损失勘查和理赔工作。

4. 中国保监会批准的其他业务。除了上述规定外,为了拓宽保险中介业务渠道,保险代理机构可以结合环境和形势变化,经营保监会规定可以开办的其他保险代理业务,比如咨询服务、理财规划等业务。

保险代理业务机构的代理行为是一种商业服务行为。因此,从保险代理本身服务最优化的要求以及从商业利益出发,保险代理机构代理行为的内容不仅限于推销保险单、代收保险费、代理理赔等服务项目,还可以提供各种与保险代理相关的服务。这种服务不仅表现为在客户购买保险之前,保险代理机构根据客户的保险需要,帮助客户设计风险管理和投资理财的方案,选择适当的保险险种以分散风险,使得投资升值,还表现为在客户购买保险之后,保险代理机构根据客户的保险需求和其他条件的变化,帮助客户调整风险管理和投资理财方案,确保客户转化风险和保持财务的稳定。

二、兼业保险代理的形式

兼业保险代理机构是指在从事自身业务的同时,接受保险公司的委托,在保险公司授权范围内代为办理保险业务,并向保险公司收取保险代理手续费的机构。常见的兼业代理形式有四种,即金融机构兼业代理、行业兼业代理、企业兼业代理和社会团体兼业代理。

(一) 金融机构兼业代理

即利用银行、邮政储蓄机构、信用社、证券等金融机构与各行各业接触广泛的特点,在其柜台为客户代办保险业务。这种形式最常见的是银代,即银行作为中介人代理销售保险公司的产品,起步于1996年,成为兼业代理销售的主渠道。

银行和保险公司签订代理销售协议,银行作为兼业代理机构,利用其经营网点及在公众中的信誉销售保险产品。由于许多金融产品和邮政服务需要附加保险以增强其安全性,因此,银行代理保险具有多方面的优势。银行代理保险业务,需要保险公司分支机构和银行的分支机构层层签署委托代理合同，银行代理保险公司销售保险产品，保险公司向银行支付手续费。在委托代理权限内，保险公司承担由于保险产品瑕疵和保险公司理赔、保全所导致的责任，而银行作为代理销售机构，只对销售过程中的误导，超越代理权限的部分承担责任。

（二）行业兼业代理

行业代理的保险业务一般与本行业的业务经营具有相关性，其利用某一行业对保险的特殊需求以及该行业业务开展的便利条件为保险人代理保险业务，如货物运输部门代理货物运输保险，汽车销售部门代理汽车销售保险，水路、陆路交通站点代理旅客人身保险，航空售票点代理航空旅客人身意外伤害保险，旅游部门代理境内外旅游人身意外伤害保险等。

（三）企业兼业代理

企业的主管部门受保险人委托兼办下属企业的保险业务，或企业代办企业内部职工的保险业务，如企业代理开展职工个人的各种人身保险业务、家庭财产保险等。企业代理主要是规模较大的企事业单位的工会或部门办理一些与职工生活密切相关的保险业务，为职工投保提供便利。

（四）社会团体兼业代理

通过某些社团组织的特殊职能进行保险业务的代理。例如我国曾经出现过诸如通过计划生育协会代办母婴安康保险、通过个体劳动者协会代办人身保险或财产保险等兼业代理形式。

根据2015年中国保险市场年报，2014年，全国保险兼业代理渠道实现保费收入7 008.9亿元，占2014年全国总保费收入的34.6%，其中财产险保费收入1 898.6亿元，人身险保费收入5 110.3亿元。

业务一 保险代理机构实务运作

业务描述：保险代理公司与客户签订保险合同。

一、协助客户填写投保单

当客户根据投保的险种和保险公司的不同填写相应的投保单时，保险代理机构的业务员协助其计算出保费，并将投保单交给保险代理机构。

二、代理收取保险费

保险代理机构根据授权范围，代理收取保险费，并开立独立的代收保险费账户进行结算。

三、审核并出单

如果保险公司给代理公司提供了连线出单的电脑终端，业务内勤就可以在线出保单，代理公司将投保单录入保险公司的电脑终端，待保险公司核保通过，由代理公司打印出保险单和收据；如果保险公司没有给代理公司提供连线出单的电脑终端，业务内勤就要将投保单传真给保险公司，保险公司的业务员根据代理公司的投保单传真进行核保后打印保险单和保费收据，经由相关业务人员交给代理公司。

四、单证处理

根据保险公司和险种的不同，保险单格式也会有所不同。可保留保险单正本，代理公司留复印件；保费收据至少三联，客户留一联，代理公司留一联，保险公司留一联。

五、录入资料

代理公司将保单资料录入代理业务处理系统，并填写保单报表。

六、登记收费信息

信息业务员将收到的客户保费交给保险代理机构的财务内勤，将保单和保费收据的正本送给客户，收据副本由财务内勤留底。财务内勤将收费信息录入代理业务系统。

七、结算保费、代理费

保险代理机构定期与保险公司进行保费和代理费结算，其将全部保费转给保险公司，同时收取相应的代理费。

八、计算提成和奖金

保险代理机构给业务员的收入分为两种：一种是按单提成，即业务员根据每一张保单的实收保费从保险代理机构取得一定比例的费用，财务内勤将每一张保单的按单提成信息录入代理业务系统；另一种是在一定期间内累计业绩（实收保费）达到一定指标后可以从保险代理机构取得相应比例的奖金收入，财务内勤按月统计业绩，将业绩提奖的结果录入业务系统。

九、通知续保

业务内勤提前一个月将到期续保的客户名单通知到相应的业务员，由业务员通知客户办理续保。

以上保险代理机构的业务运作流程如图 2-1 所示。

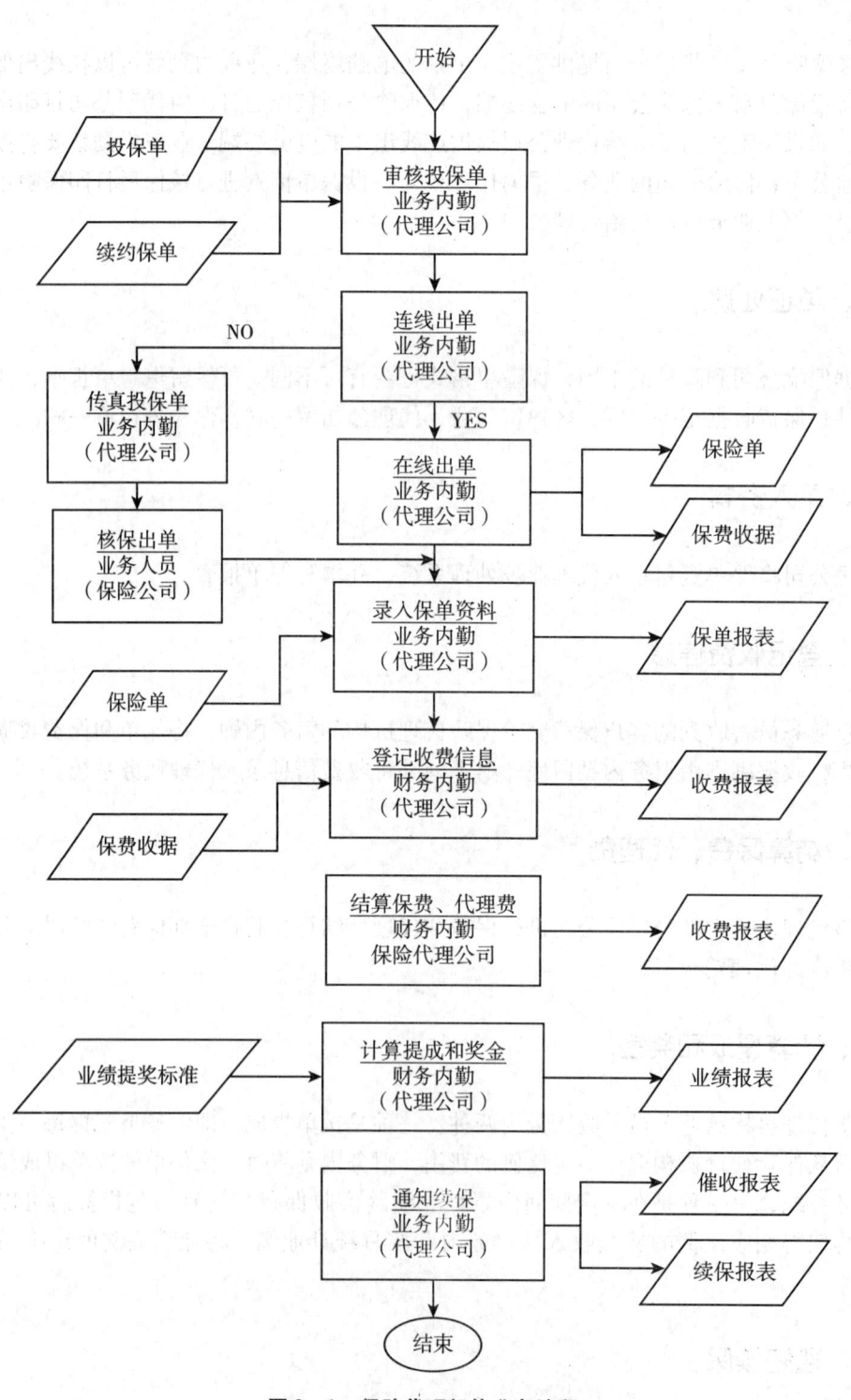

图 2-1 保险代理机构业务流程

【拓展阅读】

保险代理机构的内部和外部关系处理

一、保险代理机构的内部岗位职责分工

1. 代理公司业务员：负责协助客户填写投保单和提交所需资料，通知客户及时缴纳保险费和办理到期续保。
2. 代理公司业务内勤：负责审核客户投保等方面的资料，负责保单等资料的电脑录入、单证打印和归档，负责提醒续保和催收保费等方面的售后服务工作。
3. 代理公司财务内勤：负责收取客户保费，定期与保险公司进行单证交接和结算保费及代理费，负责销售业绩的统计和计算销售提成和业绩奖金。
4. 保险公司业务内勤：负责对代理人送审的投保资料进行核保，及时向代理人反馈核保结果。协助和监督代理人按照协议进行规范运作，定期与代理人进行单证和保费、代理费的结算。

二、保险代理机构与保险人进行业务处理时应该注意的问题

1. 与保险人之间的面谈、电话交流等其他形式的联系必须进行准确的记录。
2. 在处理数字方面的问题时，最好使用清单，以保证将所有相关信息披露给保险人。
3. 保险代理人向保险人递交投保单时，必须以书面形式保留副本，以便证明投保单已经及时递交给了保险人。其他书面信息必须清楚、准确，重要信息应妥善保管，不得被销毁或遗失。投保单上的用词应与保险人标准保单上的用词一致。保险合同中包含责任免除或除外责任，退保及其他费用扣除，现金价值，犹豫期等条款的，保险代理机构应当向投保人明确说明。
4. 保险代理公司应制作规范的客户告知书，包括保险代理机构及其分支机构的名称、住所、业务范围、代理权限、联系方式、法律责任以及被代理保险公司的名称、住所、联系方式、投保提示等事项。
5. 当保险双方达成一致的意见后，保险代理机构应尽快安排出具保单。

业务二　兼业保险代理实务运作

业务描述：兼业保险代理机构与保险公司签订代理合同；兼业保险代理机构与客户签订保险合同。

一、接受委托

保险代理机构在正式代理保险业务之前，要与保险公司签订委托代理协议，取得兼业代理许可身份，接受保险人的代理委托。

二、建章立制

制定兼业保险代理的规章制度，指定专人代理销售保险产品，对代理人员进行必要的专业培训，并要求从业人员参加考试取得从业的资格证书。

三、产品推销

利用主业的优势，通过柜面、网络、电话等渠道推销保险产品，一般来讲，兼业代理机

构可以将保险公司的产品单独销售,也可以将保险公司的产品与兼业机构的产品捆绑销售。

四、风险评估

保险代理机构接受委托后应首先调查、分析客户面临的风险状况,从而对客户面临的风险频率和程度有一个较准确的判断和评估,并据此提出分散风险的措施。如选择保险分散风险,则保险代理机构应根据客户的保险需求,有针对性地提出与客户的风险和需求相适应的最合理的投保方案,然后向客户推荐保险公司、保险产品和保险条件。在充分履行告知义务、详尽解释保单内容的前提下,保险代理机构可以进行下一步骤,即保险安排。

五、保险安排

保险代理机构首先根据风险评估的结果,提出投保建议,并通过对所代理的保险公司的产品和价格进行比较,选择适合客户需求的保险方案;然后向客户进行必要的说明,提出购买建议;最后经客户确认,促成其与保险人订立保险合同。

六、客户服务

保险代理机构应提醒在保险期间内客户要注意的各类事项或提供风险管理的建议,并对保单进行跟踪管理,避免由于客户的疏忽造成保单效益降低,或者由于保险合同的内容发生变化未及时通知或变更而使客户的利益受损。

在出险后,保险代理机构应协助客户会同保险公司进行事故调查,协助客户索赔,并负责期间的联系和索赔文件的准备工作。总之,保险代理机构应充分利用其丰富的业务经验和专业技能,履行售后服务的义务,保障客户的合法权益。

七、登记保管资料

做好代理业务登记工作,并将业务的资料归档妥善保管。

八、计算奖金

兼业代理取得的收益,机构领导和主管按收益的一定比例提成,从业人员根据业绩,按一定比例提取奖金。

兼业保险代理机构开展业务期间,需得到保险公司的配合。兼业代理需要保险公司进行业务指导,保费通常是通过转账结算,由客户的账户转到保险公司的账户,保险公司每月将代理手续费划给兼业保险代理机构。

以上保险兼业代理机构的业务运作流程如图 2-2 所示。

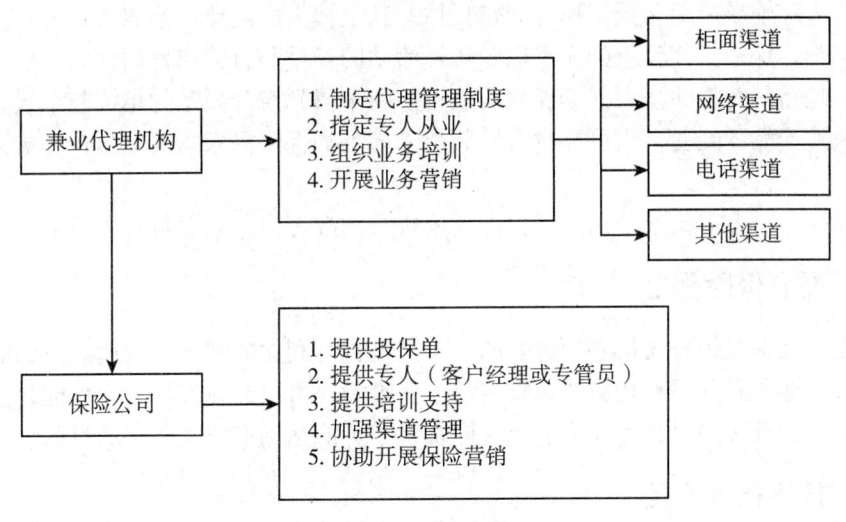

```
兼业代理机构 → 1. 制定代理管理制度
              2. 指定专人从业
              3. 组织业务培训
              4. 开展业务营销
                                → 柜面渠道
                                  网络渠道
                                  电话渠道
                                  其他渠道

保险公司 → 1. 提供投保单
           2. 提供专人（客户经理或专管员）
           3. 提供培训支持
           4. 加强渠道管理
           5. 协助开展保险营销
```

图 2-2　兼业保险代理业务流程

模块二　个人保险代理业务经营

【任务描述】

　　本模块工作任务：通过个人保险代理人签订保险合同并提供售后服务。

　　标志性成果：通过个人保险代理人所签订的保险合同。

【知识准备】

　　个人保险代理人通常称为保险销售从业人员，指取得中国保监会颁发的资格证书，为保险公司销售保险产品及提供相关服务，并收取手续费或佣金的个人。其业务范围主要包括代理推销保险产品和代理收取保险费，并按照所属保险公司的管理规定对自己的客户做好相应的服务工作。个人保险代理人既可以受雇于保险公司，也可以是保险代理机构的雇员，他们的收入主要来源于保险业务佣金，且与自己的业绩直接挂钩。

　　从事保险销售的人员应当通过中国保监会组织的保险销售从业人员资格考试，取得《保险销售从业人员资格证书》。保险公司、保险代理机构应当为取得资格证书的人员在中国保监会保险中介监管信息系统中办理执业登记，并发放《保险销售从业人员执业证书》。

业务一　个人保险代理售前和售中业务运作

　　业务描述：个人保险代理人开拓客户，促成签单。

一、计划与准客户开拓

　　对新入职的业务员首先需要帮其确定收入目标，制定工作计划，填写活动目标表，检查工作日志并追踪辅导。业务员工作计划包括估算其金钱上的需要、培养工作的习惯、有计划地开拓准客户、保持工作记录的完整以及对外活动的安排和自我启发的计划。

准客户是指具有投保潜力但其保险需求目前尚未得到充分满足的单位与个人，准客户可能有购买保险产品的经验，也可能没有，其尚未满足的保险需求需要保险销售员去进行激发与满足。

一般而言，一个单位或个人要成为保险销售员的准客户，需要符合以下七个条件。

（一）要有保险需求

保险需求是保险销售人员必须清楚的。不论是自身利益的需求、家庭利益的需求，还是企业的需求，客户必须要有相应的保险需求。保险需求可以是显性的，也可能是隐性的，保险销售人员要让准客户对其保险需求有认同感，才可能达到促成其购买的目的。

（二）投保能力充足

客户要具有一定的经济实力，能够负担起保险销售人员所销售或建议的险种的保费支出。如果潜在客户经济条件有限，无力支付保费，终究也无法成为销售人员的客户。如果只是暂时由于资金周转等因素而不具备短期经济条件，可将其列入长期的开发名单中加以关注。

（三）符合投保资格

拥有合格的保险标的，满足保险公司的承保要求，要能够通过保险公司的核保程序，否则保险销售人员花费大量的精力进行开拓，最后通不过核保，将前功尽弃。例如，一位85岁高龄的老人就不能成为定期寿险的客户。

（四）投保动机合法

购买保险动机必须是合理合法的，而不是出于欺诈。因此，保险销售人员必须清楚客户的投保动机，避免逆向选择或保险欺诈行为的发生，以免为公司或个人带来相关的名誉或经济损失，更要避免违法犯罪行为的发生。

（五）具有责任感

具有责任感的准客户更容易被说服，一个有责任感的人，其拥有更多的购买保险的理由，比如父母为孩子的将来而购买保险；夫妻为对方负责，替对方着想，从而为其购买保险；孝顺的子女会为父母购买保险。

（六）投保决策权

准客户是否拥有投保决策权是很重要的一个条件。具有购买决策权的人，可能不是保险销售人员进行推销的那个人。因此，保险销售人员必须注意观察谁是具有决策权的人。如果一个人不拥有投保决策权，保险销售人员花费大量力气，其结果换来却是："我不能作决定，得与××商量才行。"这将浪费保险销售人员大量的时间、精力和经济成本。

（七）有接洽时机

时机是相当重要的，如果一个顾客具备上述所有的条件，但就是始终无法接近，找到与其商谈或沟通的机会，那么该顾客充其量只是一个有潜力的发展对象而已。当然，能否接近还要看保险销售人员沟通技巧与方法。对于优秀的保险销售人员而言，准客户可以说是无处不在，关键是看你如何着手进行。

【拓展阅读】

开拓准客户的方法

选择合适的方法至关重要，恰当地选择推销对象，减少推销的盲目性，可以达到事半功倍的效果。开拓准客户是保险销售人员走向成功的起点，是提高业绩的第一步。开拓准客户的方法主要有十种，具体如表 2-1 所示。

表 2-1　　　　　　　　　　　准客户开拓方法

序号	方法	具体要求内容	注意事项
1	缘故开拓法	（1）选择自己的亲朋好友作为客户；（2）包括：亲戚、邻居、朋友、同学、校友、老师、前公司的上司、同事、同趣同好者、保户等。	（1）绝不强迫推销；（2）坚持最专业的服务；（3）设计一份最合适的保单。
2	转介绍法	（1）请求现有保户介绍他认为有可能购买产品的潜在保户的方法；（2）介绍内容一般为提供名单及简单情况，介绍方法有口头介绍、电话介绍、名片介绍等。	（1）介绍人在场第一次见面不必谈保险；（2）电子邮件不要寄上太多资料；（3）及时告知介绍人访问结果并表谢意；（4）事成之后，给介绍人送上一份小礼物以示谢意。
3	陌生开拓法	（1）直接向不认识的人介绍和推销保险；（2）最基本的寻找和发现准客户的方法。	（1）以专业形象出现在准客户的面前；（2）自信，自然大方；（3）准备一个吸引人的开场白；（4）正确对待拒绝。
4	个人观察法	（1）根据对周围环境的直接观察和判断去发现准客户；（2）与人聊天、打电话、吃饭、旅游等。	（1）扩大视野，跳出原有推销范围；（2）敏锐观察能力。
5	资料查阅法	（1）通过查阅各种信息资料来寻找准客户；（2）资料可以是工商日志簿、报纸杂志、企业广告和公告等。	（1）注意对各类信息资料的收集；（2）整理工作要注意准确性。
6	合作法	（1）寿险销售人员与寿险销售人员合作；（2）寿险销售人员与其他产品销售人员合作。	从合作共赢的角度考虑问题。
7	咨询调查法	利用事先印制的并带有保险公司标志的调查表于街头、厂矿、办公楼、居民区进行随机访问。	（1）具有专业性；（2）调查对象要保证层次丰富；（3）咨询问题要齐全。

续表

序号	方法	具体要求内容	注意事项
8	互联网	（1）建立个人网站；（2）利用公众聊天室；（3）利用群发邮件。	要及时回复有咨询意向的人士，并时刻以专业的角度为其进行解析。
9	产品说明会（或新产品推介会、客户答谢会）	（1）公司新产品推出或新讯息发布，由业务员介绍准客户参加；（2）专业讲师讲授，动员到场客户购买。	（1）激发了客户购买保险的欲望；（2）业务员需对产品充分认识；（3）不能过于频繁地邀请同一客户。
10	直邮	通过邮局向目标客户寄送邮件资料，传递各种可以影响目标客户做出相关决策的营销信息。	（1）信息全面、成本低廉、效果直接；（2）有针对性；（3）反馈率较低。

一般来说，在刚进入保险市场、保险业务知识和销售技巧都不太熟练的情况下，往往首先选择缘故市场。第一，缘故比较容易接近。因为是故友，对于约见不会拒绝，对于保险营销员的讲解宣传会认真倾听。第二，缘故比较容易成功。它比陌生拜访的成功率高出许多，同样的努力会有不一样的收获。因为保险是一纸合同，是无形的产品，它的基础是诚信。缘故对保险营销人员有一定的了解，有信任的基础，人与人之间最难的不是做业务而是建立信任关系。

二、接触与商品说明

（一）准备

准备阶段需要做的工作包括：

1. 准备知识。这一阶段，保险营销员应该准备的知识包括专业知识和相关知识两方面。专业知识指保险公司情况、保险险种、保险法律法规等知识；相关知识指经济、金融、投资、心理学等知识。

2. 寻找客户。寻找客户就是寻找和发现可能购买保险的企业、家庭和个人。寻找合适的客户是保险代理人营销成功的重要因素之一。

3. 准备面谈。保险营销员应在掌握保险业务和相关知识以及保险营销方法的前提下，认真研究并掌握保险营销专用的语言艺术，即营销话术。在营销过程中，除了要讲究谈话的技巧外，还应注意说话的声调、表情、动作等。

4. 掌握竞争对手情况。只有掌握了竞争对手的情况，才有可能掌控全局。

5. 拟订客户拜访计划。拜访客户要有计划，有准备，这样既能显示出对客户的尊重，又具有针对性。

（二）接触客户

接触客户时需要做的工作包括：

1. 进行自我介绍。
2. 握手寒暄。
3. 收集资料，培养感情。

4. 激发客户的购买欲望。
5. 对保险险种进行说明。

三、编制保险建议书

在掌握了客户的详细资料，明确了客户的保险需求与购买能力后，保险销售人员最重要的工作就是以客户资料为基础，以保险需求为中心，以购买力为前提，为客户设计一套科学合理的保险保障计划，并将保险计划、保险产品既专业又通俗地向客户呈现出来。

（一）保险建议书的含义

保险建议书，又称保险计划书，是根据不同准保户的具体情况，将保险产品进行组合，提供最适合该准保户的保险计划。在保险销售过程中为什么要使用保险建议书？一是保险同业竞争的需要，保险建议书作为风险管理专业水平与保险服务的综合表现手段，无疑将为包装保险销售人员风险管理专家形象和塑造保险公司、保险营销中介机构的专业品牌起到重要作用。二是投保决策的需要，保险建议书回答了客户"为什么要买保险""为什么要买这家公司的保险"等问题，迎合了客户理性投保的需要。

（二）保险建议书的内容

一份周密的保险建议书应该是一份完整的投资理财计划书，它可以给准保户带来完善的保障，使他能够购买到最需要的保险产品。保险产品建议书应该包括以下几个内容：

1. 封面。封面包括建议书的名称、准保户姓名、建议书的设计人。最好加上一句特别说明："本建议书仅供参考，详细内容以正式条款为准。"
2. 公司简介。保险公司的历史、发展现状和对未来的展望。
3. 设计思路与需求分析。在动手设计保险建议书之前，我们首先要对准保户做需求分析，了解保户最需要什么，并通过这份计划来满足他。让准保户了解营销员的设计思路，并知道这份计划是专门为他量身定做的，从而使他产生对营销员的信任感。
4. 保单特色。主要介绍该建议书的综合特点和综合保障利益。
5. 保险利益内容。主要内容包括保险金额、保险费用、保险期限、缴费方式、各项保险利益的详细说明、效益分析等。要让准保户知道，此计划究竟能够解决什么问题，以及他的家人能够得到什么具体的保险利益。
6. 辅助资料。其他有助于此份计划的相关信息、资料、宣传彩页等内容。
7. 结束语。结束语包括公司营业部地址、名称、本人姓名、资质编号、联系方式等；也可以加进一些祝词，以体现关心或祝福；也可以写一些名人有关保险的话语。

以上介绍的建议书的格式与内容不是一成不变的，可以根据具体需要进行适当的调整。总体上的要求是整齐、简洁明了、逻辑清晰、内容完整真实，不要过于追求形式上的特色而忽视了其最根本的目的。

（三）保险建议书的编制过程

1. 客户资料的收集与整理。在设计保险计划书之前，通过与准客户接触、会谈、问题讨论等，从中逐步收集和掌握准客户的一些资料与信息，包括客户基本资料、财务信息、风险状况、已有保障等，为下一步保险需求分析提供基础。客户资料的收集与整理可以采用问卷调查的方法。使用问卷调查所收集的信息比较有条理、有系统。问卷调查表可以灵活设计，也可以采用制式问卷或表格，还可以通过其他各种途径如广告媒体、他人介绍等方法来收集客户资料。

2. 客户保险需求分析。在掌握准客户基本资料的基础上，要对准客户的保险需求做出合理评估，便于下一步根据不同客户不同的风险特性和需求偏好，推荐真正能让准客户满意的保险产品。

3. 拟定保险产品组合。在科学分析客户的保险需求后，就应该本着满足客户需求、以最合理的成本获得最全面的保障、促进销售等原则为客户提供科学的保险产品组合。

【拓展阅读】

人身保险建议书的设计原则

客户在选择保险产品时，往往希望能通过保险来获得全方位的保障，意外、医疗、死亡、教育金储备等。但一般来说，一种产品只能满足客户某一方面的需求，因此，保险销售人员必须根据客户多角度的需求，将多种产品科学合理地加以组合，再通过保险建议书呈现出来。为客户量身设计保险产品，要遵循以下几个原则。

（一）以客户需求为中心

客户的年龄、性别、工作性质、家庭责任不一样，对保险的需求也是不一样的。客户购买保险，最关心的是险种组合能不能满足自己的需求，为自己和家庭建立可靠的保障。所以，建议书必须量体裁衣，以客户需求为中心。

（二）合理保险金额原则

合理保险金额原则就是设计建议书的时候应该设计多高的保障，为什么要设计这样的保障，及所遵循的原则。合理保险金额一般是以准保户的年薪为标准量入为出。从国际上发达国家的理论标准来讲，通常是年收入的10倍左右为合理保险金额。但在我国，保险意识普遍不强，综合考虑现有的收入状况与消费水平，我们认为，以年收入的2倍到3倍为保险金额比较合理。如果保险金额不合理，随之而来的保障当然不全面。

（三）全面保障原则

一个好的保险计划必须具备两个条件：在同样费率情况下，保险金额高而且保障全面。保险营销员应该给保户推荐适合的险种，尽量满足他们的需求，以充分实现全面保障原则。

（四）以购买能力为前提

保险的缴费期间一般都比较长，必须定期缴费，才能保证保单持续有效，因此，建议书险种的设计必须充分考虑客户的购买能力以及经济状况的稳定性。如果保费支出过高，就会给准保户的日常生活造成一定的影响，甚至会因为以后交不起这笔费用而感到苦恼。

在实际操作过程中，一般以年收入的10%为基本合理的保费支出。如果建议准保户购买的是储蓄型险种，原则上可以连本带利收回，在考虑保费时适用的范围就比较宽，甚至可以提高到收入的20%~25%。如果设计购买的是保障型险种，以收入的5%~10%作为保费就足够了。总的来说，保费要根据不同的保户需求和险种匹配来确定，一般在收入的5%~25%是比较合理的。

（五）保障有主有次、有先有后

保障的分配要有主有次，以最关键、最核心的保障需求为主，以家庭责任最重的成员为先。如先大人后小孩原则，目前很多家长都从以下角度来考虑问题：现在就一个孩子，万一有个闪失，还有个保障，心理也平衡一点。可是，这样做是不合理的。因为，孩子没有经济收入，而其父母一旦发生意外，家庭生活很容易陷入困境，而孩子的保费更没有着落了。所以，我们在设计保险计划书的时候要依据不同家庭的情况充分考虑这个问题，给家长提出更诚恳、更切实、更经济的建议。再如，夫妻互保原则，在日常工作中，我们总是先认识家庭成员的一方，所以不少保险营销员从这情况出发，设计了单方保障的建议书，这是不全面的。我们应该在对其家庭充分了解的情况下，让夫妻双方互相投保，互为受益人，这才是真正完整的家庭保障计划。

（六）先保障后储蓄盈利原则

对于第一次购买保险产品的保户来说，这是非常重要的一个原则。因为大多数准保户在交纳第一笔保险费用的时候，最需要的是把钱花在刀刃上。而保障型保险一般只需要花不多的钱就可以获得巨额的保障。因此，我们在建议书中首先要给家庭的经济支柱购买此类保险。而在此家庭或个人经济条件较好的基础上，可以再考虑退休、养老、储蓄等险种。

四、讲解保险建议书

对于大部分客户而言，保险建议书是一种专业性较强的文件，因此保险建议书的讲解是保险营销员营销成功的关键之一。一份保险建议书设计得再合理、再科学，如果不能准确、明白地呈现给客户，也会失去建议书的意义与作用。

保险销售人员在向客户阐述保险建议书时，首先强调建议书是根据客户的现实情况量身设计的，并且再次点明客户的需求保障点，这样，客户才会抱着兴趣和认真的态度来了解这份建议书。不论是介绍险种，还是解释险种的利益，保险销售人员都要紧紧抓住客户的需求，并且使用图表来辅助说明。在介绍完整的保险建议书后，保险销售人员及时地引导客户提出问题，提出意见，以确认客户对建议书的满意度。产品介绍的目的是让客户了解保险建议，充分表达意见和看法，及时修正完善，并最终形成客户认可的一套保险计划。

五、处理异议

在保险营销实践中，多数情况下，客户不会主动或轻易地就与保险营销员达成交易。在此过程中，保险营销员往往需要处理客户提出的种种异议，直至客户满意，只有这样才能促使客户下定决心购买相关的保险产品。因此，处理异议是保险营销环节中非常重要的一环。

针对客户的真实异议做出解释或者提出解决方案，常用方法有诱导设疑法、平摊价格法、以退为进法、顺水推舟法、生活化比喻法、举例说明法、转移话题法、反驳法和倒推法等。

六、促成客户签单

保险促成相当于足球场上的临门一脚，在保险营销中起着不可忽视的作用。保险销售人员应关注促签时机。一般的促成时机主要集中在：介绍完保险产品主要优点之后；客户表示对保险非常有兴趣时；客户仔细研究保险计划书后；对客户的疑问做出解答之后；消除客户异议之后；客户对保险产品表示赞许之后。销售人员在销售过程中要多关注客户的一言一行，当客户出现购买信号时，帮助、鼓励客户作出购买决定。

以上保险销售从业人员的工作流程如图2-3所示。

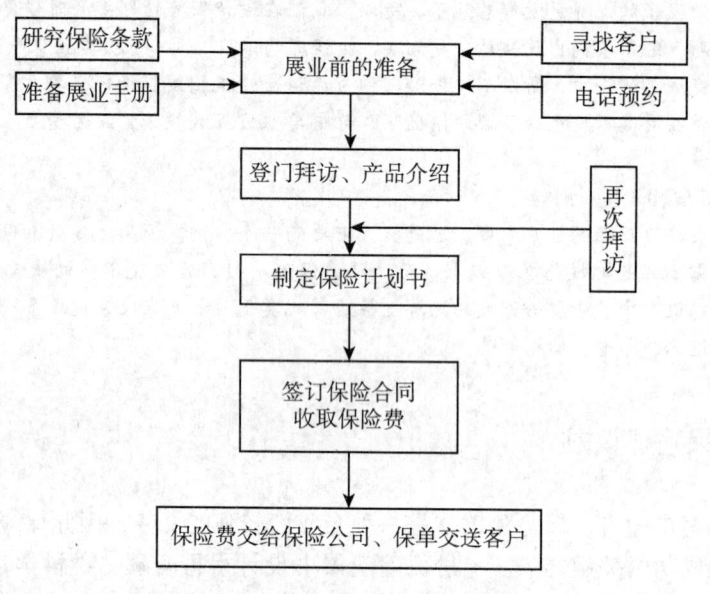

图2-3 保险销售从业人员业务流程

【拓展阅读】

保险促成的主要方法

适时运用恰当的方法和准客户沟通，对提升保险成交率有积极作用。保险促成方法主要有如下四种：

（一）假定承诺法

即假定准客户已经同意购买，主动帮助准客户完成购买的动作。这种动作通常会让准客户做些主次的选择，而不是要求他马上签字或拿出现金。

例如："您是先保健康险还是养老险？""您看受益人是填妻子还是小孩？""您的身份证号码是……""您的身体状况怎样，最近一年内有没有住过院？"，这些方法只要会谈氛围较好，随时都可应用，"二择一"的技巧通常是此种方法的常用提问方式。

（二）风险分析法

这种方法非常适合那些拖延型性格的人，通过唤起其危机意识，加速其做出购买的决定。通过举例或提示，运用一个可能发生的改变作为手段，让准客户感受到购买保险的必要性和急迫性。例如，当准客户说"我现在没有足够的钱去买保险"时，就可以这样来进行沟通："现在您都觉得手头紧张，那将来要是遇到意外或有病发生，该怎么办呢？保险就是生活的稳定器，帮助我们规避未来的风险，平日存小钱，遇事拿大钱，这种安排不正是您所需要的吗？"

（三）利益驱动法

适用于一般准客户和高端准客户，而利益的谈及在某种程度上可以纳入理财的范畴。

以准客户利益为说明点，打破当前准客户心理的平衡，让准客户产生购买的意识和行动。这种利益可以是金钱上的节约或者回报，也可以是购买保险产品之后所获得的无形利益。对于前者如节约保费、资产保全，对于后者如购买产品后将有助于达成个人、家庭或事业的目标等。

（四）以退为进法

适合那些不断争辩且又迟迟不签保单的准客户。当面对准客户使尽浑身解数还不能奏效时，你可以转而求教："先生，虽然我知道我们的产品绝对适合您，但我的能力有限，不能说服你。不过，在我告辞之前，请您指点出我的不足，给我改进的机会好吗？"谦卑的话语往往能够缓和气氛，也可能带来意外的保单。

业务二　个人保险代理售后业务运作

业务描述：个人保险代理人为自己的客户提供理赔等售后服务。

一、提供保险理赔服务

当保户发生意外事件后，保险销售人员应尽快告诉保户或保户家人保险公司理赔所需的材料和理赔步骤，及时安抚客户及其家属，提供有关理赔知识的专业指导，告知客户理赔需要的手续和办理程序，主动帮助客户办理理赔事宜等。避免客户因不熟悉办理手续而反复奔波于保险公司，造成客户的反感。通过保险销售人员及时、专业的服务让客户快速、方便地得到理赔是客户体验保险价值最深刻的机会。此外，客户出险后特别需要得到心灵的安慰，保险营销人员除了及时帮助客户着手办理理赔事宜外，还要尽量给予客户关怀服务，耐心细致地做好保户的思想工作。

二、提供保单保全服务

合同保全服务是指为了维护已生效的人身保险合同，保险公司根据合同约定与客户需求所提供的一系列服务举措。合同保全是对保险合同效力的维护，保险公司一般经过客户申请、受理初审、经办、复核、单证缮制与清分和日结归档六个处理阶段，保险销售人员在客户需要的时候有必要对客户给予协助。

【拓展阅读】

表 2-2　　　　　　　　　某寿险公司人身保险保全服务的内容

序号	保全服务项目	保险公司提供服务的时间		
		保险期限内		年金给付期限内
		交费期限内	非交费期限内	
1	通信地址、住所变更	√	√	√
2	姓名文字变更	√	√	√
3	证件类别及号码变更	√	√	√
4	性别错误更正	√	√	√
5	出生日期错误更正	√	√	√

续表

序号	保全服务项目	保险公司提供服务的时间		
		保险期限内		年金给付期限内
		交费期限内	非交费期限内	
6	更换投保人	√	√	√
7	受益人变更	√	√	√
8	增加附加险	√	√	√
9	附加险续保	√	√	√
10	投保要约的确认	√	√	√
11	保险合同补、换发	√	√	√
12	解除合同	√	√	√
13	保险关系转移	√	√	√
14	保单借款	√	√	
15	续期保费交费通知	√		
16	保费抵交	√		
17	保费自动垫交	√		
18	交费方式变更	√		
19	授权账号变更或撤销	√	√	√
20	减保	√	√	
21	保额增加权益	√	√	
22	减额交清	√		
23	可转换权益	√	√	
24	合同效力恢复	√	√	
25	利差返还	√	√	√
26	红利给付	√	√	√
27	生存金额领取通知	√	√	√
28	年金领取方式变更	√	√	
29	年金领取年龄变更	√	√	
30	犹豫期撤单	投保人签收合同的十天内（寿险合同）		

三、提供其他售后服务

包括适时联络、接受咨询以及提供海外救援、路途营救等其他增值服务。

知识要点

1. 保险代理机构的类型。
2. 专业保险代理机构业务运作的一般程序。
3. 兼业保险代理机构业务运作的一般程序。
4. 个人保险代理人业务运作的一般程序。

习题与实训

1. 将全班同学分成2人一组,分别扮演保险代理机构业务人员和保险客户开展保险营销活动,结合所学知识,分析保险代理过程中的业务行为,评价自己的业务行为,并做出改进。
2. 如何做一名优秀的个人保险销售人员?
3. 你认为周围哪些人是具有保险需求的客户群?
4. 客户什么样的语言、表情、行为可以被保险销售人员视为促签信号?
5. 案例分析。

(1) 某年4月3日,某地召开群众性体育活动运动会,在跳高项目的竞赛场地,某人寿保险公司的保险代理人刘某向跳高运动员免费赠送意外伤害保险,其中有8名运动员接受了该保险,双方办理相关手续,每份保险有效期自该年4月3日起至当年10月2日止,每份保险金额为3万元。同年4月25日,比赛结束后,运动员王某和李某结伴返回训练基地的途中遭遇车祸,受轻伤,共花去检验费和医疗费等7 000元。5月24日,王某和李某向保险公司提出赔偿要求。保险公司以刘某越权代理和被告人未交保险费为由拒赔,所以诉至法院。

作为法官,你认为应如何处理?

(2) 某保险公司决定搬迁其"代理销售处"。搬迁后由于疏忽,未及时摘掉"代理销售处"的招牌。连续几天,有人在原销售处前设摊卖保险。由于该销售处在当地小有名气,不断有人来咨询买保险。每当有人问起空荡荡的销售处时,设摊的人就解释说,他们是留守的,目的是怕不知搬迁的客户跑空。由于设摊的人手里有该保险公司的险种宣传单、投保文书、暂付款收据等各种文件(后被确认为有效文件),有人就在他们手里买了保险。事后,有客户拿着投保单到保险公司问询,公司才知道发生了欺诈案件,随即向公安机关报案。经公安机关调查取证,先后有十余名受害者,他们均要求保险公司承认订立的保险合同有效。

你认为此案例中的保险销售人是否构成代理行为呢?

项目三

保险代理人道德要求与法律监管

【职业能力目标】
　　知识学习目标：掌握保险代理人应具备的职业道德和执业操守；了解法律对保险代理人的监管规定。
　　技能训练目标：分析和解决保险代理纠纷。

【典型工作任务】
　　本项目工作任务：熟悉保险代理人职业道德的基本要求；明确保险代理机构的法律责任。
　　标志性成果：熟悉保险代理从业人员资格认定的条件、保险代理机构设立、行政许可证的申请与有效期延续。

【业务场景】
　　专业保险代理机构或兼业保险代理机构或保险公司，主要参与者为保险代理人方和保险监管方。

【导入案例】
　　2004年初，李某的邻居某保险公司业务员郝某多次上门，劝说李某购买其保险公司的保险产品。禁不住邻居劝说，同时又考虑到需要有所保障，李某于2004年1月15日交付了1 555元，换回了一纸保险合同。李某2003年曾经患脑梗塞疾病，2004年9月李某旧病复发，导致高度残疾，生活不能自理。于是，李某向该保险公司提出理赔申请。经过调查，半年后，保险公司给出了答复，认为李某带病投保，没有尽到告知义务，属于诈保，扣除手续费后，退给650元。李某觉得冤枉，无奈之下让儿子继续向保险公司索赔。李某之子向保险公司业务员郝某调查情况，郝某承认，在知道李某有病的情况下，仍然帮助李某办理了该保险业务。同时，郝某还安排其家属冒李某之名进行了保险公司的例行体检。郝某的丈夫对此说法进行了佐证。
　　此案例中，保险公司是否负有赔偿责任？保险业务员郝某负有什么责任？该接受什么样的处罚？

模块一　认知保险代理人职业道德与执业操守

【任务描述】
　　本模块工作任务：收集保险代理人违反有关职业道德和执业守则规定的案例并进行分析；查阅中国保监会网站行政处罚栏目中关于对保险代理人的处罚并进行分析。
　　标志性结果：所收集的保险代理人违反有关职业道德和执业守则规定的案例和分析结果。

【知识准备】

一、职业道德的含义

　　我国《公民道德建设实施纲要》指出："职业道德是所有从业人员在职业活动中应该遵

循的行为守则，涵盖了从业人员与服务对象、职业与职工、职业与职业之间的关系。"从本质上看，保险经纪从业人员的职业道德是保险经纪从业人员在履行其职业责任、从事保险经纪过程中逐步形成的、普遍遵守的道德原则和行为规范，也是社会对从事保险经纪工作的人们的一种特殊道德要求，是社会道德在保险经纪职业生活中的具体体现。

二、职业道德的特征

（一）职业道德具有鲜明的职业特点

在内容方面，职业道德总是要鲜明地表达职业义务和职业责任，以及职业行为上的道德准则。职业道德主要是对本行业的从业人员在职业活动中的行为所作的规范，它不是反映阶级道德和社会道德的一般要求，而是在特定的职业实践基础上形成的，着重反映本职业、本行业特殊的利益和要求。因而，它常常表现为某一职业特有的道德传统和道德习惯，表现为从事某一职业的道德传统和道德习惯，表现为从事某一职业的人们的道德心理和道德品质。某种职业道德对这个行业以外的人往往不适用。

（二）职业道德具有明显的时代特点

不同历史时期，有不同的道德标准。一定社会的职业道德，总是由一定社会的经济关系、经济体制决定，并反过来为之服务。在我国高度集中的计划经济体制下，人们的职业道德烙有其传统的印记，与否认市场经济和价值规律作为特征的产品经济相适应，重义轻利、轻视交换等为各行各业所遵循和推崇。市场经济的功利性、竞争性、平等性、交换性、整体性和有序性要求人们开拓进取、求实创新、诚实守信、公平交易、主动协同、敬业乐群。因此，市场经济职业道德建设的主要内容应适应市场经济运行的要求。

（三）职业道德是一种实践化的道德

凡道德均有实践性的特点，但职业道德的实践性特点特别鲜明、彻底和典型。首先，职业道德是职业实践活动的产物。从事一定职业的人们在其特定的工作或劳动中逐渐形成比较稳定的道德观念、行为规范和习俗，用以调节职业集体内部人们之间的关系以及职业集团与社会各方面的关系。职业道德不仅产生于职业实践活动中，而且随着社会分工和生产内部劳动分工的发展而迅速发展，并且明显增强了它在社会生活中的调解作用。其次，从职业道德的应用角度来考虑，只有付诸实践，职业道德才能体现其价值和作用，才能具有生命力。不置身于职业实践中，无论有多么美好的愿望和多么惊人的接受能力，对于职业道德的规范和内容都无从做起。实际上，职业道德的实践性主要表现在，它与其所从事的职业本身的内容是密不可分的，离开具体的职业就没有职业道德可言。

（四）职业道德的表现形式呈具体化和多样化特点

各种职业集体对从业人员的道德要求，总是从本职业的活动和交往的内容和方式出发，适应于本职业活动的客观环境和具体条件。因此，它往往不是原则性的规定，而是很具体的规定。在表达上，往往采取诸如制度、章程、守则、公约、承诺、须知、誓词、保证以及标语口号等简洁明快的形式，使职业道德具体化。这样比较容易使从业人员接受和践行，也比较容易使从业人员形成本职业所要求的道德习惯。

业务一　认知保险代理人职业道德

业务描述：培养保险代理从业人员在执业活动中守法遵规，诚实信用，专业胜任，客户至上，勤勉尽责，公平竞争，保守秘密的职业道德。

一、守法遵规

（一）遵守《保险法》及相关法律法规，遵守社会公德

首先，《保险法》是保险业的基本法规，对保险代理从业人员的基本行为规范作出了规定。保险代理从业人员是保险从业人员的一个群体，《保险法》对保险从业人员的约束也必然构成对保险代理人员的约束。其次，《中华人民共和国消费者权益保护法》、《中华人民共和国民法通则》、《中华人民共和国反不正当竞争法》等与保险代理相关的法律法规，保险代理从业人员也必须遵守。最后，保险代理从业人员必须遵守社会公德。社会公德是指适用于社会公共领域的道德规范或道德要求，其突出特点是具有社会公共性质，是社会各个阶层、团体都应当遵循的共同道德要求。

（二）遵守保险监管部门的相关规章和规范性文件

为了配合国家法律对保险业的监管，保险监管部门通常会制定大量的规章和规范性文件，其中一些是与保险代理从业人员相关的，如《保险专业代理机构监管规定》、《关于进一步落实保险营销员持证上岗制度的通知》等。保险监管部门的这些相关规章和规范性文件作为整个监管工作的必要法律文件，保险代理从业人员必须遵守。

（三）遵守保险行业自律组织的规则

保险行业自律组织对会员的自律是通过两个途径来实现的：一是通过组织会员签订自律公约，约束不正当竞争行为，监管会员依法合规经营，从而维护公平竞争的市场环境；二是依据有关法律法规和保险业发展情况，组织制定行业标准，如质量标准、技术规范、服务标准和行规行约，制定从业人员道德和行为准则，并监督会员共同遵守。

从规范对象来看，保险行业自律组织制定的自律规则可分为两类：一是规范机构会员的准则；二是规范保险代理从业人员行为的规则。后者对保险代理从业人员的行为起着直接的约束作用，而前者则通过规范机构会员的行为部分地起到间接规范保险代理从业人员行为的作用。

（四）遵守所属机构的管理规定

保险代理从业人员所属机构按照单位内部的需要，制定出在该机构内部适用的准则即管理规定，规范其员工的行为，统一其行为的方向。保险代理机构的管理规定可以表现为员工守则、考勤制度、业务管理规定、财务保险制度等。

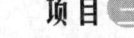

二、诚实信用

（一）确保诚实信用贯穿于执业活动的各个方面和各个环节

首先，真诚应成为保险代理从业人员的行为准则。保险代理从业人员要以真诚的服务赢得客户的信赖。其次，一诺千金是社会信誉的浓缩。保险业是遵守承诺的典型行业，保险单即是承诺书，保险代理从业人员首先要谨诺，以保证保险人践诺。最后，信任是处理各种关系的润滑剂，保险营销就是建立在客户与营销人员相互信任的基础上的。保险代理从业人员应以建立双方的友好关系为起点开展合作，以诚信之心赢得客户的信任。

（二）主动出示法定执业证件并将本人或所属机构与保险公司的关系如实告知客户

保险代理从业人员包括直接与保险公司签订代理合同从事代理业务的保险代理销售人员，以及保险专业或兼业代理机构中从事代理业务的人员。他们在执业活动中应当首先向客户声明所属机构的名称、性质和业务范围，并主动出示保险代理从业人员展业证书或保险代理从业人员执业证书，而且要明确告知其本人或所属机构与保险公司的关系，比如，保险代理营销员要讲明与保险公司之间的代理关系，而保险代理机构从业人员只需明确所属保险专业或兼业代理机构与保险公司之间的关系即可。这样既符合保险代理从业人员的行为规范，又可以取得客户的信任。

（三）客观全面地向客户介绍有关保险产品与服务

保险代理从业人员应履行如实告知义务，这种义务可以分为两方面：一是保险代理从业人员对客户的如实告知义务，这也是如实告知义务的主要方面。由于保险产品的无形性和保险合同条款的专业性、复杂性，投保人一般希望从保险代理从业人员那里获取更专业的信息，以作出科学的投保决策，因此，保险代理从业人员应客观全面地向客户介绍有关保险产品与服务的信息。二是保险代理从业人员对所属机构的如实告知业务。由于保险经营的特殊性，投保人比保险人更清楚自身以及被保险人的实际情况，保险代理从业人员深入了解这些情况并把会影响保险人作出重大决定的信息如实告知所属机构，将有利于保险人更好地经营。

（四）向客户推荐的保险产品应符合客户需求

当客户拟购买的保险产品不符合客户的需求时，应主动提示并给以适当的建议。首先，在开发客户的时候，应该以客户的实际情况及需求为导向推荐适当的产品，不能以代理销售的手续费高低等而有选择地向客户推荐，更不能强卖骗卖。其次，由于保险产品的复杂性和技术性，因此有些客户会因为对其不够了解而选择不符合自身情况的产品。此时，保险代理从业人员应从维护客户的利益出发，主动提醒客户并给予适当的建议，以更好地体现保险的价值。

三、专业胜任

（一）执业前取得法定资格并具备足够的专业知识与能力

鉴于保险产品的特殊性，各国法律规定，保险代理从业人员应具备法律规定的条件，经过考核或政府主管部门的批准方能取得保险代理从业资格。我国对于保险代理从业人员同样也实行资格认证制度。保险代理从业人员首先应当通过中国保监会统一组织的保险销售从业人员资格考试，并向保险监管部门申请领取保险销售从业人员资格证书，然后取得有关单位根据保险销售从业人员资格证书核发的保险销售从业人员展业证书或者保险销售从业人员执业证书，这样才能执业。

保险及其产品的特殊性要求保险销售从业人员首先具有扎实的基础知识，如基础文化知识，政策法规基础知识等；其次具有精熟透彻的保险专业知识，保险法律知识，保险专门知识等；最后具有与保险相关的广博的专业知识，如投资理财，风险管理，医疗知识等。但是，仅有丰富的知识还不够，还要能够把专业知识运用于保险代理的实践中去，指导和提升自己的实践活动，增强解决实际问题的能力。这些能力包括风险识别与分析和评估的基本技能，理财方案的策划与设计能力，把握市场的能力，客户管理能力，公共交际能力，开拓创新能力等。

（二）在执业活动中加强业务学习，不断提高业务技能

科学研究表明，在现代社会，一个员工的知识中，只有10%是靠正规学校教育获得的，其余的是靠工作实践获得的。保险代理从业人员要善于从实践中不断获取新的知识，在执业活动中不断加强业务学习，以不断提高业务技能。保险代理从业人员要通过业务实践，有意识地检验自己的知识水平和知识结构，对自己的工作作出合乎实际的评价，发扬优点，修正错误；同时，要通过实践直接学习，从实践中获得丰富的知识，完善自己的知识结构。

（三）参加保险监管部门、保险行业自律组织和所属机构组织的考试和继续教育，使自身能够不断适应保险市场的发展

知识经济的多变性决定了保险代理从业人员必须坚持终身学习，才能与时俱进。保险代理从业人员在执业之前取得的保险销售从业人员资格证书仅仅是一个基本资格，许多国家在基本资格的基础上又设定了分级分类的资格考试，每一级资格的取得就是对保险代理从业人员更高专业技能的认可。关于这一体系，我国目前正在酝酿建设中，保险代理从业人员可以通过参加这类考试而不断提高业务技能。另外，保险代理从业人员还要善于通过接受教育不断更新知识，因此，在做好本职工作的前提下，保险代理从业人员还应争取受教育的机会，通过学历教育，岗位培训等途径，接受再教育，掌握最新的文化基础知识和保险业动态，以使自己能够适应保险业不断发展与变化的需要。

四、客户至上

（一）为客户提供热情，周到和优质的专业服务

首先，客户服务要热情。保险代理从业人员要坚持"三声服务"，即客户进门有迎声，客户问话有应声，客户出门有送声；同时要平等对待每一位客户，做到生人熟人一样热情，大小客户一样欢迎，忙时闲时一样耐心。其次，客户服务要周到。保险代理从业人员在保险营销过程中，提供的是一种顾问式服务，即站在客户的角度换位思考客户的保险需求，多问"如果我是客户，我会怎样"。要善于发现问题，更要善于解决问题。最后，客户服务要优质。客户服务是否优质是通过服务满足客户期望的高低来测量的，优质的服务质量是由客户认可的，只要客户不认可，就不是优质的服务。保险代理从业人员要研究并发现客户的需求，缩小甚至消除服务缺口。在保险代理活动中，保险代理从业人员要想客户所想，急客户所急，谋客户所需，从而达到提供优质服务的目的。

（二）不影响客户的正常生活和工作，言谈举止文明礼貌，时刻维护职业形象

在社会上，人们对保险代理从业人员不分时间地点的推销行为意见很大，认为这种行为干扰了其正常生活。作为与客户打交道的代表，保险代理从业人员的言谈举止不仅代表保险公司而且代表整个保险业的形象，所以，应以高度负责的态度塑造和维护保险业的形象。这就要求保险代理从业人员言谈举止文明礼貌，时刻维护职业形象；禁用服务忌语，语言要亲切自然，不得冷漠；在客户面前应避免不礼貌行为，积极主动地回应客户的抱怨。

（三）在执业活动中主动避免利益冲突

在利益冲突不能避免时，应向客户或所属机构作出说明，确保客户和所属机构的利益不受损害。

五、勤勉尽责

（一）秉持勤勉的工作态度，努力避免执业活动中的失误

保险代理从业人员应立足于本职岗位，尽职尽责，秉持勤奋认真的态度，努力避免工作中的失误，把职业理想与平凡的日常工作结合起来，创造出优异的绩效。当每个个体均能以苦干、实干和创造性的劳动态度做到干一行爱一行，钻一行专一行，并勇于开拓创新时，整个职业团体就会迸发出无穷无尽的物质力量，创新出一流的业绩。

（二）忠诚服务，不侵害所属机构的利益，切实履行对所属机构的责任和义务，接受所属机构的管理

保险代理从业人员应忠诚服务于所属的代理机构。首先，忠诚服务要求保险代理从业人员忠实于所属机构的经营理念。经营理念不仅是一个公司昭示于社会公众的一个标志，而且是全体员工的行为准则。只有忠实于公司的经营理念，员工的行为才有指南，不至于偏离方

向。其次，忠诚服务要求保险代理从业人员切实履行对所属机构的责任和义务。责任感是以道德感为基础的，是一种对自己应负责任的义不容辞的情感。当一个人承担了应负的责任时，就会体验到满意，喜悦，自豪。最后，忠诚服务要求保险代理从业人员接受所属机构的管理。所属机构管理主要是指组织管理，即保险代理从业人员只有遵守所属机构的相应管理，才能更好地体现其忠实服务的内涵。

（三）不挪用、不侵占保费，不擅自超越代理合同的代理权限或所属机构的授权范围

保险代理从业人员代收保费以及代付赔款是一种经常现象，属于代理权限内容，但在实际操作中，也会出现个别保险代理从业人员挪用、侵占、截留、滞留保费或者赔款的行为。保险代理从业人员的代理权限均源于所属机构的授权，他们只有严格遵守授权的义务，但是无擅自更改的权利。也就是说，保险代理从业员必须严格按照代理合同或所属机构的授权执业，准确地根据所代理的业务条款进行宣传和解释，并根据所规定的实务手续进行操作。在遇到某些特殊情况需要超越代理权限的，要经过所属机构的认可。

六、公平竞争

（一）尊重竞争对手，不诋毁或负面评价其他保险公司、其他保险中介机构及其从业人员

保险代理从业人员应当在我国法律允许的范围内，在相同的条件下进行开展保险代理业务的竞争。正当的竞争应该是竞相向客户提供物美价廉的产品和优质的服务；诋毁贬低或负面评价同行的行为，是损人利己的不道德行为，是不正当竞争行为，将会造成保险市场秩序的混乱，影响保险业的健康发展。

（二）依靠专业技能和服务质量开展竞争

竞争手段要正当、合规、合法，不借助行政力量或其他非正当手段开展业务，不向客户给予或承诺给予合同以外的经济利益。根据《反不正当竞争法》的规定，不正当竞争行为是指损害其他经营者的利益，扰乱社会经济秩序的行为。保险代理实践中的各种不正当竞争行为不仅危及保险代理秩序，损害各方当事人的合法权益，有损保险业的形象，甚至可能导致保险业的盲目竞争，直接危及保险公司的生存能力。

（三）加强同业人员的交流与合作，实现优势互补，共同进步

保险代理从业人员是一个特殊的群体，只要群体内部团结和谐，凝聚力就更强，同业之间就可以优势互补，就会产生一种整体协同效应，这种效应远远大于其各部分之和。但是，如果个体间相互损耗，力量就会相互抵消，导致产生负效应。因此，保险代理从业人员在从事保险代理业务时，要加强同业人员间的交流与合作，保持融洽和谐的合作关系。

七、保守秘密

（一）保守客户的秘密

首先，保险代理从业人员应当把有关客户的信息对所属机构以外的其他机构和个人保密，这体现了保险代理从业人员对客户的尊重。其次，保险代理从业人员应当把客户的与投保无关的信息对所属机构保密。保险代理从业人员在与客户打交道的过程中，可能会了解到客户的私人信息，甚至可能会与客户成为朋友，知悉客户的隐私。如果这些信息与投保无关，不影响保险人有关承保与否或承保条件等的决策，那么即使是对所属机构保险代理从业人员也应当保密。

（二）保守所属机构的商业秘密

保险代理从业人员应当保守所属机构的商业秘密。商业秘密是指不为公众所知悉，能为权利人带来经济利益，具有实用性并经权利人采取保密措施的技术信息和经营信息。保险业在我国虽然是一个年轻的行业，但其竞争已越来越激烈，要在激烈的竞争中取胜，各种经营管理策略尤为重要，商业秘密在很大程度上决定了保险公司的市场竞争力。由于工作关系，保险代理从业人员不可避免地会知晓所属机构的一些商业秘密，其无意或故意的泄露都可能导致所属机构的利益受到侵害。因此，无论是否离开了所服务的保险公司或保险代理机构，保险代理从业人员都应该保守商业秘密，更不可将其作为交换的筹码，进行不正当交易。

业务二　认知保险代理人执业操守

业务描述：规范保险代理从业人员在执业准备、执业过程和其他执业活动中的执业行为。

一、执业准备

（一）参加资格考试，取得相关资格证书

《保险专业代理机构监管规定》和《保险销售从业人员监管办法》等法律法规要求保险销售从业人员在执业前应取得中国保监会颁发的"保险销售从业人员资格证书"。取得资格证书的途径是参加保险销售从业人员资格考试。

参加资格考试的人员，考试成绩合格，自申请资格证书之日起20个工作日内，由中国保监会颁发资格证书。不能取得资格证书的情形为：隐瞒有关情况或者提供虚假材料的；隐瞒有关情况或者提供虚假材料，被宣布考试成绩无效未逾1年的；违反考试纪律情节严重，被宣布考试成绩无效未逾3年的；以欺骗、贿赂等不正当手段取得资格证书，被依法撤销资格证书未逾3年的；被金融监管机构宣布禁止在一定期限内进入行业，禁入期限未届满的；因犯罪被判处刑罚，刑罚执行完毕未逾5年的；法律、行政法规和中国保监会规定的其他情形。

（二）取得执业证书

保险公司、保险代理机构应当为取得资格证书的人员在中国保监会保险中介监管信息系统中办理执业登记，并发放《保险销售从业人员执业证书》（以下简称执业证书）。执业登记事项发生变更的，保险公司、保险代理机构应当及时在信息系统中予以变更，并在3个工作日内换发执业证书。执业证书应当包括名称及编号；持有人的姓名、性别、身份证件号码、照片；资格证书名称及编号；持有人所在保险公司或者保险代理机构名称；业务范围和执业地域；发证日期；持有人所在保险公司或者保险代理机构投诉电话；执业证书信息查询电话和网址等内容。

保险代理从业人员应当与所属机构签订书面委托代理合同或取得所属机构的授权。保险代理从业人员的执业行为不得擅自超越代理权限或授权范围，在从事人寿保险代理业务时，不得同时接受两家或两家以上人寿保险公司的委托，其与所属机构之间的劳动或代理关系终止或一方提出解除，双方应及时按有关规定或双方约定办理相关手续。

（三）岗前培训与持续教育

岗前培训与持续教育是保险销售从业人员执业素质的重要保证。根据《保险专业代理机构监管规定》、《保险中介从业人员继续教育暂行办法》等法规要求，保险销售从业人员上岗前接受培训的时间不得少于80小时，上岗后每人每年接受培训和教育的时间累计不得少于36小时，其中接受法律知识培训及职业道德教育的时间不得少于12小时。除接受并完成有关法规规定的持续教育外，保险代理从业人员应积极参加保险行业自律组织和所属机构举办的培训，不断增强法律和诚信意识，提高职业道德水准和专业技能。

二、执业过程

（一）展业

1. 接洽客户。首先表明身份。保险代理从业人员代表所属机构从事业务活动，因此，在执业活动中应当首先向客户声明其所属机构的名称、性质和业务范围，并主动出示执业证书，然后告知获取客户信息的途径。客户在初次接触保险代理从业人员时，往往很在意保险代理从业人员从何得知自己的有关信息，例如，姓名、住址、电话等。有些客户甚至认为这些信息属于个人隐私。保险代理从业人员应充分尊重客户的感受，应客户要求向客户说明得到客户信息的途径。例如，是通过朋友介绍，还是查找商业电话簿得知的。

2. 推销。在满足客户的保险需求为出发点，向客户提供合适的保险建议。使用由所属机构发放的保险单证和展业资料，应当客观、全面、准确地向客户提供有关保险产品与服务的信息，不得夸大保障范围和保障功能；对于有关保险人责任免除、投保人和被保险人应履行的义务以及退保的法律法规规定和保险条款，应当向客户作出详细说明。应当就履行法定说明义务以及所属机构规定的其他说明义务取得客户的书面确认；不得对投资连结产品和分红产品等新型产品的回报率作出预测或承诺。

3. 客户签单。保险销售人员应提醒客户如实告知，不得代客户签名；应当确保文件、信息的传递效率和准确性；应当仔细检查与客户有关的保险单据和文件的完整性和准确性，发现问题应当及时通知所属机构或客户更正。未取得所属机构同意或客户书面授权，不得对保险单据和文件进行更改。应当将所知道的与投保有关的客户信息如实告知所属机构，不得唆使、引诱客户或与客户串通，隐瞒或虚报客户的投保信息。

（二）售后服务

1. 释疑服务。保险代理从业人员应与客户保持适当的联系，及时解答客户提出的有关问题。
2. 保单保全服务。应客户要求，协助客户办理变更保单信息等事宜。在保险期届满以前及时通知客户续保，并应客户要求协助办理保单续保事宜。如果客户提出退保，应按照客户的要求协助办理有关事项。
3. 防灾防损服务。
4. 赔查勘服务。

（三）代收付款

向客户说明保费支付事项，不得侵占、截留、滞留或挪用保费，也不得从保费中坐扣手续费（佣金），协助理赔时应当根据所属机构授权及时将赔款或保险金转交客户，不得侵占、截留、滞留或挪用。未经客户同意，不得从赔款或保险金中坐支保费。

三、保险代理从业人员的其他行为

（一）竞争

杜绝不正当竞争行为。保险代理从业人员不得借助行政力量或其他非正当手段进行执业活动；不得向客户给予或承诺给予保险合同规定以外的经济利益；应当严格执行经保险监督管理部门批准或备案的保险条款和费率，不得擅自改变；不得诋毁、贬低或负面评价保险中介机构和保险公司及其从业人员；不得以销售保单为目的建议客户提前终止其他保单。

（二）保密

一方面注意客户信息的保密。对有关客户的信息向所属机构以外的其他机构和个人保密，对客户的与投保无关的信息向所属机构保密。另一方面还应注重所属机构商业秘密的保密。

（三）争议与投诉处理

保险代理从业人员应当将投诉渠道和投诉方式告知客户，争取通过协商解决或接到投诉后，保持耐心和克制，及时提交所属机构处理，并配合所属机构或有关单位对客户投诉进行调查和处理。

【拓展阅读】

保险公司内部规定对投保人有约束力吗？

程先生是一名事业有成的生意人，去年11月2日，他和妻子一起去保险公司，为自己投保了100万元的人寿保险并缴纳了保险费，受益人为自己的父母。次日，保险公司同意承保并签发了正式的保单，保险单上约定承担保险责任的时间为当年11月3日零时起。不料天有不测风云,就在投保后的第三天,程先生在一次车祸中意外身亡。料理完后事,程先生的父母向保险公司提出索赔。这时,保险公司拒绝赔偿。理由是,人身保险合同金额巨大,应当报总公司批准并且必须经过体检后方可承保。由于程先生投保时未体检且合同未报总公司批准,也就是说,程先生的投保违反了保险公司有关投保方面的内部规定,因此,该保单是没有法律效力的。但程先生的妻子回忆说,有关体检及报批之事,他们投保时业务员并未提及。后来,程先生的父母将保险公司诉至法院。法院经审理,判令保险公司承担保险责任。

保险公司的内部规定是保险公司用以指导业务、规范内部管理的一系列规则和制度,比如核保规则、审批制度等,这些规定一般由保险公司的管理人员内部掌握。如果保险公司的内部规定已在保险合同中明确体现或者已明确告知了投保人,投保人已完全知晓,这些规定才对投保人具有约束力。《保险法》规定,保险合同中规定有关于保险人责任免除条款的,保险人在订立保险合同时应当向投保人明确说明,未明确说明的,该条款不产生效力。本案中,保险公司所谓的那些内部规定并未出现在保险合同中,业务员也未向投保人说明。因此,这些内部规定对投保人程先生而言不具有约束力,不能作为保险合同无效的依据。据此,法院判决保险公司承担保险责任。

模块二　保险代理人法律监管

【任务描述】

本模块工作任务:收集保险代理人违规执业案例并进行分析;查阅中国保监会网站行政处罚栏目中关于对保险代理人的处罚并进行分析。

标志性结果:所收集的保险代理人违规执业案例和分析结果。

业务一　保险代理人市场准入与退出监管

业务描述:保险代理机构的市场准入是指对新设立的保险代理机构的审批,并实行许可证的制度。退出市场是指应当依法处理其债权债务,注销工商登记,取消其法人资格的制度。保险代理人的市场准入和退出都有严格的规定。

一、市场准入监管

新设立的保险代理机构应当向中国保监会申请许可证。市场准入的监管一般有以下内容:

(一) 资本金监管

设立保险专业代理公司,其注册资本的最低限额为5 000万元,中国保监会另有规定的除外。保险专业代理公司的注册资本必须为实缴货币资本。依据法律、行政法规规定不能投资企业的单位或者个人,不得成为保险专业代理公司的发起人或者股东。

(二) 法人名称监管

保险代理机构应该有符合法律规定的公司名称,组织机构。除中国保监会另有规定外,保险专业代理机构应当采取有限责任公司和股份有限公司的组织形式。

（三）许可证监管

我国保险代理机构的设立实行的是许可证管理制度。许可证的申请、领取、换发和注销都由中国保监会监管，有严格的规定，并按照《保险许可证管理办法》有关规定予以公告。保险代理机构应当将许可证置于住所或者营业场所显著位置，不得伪造、变造、出租、出借、转让许可证。

保险代理公司许可证的有效期为3年，保险代理公司应当在有效期届满30日前，向中国保监会申请延续。保险专业代理公司申请延续许可证有效期的，中国保监会在许可证有效期届满前对保险专业代理公司前3年的经营情况进行全面审查和综合评价，并作出是否批准延续许可证有效期的决定。决定不予延续的，应当书面说明理由。保险专业代理公司应当自收到决定之日起10日内向中国保监会缴回原证；准予延续有效期的，应当领取新许可证。

（四）组织机构监管

根据《保险专业代理机构监管规定》，设立的保险代理机构及其分支机构，应当经中国保监会批准。未经中国保监会批准，任何单位和个人不得在中国境内经营或者变相经营保险代理业务。保险代理机构的名称中应当包含"保险代理"或者"保险销售"字样，且字号不得与现有的保险中介机构相同。

二、保险代理人的任职资格

（一）保险销售从业人员资格证书

根据中国保监会2009年9月颁布的《保险专业代理机构监管规定》，保险专业代理机构从业人员应当符合中国保监会规定的条件，持有中国保监会规定的保险销售从业人员资格证书。

（二）高级管理人员任职条件

《保险专业代理机构监管规定》中明确规定了保险专业代理机构拟任的董事长，执行董事和高级管理人员应当具备下列条件：大学专科以上学历；持有中国保监会规定的资格证书；从事经济工作2年以上；具有履行职责所需的经营管理能力，熟悉保险法律，行政法规及中国保监会的相关规定；诚实守信，品行良好。另外，从事金融工作10年以上，可以不受本科以上学历要求的限制；担任金融机构高级管理人员5年以上或者企业管理职务10年以上，可以不受资格证书的限制。

（三）保险代理人的执业资格

根据《保险专业代理机构监管规定》，依法批准设立的保险专业代理机构，中国保监会应当向其颁发经营保险代理业务许可证。保险专业代理机构收到许可证后，应当按照有关规定办理工商登记，领取营业执照后方可开业。

三、市场退出监管

保险代理人市场退出的形式有解散、被依法撤销或者被依法宣告破产。保险代理机构分离、合并、解散、申请破产均应报保险监管机构批准。保险代理公司退出市场主要有以下几种情形：(1) 保险代理公司因许可证有效期届满，中国保监会依法不予延续有效期；(2) 保险代理公司因分离、合并需要解散，或者根据股东大会决议解散，或者公司被依法吊销营业执照、被撤销、责令关闭或者被人民法院依法宣告破产。

业务二　保险代理人经营活动监管

业务描述：对保险代理公司业务经营活动的监管，主要侧重于其经营区域、业务范围、保证金以及保险代理机构在市场中不可为的行为，以保护被保险人和保险机构的利益。

一、经营区域监管

按照有关规定，保险代理公司实行注册地所在省，自治区经营的原则，超出规定区域经营的，必须在经营区域所在省、自治区设立分支机构。

二、业务范围监管

保险代理机构必须在中国保监会批准的范围内依法经营，可以代理销售保险产品，可以代收保险费，也可以代理出险后的勘查、理赔等。

保险代理机构在从事保险代理业务时，应当与被代理机构签订书面委托代理合同，依法约定双方的权利义务及其他事项，委托代理合同不得违反法律、行政法规及中国保监会有关规定；保险代理机构在向客户开展业务时，应当制作包括保险代理机构以及被代理保险公司的名称、营业场所、业务范围、联系方式等基本事项的客户告知书，以保护客户的利益。

三、保证金监管

中国保监会规定，保险专业代理公司应当自办理工商登记之日起 20 日内投保职业责任保险或者缴存保证金。保险专业代理公司应当自投保职业责任保险或者缴存保证金之日起 10 日内，将职业责任保险保单复印件或者保证金存款协议复印件、保证金入账原始凭证复印件报送中国保监会。

保险代理公司除非在注册资本减少、许可证被注销、投保符合条件的职业责任保险等情况下，不得动用保证金。

四、经营行为监管

根据中国保监会规定，保险代理机构在展业过程中不得隐瞒或者虚构与保险合同有关的重要情况，不得伪造、擅自变更保险合同或销售保险单证，或者为保险合同当事人提供虚假证明材料，不得挪用、截留、侵占保险费、退保金或者保险金，不得采取不正当竞争手段等。

业务三　保险代理人财务及综合监管

业务描述：保险监管机构对保险代理机构进行监督管理的方式主要有财务监管与综合监管两种。对保险代理机构进行监督管理的目的在于保证保险代理机构依法经营，纠正保险代理机构不符合法律法规的业务活动，维护投保人与被保险人的利益，促进保险代理行业的健康发展。

一、保险代理财务监管

财务监管是指保险监管机构对保险代理机构财务活动合法性、效益性的监察和督导。财务监管的目的在于督促其财务活动符合国家有关政策、法规和企业经营制度的规定，揭露财务活动中的弊端和违法行为，威慑和制约不法行为，保证财务活动的正常运行；促进企业资源的合理配置和有效利用，实现保险监管目标。

（一）材料报送

保险专业代理机构应当依照中国保监会有关规定及时、准确、完整地报送有关报告、报表、文件和资料，并根据中国保监会要求提交相关的电子文本。保险专业代理机构报送的报表、报告和资料应当由法定代表人、主要负责人或者其授权人签字，并加盖机构印章。

保险专业代理公司应当在每一会计年度结束后3个月内聘请会计师事务所对本公司的资产、负债、利润等财务状况进行审计，并向中国保监会报送相关审计报告。中国保监会根据需要，可以要求保险专业代理公司提交专项外部审计报告。

（二）资料保管

保险专业代理机构应当妥善保管业务档案、会计账簿、业务台账以及佣金收入的原始凭证等有关资料，保管期限自保险合同终止之日起计算，保险期间在1年以下的不得少于5年，保险期间超过1年的不得少于10年。

（三）监管费收取

保险专业代理机构应当按规定将监管费交付到中国保监会指定账户。

（四）监管谈话

中国保监会根据监管需要，可以对保险专业代理机构的董事长、执行董事或者高级管理人员进行监管谈话，要求其就经营活动中的重大事项作出说明。

二、保险代理综合监管

综合监管是指保险监管机构根据需要对保险代理机构的业务、财务、人员、管理等方面进行监督检查。综合监管对于规范保险代理机构经营行为、规范其经营风险、促进其健康发展具有重要意义。

（一）现场检查的内容

中国保监会依法对保险专业代理机构进行现场检查，包括但不限于下列内容：机构设立、变更是否依法获得批准或者履行报告义务；资本金是否真实、足额；保证金提取和动用是否符合规定；职业责任保险是否符合规定；业务经营是否合法；财务状况是否良好；向中国保监会提交的报告、报表及资料是否及时、完整和真实；内控制度是否完善，执行是否有效；任用董事长、执行董事和高级管理人员是否符合规定；是否有效履行从业人员管理职责；对外公告是否及时、真实；计算机配置状况和信息系统运行状况是否良好。

（二）现场检查要求

保险专业代理机构因下列原因接受中国保监会调查的，在被调查期间中国保监会有权责令其停止部分或者全部业务：涉嫌严重违反保险法律、行政法规；经营活动存在重大风险；不能正常开展业务活动。

保险专业代理机构应当按照下列要求配合中国保监会的现场检查工作，不得拒绝、妨碍中国保监会依法进行监督检查：按要求提供有关文件、资料，不得拖延、转移或者藏匿；相关管理人员、财务人员及从业人员应当按要求到场说明情况，回答问题。

中国保监会可以在现场检查中，委托会计师事务所等社会中介机构提供相关服务；委托上述中介机构提供服务的，应当签订书面委托协议。中国保监会应当将委托事项告知被检查的保险专业代理机构。

保险专业代理机构认为检查人员违反法律、行政法规及中国保监会有关规定的，可以向中国保监会举报或者投诉。保险专业代理机构有权对中国保监会的行政处理措施提起行政复议或者行政诉讼。

（三）重点检查对象

保险专业代理机构有下列情形之一的，中国保监会可以将其列为重点检查对象：业务或者财务出现异动；不按时提交报告、报表或者提供虚假的报告、报表、文件和资料；涉嫌重大违法行为或者受到中国保监会行政处罚；中国保监会认为需要重点检查的其他情形。

业务四 保险代理人法律责任确定

业务描述：我国《保险法》、《保险专业代理机构监管规定》及相关法律法规对保险代理人的法律责任作了明确的规定。保险代理人违规行为的法律责任，包括依法承担行政责任、民事责任和刑事责任。

一、保险代理人的行政责任

行政责任主要是由保险代理人的保险监督管理部门根据相关法律和行政法规的规定，对有违法行为的保险代理人处以罚款，吊销或撤销保险代理人的执业证书或资格证书，核减保险代理公司的业务范围，宣布保险代理公司停业整顿，吊销保险代理公司的经营保险代理业务许可证等制裁。对此，《保险专业代理机构监管规定》做出了详细规定，具体内容有：

（一）违反规定设立机构

1. 未经批准，擅自设立保险专业代理公司，或者未取得许可证，非法从事保险代理业务的，由中国保监会予以取缔，没收违法所得，并处违法所得1倍以上5倍以下罚款，没有违法所得或者违法所得不足5万元的，处5万元以上30万元以下罚款。

2. 行政许可申请人隐瞒有关情况或者提供虚假材料申请设立保险专业代理机构或者申请其他行政许可的，中国保监会不予受理或者不予批准，并给予警告，申请人在1年内不得再次申请该行政许可。

3. 被许可人通过欺骗、贿赂等不正当手段设立保险专业代理机构或者取得中国保监会行政许可的，由中国保监会依法予以撤销，对被许可人给予警告，并处1万元罚款；申请人在3年内不得再次申请该行政许可。

4. 保险专业代理公司未经批准设立分支机构或者变更组织形式的，由中国保监会责令改正，处1万元以上5万元以下罚款；对该机构直接负责的主管人员和其他责任人员，给予警告，并处1万元以上3万元以下罚款。

5. 保险专业代理机构未经批准合并、分立、解散，或者发生《保险专业代理机构监管规定》第十六条所列事项未按规定报告的，由中国保监会责令改正，给予警告，没有违法所得的，处1万元以下罚款，有违法所得的，处违法所得3倍以下的罚款，但最高不得超过3万元；对该机构直接负责的主管人员和其他责任人员，给予警告，处1万元以下罚款。

（二）违反规定聘任从业人员

保险专业代理机构聘任不具有任职资格、从业资格的人员的，由中国保监会责令改正，处2万元以上10万元以下罚款；对该机构直接负责的主管人员和其他责任人员，给予警告，并处1万元以上5万元以下罚款。

（三）违反规定出租、出借或者转让许可证

保险专业代理机构出租、出借或者转让许可证的，由中国保监会责令改正，处1万元以

上 10 万元以下罚款；情节严重的，责令停业整顿或者吊销许可证；对该机构直接负责的主管人员和其他责任人员，给予警告，并处 1 万元以上 5 万元以下罚款。

（四）违反规定经营

保险专业代理机构有下列情形之一的，由中国保监会责令改正，给予警告，没有违法所得的，处 1 万元以下罚款，有违法所得的，处违法所得 3 倍以下的罚款，但最高不得超过 3 万元：超出核准的业务范围、经营区域从事业务活动；超出被代理保险公司的业务范围、经营区域从事业务活动；与非法从事保险业务或者保险中介业务的单位或者个人发生保险代理业务；未按规定管理，使用保险公司交付的各种单证、材料。

（五）违反规定不履行保证金制度

保险专业代理机构有下列情形之一的，由中国保监会责令改正，处 2 万元以上 10 万元以下罚款；情节严重的，责令停业整顿或者吊销许可证；对该机构直接负责的主管人员和其他责任人员，给予警告，并处 1 万元以上 10 万元以下罚款：未按规定缴存保证金或者未经批准动用保证金；未按规定投保职业责任保险或者未保持职业责任保险的有效性和连续性；未按规定设立专门账簿记载业务收支情况。

（六）违反规定不履行告知书制度

保险专业代理机构违反《保险专业代理机构监管规定》第三十六条，未按规定制作、出示客户告知书的，由中国保监会责令改正，给予警告，处 1 万元以下罚款；对该机构直接负责的主管人员和其他责任人员，给予警告，处 1 万元以下罚款。

（七）违反规定从业

保险专业代理机构及其从业人员有《保险专业代理机构监管规定》第四十五条、第四十六条所列情形之一的，由中国保监会责令改正，处 5 万元以上 30 万元以下罚款；情节严重的，吊销许可证；对该机构直接负责的主管人员和其他责任人员，给予警告，并处 3 万元以上 10 万元以下罚款。

保险专业代理机构及其从业人员在开展保险代理业务过程中利用执行保险代理业务之便牟取非法利益的，由中国保监会给予警告，处 1 万元以下罚款。

保险专业代理机构违反《保险专业代理机构监管规定》第四十七条的，由中国保监会给予警告，没有违法所得的，处 1 万元以下罚款，有违法所得的，处违法所得 3 倍以下的罚款，但最高不得超过 3 万元；对该机构直接负责的主管人员和其他责任人员，给予警告，处 1 万元以下罚款。

保险专业代理机构有违反《保险专业代理机构监管规定》第五十一条的，由中国保监会给予警告，并处 1 万元罚款；对该机构直接负责的主管人员和其他责任人员，给予警告，处 1 万元以下罚款。

（八）违反其他规定

1. 保险专业代理机构未按本规定报送或者保管有关报告、报表、文件或者资料的，或者未按规定提供有关信息、资料的，由中国保监会责令限期改正；逾期不改正的，处1万元以上10万元以下罚款；对该机构直接负责的主管人员和其他责任人员，给予警告，并处1万元以上5万元以下罚款。

2. 保险专业代理机构有下列情形之一的，由中国保监会责令改正，处10万元以上50万元以下罚款；情节严重的，可以限制其业务范围、责令停止接受新业务或者吊销许可证；对该机构直接负责的主管人员和其他责任人员，给予警告，并处5万元以上10万元以下罚款：编制或者提供虚假的报告、报表、文件或者资料；拒绝、妨碍依法监督检查。

3. 保险专业代理机构有下列情形之一的，由中国保监会责令改正，给予警告，没有违法所得的，处1万元以下罚款，有违法所得的，处违法所得3倍以下的罚款，但最高不得超过3万元；对该机构直接负责的主管人员和其他责任人员，给予警告，处1万元以下罚款：未按规定缴纳监管费；未按规定在住所或者营业场所放置许可证；未按规定交回许可证；未按规定办理许可证变更登记或者未按期申请延续许可证；未按规定管理业务档案；未按规定使用独立账户代收保险费；临时负责人实际任期超过规定期限；未按规定进行公告；从代收保险费中坐扣代理佣金；代投保人签订保险合同。

4. 违反《保险法》第一百六十六条至一百七十二条规定，情节严重的，中国保监会可以对其直接负责的主管人员和其他直接责任人员撤销任职资格或者从业资格。

5. 违反法律和行政法规的规定，情节严重的，中国保监会可以禁止有关责任人员一定期限直至终身进入保险业。

6. 保险专业代理机构的董事、高级管理人员或者从业人员，离职后被发现原工作期间违反保险监督管理规定的，应当依法追究其责任。

7. 中国保监会发现保险专业代理机构涉嫌逃避缴纳税款、非法集资、传销、洗钱等，需要由其他机关管辖的，应当向其他机关举报或者移送。违反规定，涉嫌构成犯罪的，中国保监会应当向司法机关举报或者移送。

二、保险代理人的民事责任

保险代理人的民事责任是指保险代理人违反代理合同的约定或民事法律的规定，给相关的保险当事人造成损失，依法应当承担的以财产赔偿为主要内容的法律责任。

保险代理人在代理权限内以被代理人的名义实施民事法律行为，其代理行为所产生的权利义务归被代理人。由于代理人既不是代理结果的受益人，也不是代理结果关系的当事人，因此代理人对代理结果既不享有权利也不承担责任。但是，如果代理人以被代理人的名义实施违背被代理人意志或违反法律的行为，则其代理活动就会与被代理人的利益发生冲突。

具体来讲，保险代理人的民事责任主要包括以下几种类型：

（一）因授权不明而进行代理活动的民事责任

《民法通则》第65条规定：委托书授权不明的，被代理人应当向第三人承担民事责任，代理人负连带责任。在保险代理活动中，授权行为是产生委托代理权的关键。授权不明是指保险人进行授权时，没有对代理权限、代理事项等内容进行明确的规定。

就保险代理人的责任而言，代理人应依据明确的代理权实施代理活动，因而其有义务对保险人的授权进行审查。若保险代理人明知授权不明而不表示异议，即意味着代理人没有履行其义务，因而负连带责任。

（二）滥用代理权的民事责任

滥用代理权是指保险代理人利用代理权进行的民事活动损害了保险人利益的行为。滥用代理权的行为违反了代理人制度的基本要求，是代理人的违法行为，对此，代理人应承担主要责任。滥用代理权主要有以下两种表现：

1. 自己代理的民事责任。自己代理是指保险代理人以保险人的名义同自己实施民事行为。在自己代理中，代理行为关系当事人只有代理人自己，违背了代理关系中代理人代理保险人向第三人作出意思表示或接受意思表示的要件。所以，自己代理往往会导致产生由于代理人为自己的利益考虑而损害被代理人的合法权益的后果。有鉴于此，我国有关法律规定：以被代理人的名义同自己签订的合同为无效合同，代理人因实施自己代理行为而给被代理人造成损害的，应承担民事责任。

2. 代理人与第三人串通而损害保险人利益的民事责任。串通是指代理人出于非法的不正当目的而与第三人同谋的意思表示，有故意损害保险人利益的恶意存在。串通行为在主观上是故意的，而在行为形式上是采用代理行为关系的合法形式，通过代理权的行使而达到将不利的后果归保险人的目的。因此，串通行为是以合法行为形式来掩盖行为目的的不合法性。由于串通行为构成了代理人与第三人共同损害保险人利益的故意的侵权行为，因此代理人与第三人共同承担民事责任。

（三）实施无权代理的民事责任

无权代理是指代理人在没有获得代理权或者代理权已经终止的情况下，使用被代理人的名义实施具有代理关系形式的活动。其行为实质上是自己的行为，而非代理行为，从而在其与第三人之间产生责任关系；同时由于无权代理行为使用了被代理人的名义，因此构成对被代理人的侵权行为，从而在被代理人与无权代理人之间形成民事责任关系。

概而言之，无权代理表现为以下几种情况：

1. 未经授权的代理。即是指保险代理人未经保险人的委托和授权而以保险人的名义从事推销保险单，招揽业务的代理活动。

2. 超越代理期限的代理。即是指保险代理人原有代理权已经终止，但仍以保险人名义从事的保险代理活动。

3. 超越代理权限的代理。即是指保险代理人虽有委托和授权，但超越授权范围从事的代理活动。如保险代理人的授权范围是企业财产保险，而其却从事机动车辆保险的代理活动，即为超越代理，因而无效。

4. 实施违法代理活动的民事责任。保险代理人实施违法代理活动主要有两种情况：一是由保险人授意进行的；二是未经保险人同意而以保险人的名义进行的。对于前者，保险代理人将负连带民事责任；而由后者产生的责任，则全部由保险代理人自己承担。

5. 转代理的民事责任。保险代理人转代理的民事责任主要出现在下面两种情况中：

（1）代理人出于对保险人利益的考虑而转代理。在此情况下，法律要求转代理前必须征得被代理人即保险人的同意，否则后果由代理人承担；当然，紧急情况除外。

（2）代理人出于对保险人利益考虑以外的动机和目的而擅自转代理。这种违背保险人意志的代理行为的后果直接由代理人承担责任。

6. 侵权的民事责任。保险代理人在代理活动中，由于个人的故意或过失，侵占国家、集体或他人财产，或者造成伤害、未构成犯罪的，应承担侵权的民事赔偿责任；情节严重构成犯罪的，还要承担刑事责任。

三、保险代理人的刑事责任

刑事责任是当保险代理人的违法行为构成犯罪时，根据《中华人民共和国刑法》《保险法》等有关法律法规处以的法律制裁。保险代理人的刑事责任主要有以下具体内容：

（一）擅自设立保险代理机构

未经中国保监会批准，擅自设立保险专业代理机构的，构成破坏金融管理秩序罪，对单位判处罚金，并对其直接负责的主管人员和其他责任人员处3年以下有期徒刑或者拘役，并处或者单处2万元以上20万元以下罚金；情节严重的，处3年以上10年以下有期徒刑，并处5万元以上50万元以下罚金。

（二）伪造、变造、转让经营保险代理业务许可证

伪造、变造、转让经营保险代理业务许可证的，构成破坏金融管理秩序罪，按有关规定对单位判处罚金，并对直接负责的主管人员和其他直接责任人员处3年以下有期徒刑或者拘役，并处或者单处2万元以上20万元以下罚金；情节严重的，处3年以上10年以下有期徒刑，并处5万元以上50万元以下罚金。

（三）伪造、变造保险单证

保险代理人伪造、变造保险单证，构成伪造、变造金融票据犯罪的，处5年以下有期徒刑或者拘役，并处或者单处2万元以上20万元以下罚金；情节严重的，处5年以上10年以下有期徒刑，并处5万元以上50万元以下罚金；情节特别严重的，处10年以上有期徒刑或者无期徒刑，并处5万元以上50万元以下罚金或者没收财产。

保险代理人触犯上述刑法规定时，对单位判处罚金，并对其直接负责的主管人员和其他直接负责人员，依照上述规定处罚。

（四）故意编造未曾发生的保险事故

保险代理公司的工作人员利用职务上的便利，故意编造未曾发生的保险事故进行虚假理赔，骗取保险金归自己所有的，数额较大的，处5年以下有期徒刑或者拘役；数额巨大的，处5年以上有期徒刑，可以并处没收财产。国有保险代理公司的工作人员和国有保险代理公司委派到非国有保险代理公司从事公务的人员有这一行为的，以贪污论处，并根据情节轻重，分别依照下列规定处罚：

1. 个人贪污数额在10万元以上的，处10年以上有期徒刑或者无期徒刑可以并处没收财产；情节特别严重的，处死刑，并处没收财产。

2. 个人贪污数额在5万元以上不满10万元的,处5年以上有期徒刑,可以并处没收财产;情节特别严重的,处无期徒刑,并处没收财产。

3. 个人贪污数额在5 000元以上不满5万元的,处1年以上7年以下有期徒刑;情节严重的,处7年以上10年以下有期徒刑。个人贪污数额在5 000元以上不满1万元,犯罪后有悔改表现,积极退赃的,可以减轻处罚或者免予刑事处罚,由其所在单位或者上级主管机关给予行政处分。

4. 个人贪污数额不满5 000元,情节较重的,处2年以下有期徒刑或者拘役;情节较轻的,由其所在单位或者上级主管机关酌情给予行政处分。

对多次贪污未经处理的,按照累计贪污数额处罚。

(五) 利用职务上的便利,挪用保险费用

保险代理公司的工作人员利用职务上的便利,挪用保险费用,数额巨大或者造成重大损失的,处5年以下有期徒刑或者拘役,并处2万元以上20万元以下罚金;数额特别巨大或者造成特别重大损失的,处5年以上有期徒刑,并处5万元以上50万元以下罚金。单位挪用保险费用的,对单位判处罚金,并对其直接负责的主管人员和其他直接责任人员,依照上述规定处罚。

(六) 索取他人财物或者非法收受他人财物

保险代理公司的工作人员在保险代理活动中索取他人财物或者收受他人财物,为他人谋取利益的,或者违反国家规定,收受各种名义的回扣、手续费,归个人所有的,数额较大的,处5年以下有期徒刑或者拘役;数额巨大的,处5年以上有期徒刑,可以并处没收财产。

(七) 使用虚假证明文件或者采用其他欺骗手段虚报注册资本

保险代理公司申请公司登记使用虚假证明文件或者采用其他欺诈手段虚报注册资本,欺骗保险代理公司登记注册机关,虚报注册资本数额巨大,后果严重或者有其他严重情节的,处3年以下有期徒刑或者拘役,并处或者单处虚报注册资本金额1%以上5%以下罚金。

(八) 股东违反《中华人民共和国公司法》的规定,虚假出资,抽逃资金

保险代理公司发起人、股东违反《中华人民共和国公司法》的规定,未交付货币、实物或者未转移财产权,虚假出资,或者在保险代理公司成立后抽逃其出资,数额巨大,后果严重或者有其他严重情节的,处5年以下有期徒刑或者拘役,并处或者单处虚假出资金额或者抽逃出资金额2%以上10%以下罚金。

(九) 清算时隐匿财产

保险代理公司在进行清算时,隐匿财产,对资产负债表或者财产清单作虚伪记载或者在未清偿债务前分配公司、企业财产,严重损害债权人或者其他人利益的,对其直接负责的主管人员和其他直接责任人员,处5年以下有期徒刑或者拘役,并处或者单处2万元以上20万元以下罚金。

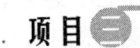

知识要点

1. 保险代理人应具备的职业道德。
2. 保险代理人的执业规则。
3. 保险代理人应承担的法律责任。

习题与实训

1. 每 5 名学生一组，参观保险代理公司。了解该公司内部管理制度及员工行为规则，对比分析该公司的行为规则与保险代理人执业规则，并进行小组总结，对实训效果进行评价。

2. 保险代理人资格如何认定？

3. 案例分析。

某甲，17 岁，在校高中生。2011 年 2 月，甲的父母出国探亲，留甲独自在家。一日，甲的同学乙来甲家里玩耍，随同乙一起的还有朋友丙。丙是 A 人寿保险公司的业务员，在闲聊中丙不断说到保险的好处，甲听后特别感兴趣，想到自己每年都有好几千元的压岁钱没有特别的用处，如果买寿险既可以存钱又可以多一份保障，便于 2011 年 3 月 23 日主动找到丙，要求购买几份两全保险。丙很高兴，当即拿出投保单让甲逐一填写，并就保险合同条款详细地给甲做了解释。甲按照丙的要求提供了全部资料和证件，而且交了头期的保费，丙也给甲开具了收款凭证。3 月 28 日，丙将正式保单交给甲，甲做了签收，并顺手把保单扔进抽屉里。2011 年 7 月，甲的父母回国。甲母在收拾东西时无意间发现了这份保单，在向甲问明情况后，甲母于 2011 年 8 月 8 日到 A 公司，坚决要求退保。

试分析甲是否有资格作为投保人签订保险合同？面对甲要求购买保险，丙应该怎样做才是最恰当的？甲母要求退保的请求能否获得支持？如果甲已经工作，完全靠自己的收入养活自己，则甲母要求退保的请求能否获得支持？作为保险营销员，你能从这个案例中吸取哪些经验教训？

项目四
保险经纪合同业务运作

【职业能力目标】
  知识学习目标：熟悉保险经纪合同的基本内容；了解保险经纪合同的概念和特点；熟悉保险经纪合同的种类。
  技能训练目标：能结合所学签订保险经纪合同并学会对合同纠纷进行分析和处理。

【典型工作任务】
  本项目工作任务：签订保险经纪合同的业务处理；保险代理合同纠纷分析。
  标志性成果：填制完整的保险经纪合同。

【业务场景】
  保险公司或保险经纪公司或保险兼业经营机构，主要参与者为保险经纪人方和保险公司方。

【导入案例】
  某企业台风期间发生保险事故，其一幢常年未使用的旧厂房遭暴风、暴雨致使厂房建筑结构受损。事故发生前，该企业在保险经纪人的安排下向保险公司投保了财产一切险，其遂据该保单向保险公司提出索赔，保险公司理赔人员在查勘过程中发现，该幢建筑物的屋顶、梁、柱、壁有破损及倾斜的现象，的确存在一定的损失。但通过进一步调查，保险公司的理赔人员发现该幢建筑物在事故发生前已出现轻微的破损及梁、柱倾斜的情况，该企业在发现上述情况后，也的确采取了临时的加固措施，并准备加以修复。保险公司在得知上述情况后，即提出厂房受损的近因是厂房的"年久失修"，不属责任范围，据此予以拒赔。
  在事故发生后，该企业即向保险经纪人提出协助索赔的请求。保险经纪人也参与了上述事故的处理，在得知保险公司的拒赔决定后，又进行了进一步的调查分析，认为保险公司的拒陪处理并不合理。在和该企业沟通后，向保险公司提出拒绝接受其拒赔处理的决定。保险经纪人的主要意见是：
  1. 若厂房结构完好，则不可能造成如此大的损失，因此"年久失修"的确是事故的一个近因。
  2. 若受损厂房未经受暴风、暴雨，即使"年久失修"，也不会造成如此大的损失，因此认为暴风、暴雨也是事故的一个近因。
  3. "年久失修"和"暴风、暴雨"都是该事故的近因，都对最终损失的发生有独立的影响，两个近因并不相互依存。
  4. "年久失修"和"暴风、暴雨"造成的损失无法区分。
  5. "年久失修"不属责任范围（不能认为是"意外事故"），但也不属列明的除外责任，"暴风、暴雨"则很明确地属列明的责任范围。两个近因，一个是责任范围内，另一个也并非除外责任，且两者造成的损失无法区分，则保险公司应该对全部损失承担赔偿责任。
  保险公司在接到经纪人提出的意见后仍坚持拒赔，该企业遂向法院提起诉讼，法院受理后，由经纪人代表该企业出庭。在法庭上，经纪人依据保险相关法规、保险条款以及保险的原理及过往案例据理力争，迫使保险公司最终接受经纪人提出的索赔要求，同意进行调解。最终保险公司按照企业的实际损失进行了赔付。

模块一　保险经纪合同的订立

【任务描述】

本模块工作任务：搜集保险经纪服务协议、再保险经纪服务协议各一份，总结分析其概念、特点和种类；掌握各种保险经纪合同的订立。

标志性成果：搜集整理的各类保险经纪合同；签订一份保险经纪服务协议和一份再保险经纪服务协议。

【知识准备】

一、保险经纪合同的概念

保险经纪合同就是投保人与保险经纪人之间确立、变更或终止民事法律关系的一种协议。具体来讲，就是投保人与保险经纪人约定保险经纪权利义务关系的一种协议。这里的权利义务关系主要是指投保人借助于保险经纪人提供的中介服务，取得高质量保险保障的权利，同时要向保险经纪人支付劳动报酬；保险经纪人利用专业技术优势和市场信息优势，通过为投保人提供量身设计的保险方案、市场询价或招标、投保安排、风险和保险的咨询以及培训等服务，从而获得保险人和投保人佣金及报酬的权利。保险经纪合同一经订立，便受到法律的约束和保护。

二、保险经纪合同的特点

保险经纪合同是双方当事人达成一致意愿、实施民事法律行为的协议，具有如下特点：

（一）双务合同

即双方当事人相互承担义务的合同。在双方合同中，当事人的义务和权利是相互关联的。

（二）特殊的有偿合同

即双方当事人任何一方在享受权利的同时负有以一定对等价值的给付义务的合同。当保险经纪人为委托人和保险人介绍签订的保险合同成立时，保险经纪人有取得佣金的权利，但不是从委托人处获得而是从保险人处获得。只有保险经纪人提供的是单纯的风险管理咨询或其他非投保类的服务时，才可以从委托人处获得佣金。

（三）为第三人利益设定的合同

保险经纪人是为投保人、被保险人的利益而与保险人订立保险经济合同，并提供中介服务的；保险经纪合同是为被保险人代办协助投保、索赔事务的合同。

（四）非格式合同

以格式条款为基础而订立的合同称为格式合同，或称为定式合同。格式条款是当事人为了重复使用而预先拟定，并在订立合同时未与对方协商的条款。非格式合同是指以非格式条款为基础订立的合同。我国民事法规和保险法规没有对保险经纪合同预先拟定格式条款，因此属于非格式合同。

（五）非要式合同

所谓非要式合同是指法律、法规要求合同不一定具备特定形式才能成立、生效的合同，这种合同签订程序简单，只要双方当事人依法就合同的主要条款协商一致。我国民事法规和保险法规也没有规定保险经纪合同必须采取一定的形式方能生效，因此属于非要式合同。

三、保险经纪合同的种类

由于保险经纪人的行为具有居间、委托代理和咨询的内容，因此，保险经纪合同也可以相应地分为居间型保险经纪合同、代理型保险经纪合同和咨询型保险经纪合同三种。

（一）居间型保险经纪合同

居间型保险经纪合同是指保险经纪人根据投保人或被保险人的委托，基于投保人或被保险人的利益，为投保人或被保险人与保险人订立保险合同提供中介服务，并依法收取佣金的协议。居间型保险经纪合同的法律特征表现为以下两个方面。

1. 服务内容的中介性。保险经纪人的任务是利用自己熟悉保险市场的优势，帮助投保人或被保险人寻找合适的保险人和合适的保险产品，为投保人或被保险人充当订立保险合同的介绍人。居间型保险经纪合同订立的目的，不在于实施订立保险合同的行为，而是保险经纪人根据投保人或被保险人的委托，为其提供与保险人订约机会，为签订保险合同牵线搭桥。

2. 服务对象的直接性和间接性相结合。保险经纪人是直接受投保人或被保险人的委托，基于投保人或被保险人的利益为其提供服务，体现的是服务对象的直接性。同时，保险经纪人在为投保人与保险人之间进行介绍活动并促成保险合同的订立时，为保险人拓展了保险业务，增加了保费收入，体现的是服务对象的间接性。也正是由于这个原因，居间型保险经纪人不是向投保人或被保险人收取佣金，而是向保险人收取佣金。

（二）代理型保险经纪合同

代理型保险经纪合同是指保险经纪人根据投保人或被保险人的委托，以自己的名义进行保险活动的协议。代理型保险经纪合同的法律特征主要表现为以下两个方面。

1. 服务内容的代理性。保险经纪人接受投保人或被保险人的委托，以委托人的名义进行各种代理活动，包括代理投保人向保险人办理投保手续，订立保险合同；代理被保险人或受益人向保险人进行索赔；代理受害人（即被保险人）向责任人索取赔偿等。在代理型保险经纪合同中，保险经纪人必须与委托人明确约定代理的范围及权限，必须以委托人的名义进行活动，并且在其授权范围内所实施的代理行为，其法律后果应由委托人即投保人或被保险人承担。

2. 服务方式的介入性。不同于居间型保险经纪合同，代理型保险经纪人根据约定，可以直接介入保险合同具体条款的谈判，办理投保手续，发生保险事故后向保险人索赔等事宜，甚至完全由保险经纪人独立地以委托人的名义完成保险合同的谈判和签订，以及保险定损和索赔等事项。

（三）咨询型保险经纪合同

咨询型保险经纪合同是指保险经纪人根据委托人（投保人、被保险人、受益人或再保险分出人）的要求，对特定保险项目提供预测、论证或解答。例如，为投保人提供防灾防损或风险评估、风险管理咨询服务；以订立保险合同为目的，为投保人订立投保方案；为被保险人或受益人索赔提供咨询服务等，委托人则按约定支付咨询费的合同。保险经纪人提供咨询服务的形式可以有多种，如口头的简单分析、正式书面的咨询意见或投保方案等。

咨询型保险经纪合同的法律特征主要表现为服务的专业性，因为无论是风险管理咨询，还是保险投保和理赔咨询，都必须凭借保险经纪人在风险管理和保险领域的专业知识和良好的经验，才能真正解决客户的问题，或者为其提供一个合适且可行的处理方案。

业务一 签订保险经纪服务协议

业务描述：保险经纪公司与客户签订保险经纪服务协议。

一、要约

保险经纪公司和客户在平等协商的过程中，由其中一方先提出要约，双方就经纪服务的种类、权限及双方的权利义务等项目进行协商，并在意见达成一致的前提下签订保险经纪服务协议。一般而言，保险经纪公司负责拟定保险经纪服务协议的主要内容。

二、承诺

客户如对保险经纪公司列出的合同的主要内容和事项表示满意，则作出同意的答复，保险经纪合同即告生效。

要约与承诺是订立合同的两个阶段，被要约人对要约人的要约可以接受也可以拒绝，所以要约并不构成对被要约人的约束。

保险经纪合同的双方当事人经过要约与承诺，意见达成一致，保险经纪合同即成立。

【拓展阅读】

保险经纪合同订立

一、保险居间合同的订立

保险居间合同的当事人是保险经纪人和投保人，在再保险居间情况下，则为再保险经纪人和分出人。保险经纪人是居间人，投保人或分出人是委托人。保险居间合同的效力表现为合同各方的权利和义务，根据法律的基本规则，当合同为双务合同时，一方的义务往往是另一方的权利，反之亦然。保险居间合同签订后，其法律效力表现为以下两个方面。

（一）保险经纪人的义务

1. 忠实履职。保险经纪人必须遵循诚实信用原则，忠实地履行自己的中介义务，应按约定为委托人联系、介绍保险人，促成委托人与保险人签订保险合同，不得阻挠委托人（投保人或分出人）与保险人（或分入人）的订约活动，不得损害委托人的合法权益。

2. 如实告知。保险经纪人应当如实地向委托人告知有关订立保险合同的事项，不得隐瞒，不得做不实的、误导性的广告或宣传，更不允许进行欺诈活动。

3. 禁止行为。保险经纪人不得为无订约能力人、无支付能力人提供订约机会，如不得为非法成立的保险公司介绍业务。

4. 保密。保险经纪人应当按照约定为委托人保守商业秘密，以防发生不正当竞争行为。如果投保人要求保险经纪人不对保险人告知其姓名、名称、商号，则保险经纪人有对投保人的姓名、名称、商号进行保密的义务。

如果保险经纪人不履行上述义务，将承担相应的法律后果。例如，由于保险经纪人的过错，导致投保人受损的，由保险经纪人承担赔偿责任；在再保险经纪活动中，因再保险经纪人的过错，给分出人造成损失的，则由再保险经纪人承担赔偿责任。

（二）委托人（投保人、分出人）的义务

1. 说明要求。委托人应向保险经纪人说明委托事项的具体要求。

2. 委托事项合法。委托人不得在委托事项内附加有悖于法律规定的内容。

3. 偿付有关费用。如果当事人就居间活动所需的杂费约定由委托人承担，则保险经纪人在居间活动中所花费的杂费由委托人偿付。在没有约定的情况下，保险经纪人的佣金（或居间费）在委托事项完成后，即委托人与保险人或（分入人）订约后，由保险人（或分入人）向保险经纪人支付，包括报酬及其他约定的费用。

二、保险委托合同的订立

保险委托合同时保险经纪人根据委托人（即投保人、被保险人、受益人或分出人）的委托，以委托人的名义代为办理保险业务的权利义务关系的协议。保险委托合同签订后，其法律效力表现为以下两个方面。

（一）保险经纪人的义务

1. 亲自代理。保险经纪人作为委托人的代理人，其代理行为完全是基于委托人对其信任而发生的，因此，保险经纪人应当亲自办理委托事务。只有在两种情况下方可转委托：一是对于转委托，保险经纪人事先已经取得原委托人的同意；二是在紧急情况下，保险经纪人为保护委托人的利益需要转委托。

2. 对委托人的利益尽最大注意义务。保险经纪人的重要职责是运用自己的知识和技能为委托人提供服务，以便最大限度地维护委托人的利益，不允许利用保险经纪活动的机会为自己牟取私利而损害委托人的利益。

3. 转移利益。委托人对保险经纪人办理委托事务的行为承担法律后果。保险经纪人办理委托事务取得的权利和财产，应当移交给委托人。例如，代投保人签订的保险合同，其保险权利和义务归于投保人；代委托人索赔得到的保险金，应及时转移给委托人。另外，委托人委托保险经纪人代交的保险费，应及时转交给保险人，保险经纪人不得非法挪用或侵占保险赔款、保险金或保险费，否则，应当在归还时支付利息或承担法律责任。

4. 告知。保险经纪人应当按照委托人的要求，将委托事务的办理情况及时告知委托人，以使委托人及时了解有关事务的进展情况和受益受损的情况，及时作出新的判断和意思表示；同时向保险人如实转告委托人的声明事项。委托合同终止时，保险经纪人应向委托人报告委托事务的结果。

5. 保密。保险经纪人对自己在进行经纪活动中得知的委托人的个人秘密和商业秘密负有保密义务，不得向他人泄露或者利用该秘密进行有损于委托人利益的行为。

6. 禁止超越代理权范围。保险经纪人应当在委托人授权范围内进行活动，不得超越该范围。对需要变更委托人指示的，应当经委托人同意；因情况紧急，并难以和委托人取得联系的，保险经纪人应当妥善办理委托事务，但事后应当将该情况及时通知委托人。保险经纪人因越权给委托人造成损失的，应当赔偿损失。

（二）委托人（投保人、被保险人、受益人或分出人）的义务

1. 支付佣金。支付佣金是委托人的基本义务，是代理性保险经纪合同的对价给付规则的典型体现，但由于保险经纪的特殊性，应区别对待。当保险经纪人代委托人（被保险人、受益人或分出人）验损或索赔时，则由委托人支付佣金。其佣金包括费用和报酬，委托人应当提供办理委托事务的费用。保险经纪人完成或者部分完成委托事务的，委托人应当向其支付相应的报酬，但当事人也可另有约定。

2. 委托事项合法。委托人不得在委托事项内附加有悖于法律规定的内容。

3. 承担责任。委托人应对保险经纪人在授权范围内办理的保险委托事务的后果承担责任。

保险经纪人在不履行上述义务的情况下，将承担相应的法律后果。如果保险经纪人办理委托事务时，因重大过失给委托人造成损失，委托人可以向其请求赔偿；但对于非因保险经纪人过错，致使其未完成委托事务而给委托人带来的损失，除另有约定外，保险经纪人不负赔偿责任。同理，委托人在不履行上述义务的情况下，也将承担相应的法律后果。保险经纪人如果在办理委托事务时，因不可归责于自己的事由而受到损害，可以向委托人请求赔偿；委托人在非因保险经纪人的过错而中止有偿委托合同时，应负赔偿责任。

三、保险咨询合同的订立

保险咨询合同签订后，其法律效力表现为以下两个方面。

（一）保险经纪人的义务

1. 按照委托人的要求提供可行的、有法律依据的咨询服务。可行的咨询服务是指保险经纪人提供的咨询意见可以在一定程度上消除委托人的疑虑或者有助于委托人作出较为全面的判断；有法律依据的咨询服务是指保险经纪人应根据与委托人的协议约定，提供不违反法律禁止性规范的咨询意见，以便于当委托人根据保险经纪人的咨询意见实施活动时不会被法律拒绝而是获得法律保护。保险经纪人提供咨询服务的方式有多种形式，如简单的口头分析、正式书面的咨询意见书或投保方案等。保险经纪人应按约定的期限完成咨询服务项目或传授解决风险管理与保险技术问题的知识、技能。

2. 保密。保险经纪人对自己在进行经纪活动中得知的委托人的个人秘密和商业秘密负有保密义务，不得向他人泄露或者利用该秘密进行有损于委托人利益的行为。

（二）委托人的义务

1. 支付保险咨询费。委托人得到了保险经纪人提供的保险咨询服务，有义务向其支付相应的佣金（或称咨询费，包括费用和报酬）。《保险经纪机构监管规定》明确要求："保险经纪机构应当按照与保险合同当事人的约定收取佣金。"

2. 提供必要的数据和资料。委托人在接受保险经纪人的咨询时，有义务提供相关的数据和资料，以便对方为其提供准确的咨询服务。

保险经纪人未按期提出咨询意见或者所提出的咨询意见不符合合同约定的，应当减收或者免收报酬，或者按照事先约定支付违约金或者赔偿损失；同理，委托人未按合同约定提供必要的数据和资料而影响保险经纪人提供咨询意见的进度和质量的，则不得请求返还已付的报酬，并应当支付未付的报酬；而委托人按照保险经纪人提供的符合合同约定要求的咨询意见进行决策造成损失的，则应由委托人承担，除非另有约定。

总之，无论是哪一类保险经纪合同，其签订都必须遵守法律规定，遵循诚信、自愿、平等、公平等订立合同的一般原则，并且都具有诺成合同、非要式合同和有偿合同的特征，同时应当具有经纪合同的基本条款。

保险经纪从业人员应深入了解和分析客户所面临的风险，进行定性和定量相结合的风险评估，并在风

险评估的基础上向客户提供风险管理建议。保险经纪从业人员应以客户容易理解的方式向客户提供风险管理建议，以便于客户对建议的内容作出明智的决策。

业务二　签订再保险经纪服务协议

业务描述：保险经纪公司与保险公司签订再保险经纪服务协议。

一、要约

保险经纪公司与保险公司在平等协商的过程中，由其中一方先提出要约，双方就经纪服务的种类、权限及双方的权利义务等项目进行协商，并在意见达成一致的前提下签订再保险经纪服务协议。一般而言，保险经纪公司负责拟定再保险经纪服务协议的主要内容。

二、承诺

保险公司如对保险经纪公司列出的合同的主要内容和事项表示满意，则作出同意的答复，再保险经纪合同即告生效。

要约与承诺是订立合同的两个阶段，被要约人对要约人的要约可以接受也可以拒绝，所以要约并不构成对被要约人的约束。

再保险经纪合同的双方当事人经过要约与承诺，意见达成一致，再保险经纪合同即成立。

【拓展阅读】

再保险人的优势

再保险经纪人是指介于再保险分出公司与接受公司之间，与再保险分出公司签订委托合同，基于再保险分出公司的利益，为再保险分出公司与再保险分入公司办理再保险业务提供中介服务，并按约定收取佣金的保险经纪人。再保险经纪人不仅介绍再保险业务、提供保险信息，而且在保险合同有效期间对再保险合同进行管理，继续为分出公司服务，如合同的续传、修改、停止等问题，并可向再保险接收人递送分保账单。

随着再保险业务的发展，再保险经纪人日益增多，他们在世界各国保险公司之间进行广泛活动，为原保险人与再保险人安排再保险业务提供保险中介服务。再保险交易之所以要通过在保险经纪人，主要是因为再保险经纪人具有独特的优势并能提供高标准的服务。

（一）再保险经纪人对再保险规划更有经验

再保险经纪人属于保险市场的高端服务中介，不仅具有保险的一般知识，更重要的是拥有再保险规划方面的专业知识，有相当的技术咨询能力。同时，再保险经纪人长期与保险公司交往，有丰富的业务经验，与保险公司之间直接进行再保险交易相比，客户能够获得更有利的再保险计划和条件。

（二）再保险经纪人对国际市场更熟悉

再保险的主要目的是分摊或分散损失风险，若面临的风险巨大，如巨额保险、巨灾保险，再保险往往要超越国界，需要在全世界范围内分散风险。因此，再保险业务具有较强的国际性。对于单个保险公司，由于受业务网点和专业人才的限制，在国际保险市场上转移风险是非常困难的，而保险经纪人长期涉足于这个市场,对世界各主要国家的再保险公司都比较熟悉,可以帮助保险人实现风险在最大范围内的分散和转移。

为了在激烈的竞争中获得业务,再保险经纪人会不断加强服务质量作为招揽业务的重要方式,如尽可能地介绍再保险公司的情况和再保险条件,提供业务资料,设计再保险文件,尽可能地解答疑难问题等。但再保险经纪人介绍业务是以赚取佣金为目的的,对其再保险业务向再保险接收人收取的佣金,一般合同及临时分保手续费大约为2.5%~5%,也有1.5%,甚至到7.5%的,超额赔款业务的再保险手续费较高,一般为10%。

有些再保险经纪人代表分出人办理结算业务(包括收付手续费)存在拖欠保费的情况,更有些再保险经纪人因资信不佳或经营不善而倒闭。这些都严重影响了再保险双方的利益。因此,对再保险经纪人的选择,与对保险人(或再保险人)的选择一样重要。

模块二 保险经纪合同纠纷处理

【任务描述】

本模块工作任务:分析保险经纪合同纠纷产生的原因;寻求保险经纪合同纠纷解决的方式。
标志性成果:保险经纪合同纠纷分析处理报告。

【知识准备】

争议与投诉处理的稳妥、高效是衡量企业客户服务管理水平的重要标志。作为保险经纪机构的代表,保险经纪从业人员处于与客户接触的第一线,能够在化解争议、维持投诉渠道的畅通、维护所属机构形象等方面发挥重要作用。

首先,客户有权知道一旦发生纠纷,可以通过哪些渠道和方式进行投诉。因此,保险经纪从业人员应当将投诉渠道和投诉方式告知客户。

其次,保险经纪从业人员应诚恳听取客户的意见和建议,通过交流化解与客户间的争议和客户的不满,争取通过协商解决,尽量避免客户投诉。如果客户坚持投诉,在接到投诉后,保险经纪从业人员应当始终对客户投诉保持耐心与克制,并将接到的投诉及时提交所属保险经纪机构处理。

最后,保险经纪从业人员应当配合所属保险经纪机构或有关单位对客户投诉进行调查和处理。保险经纪从业人员接到投诉时,要了解投诉客户的真实要求,向客户传达其投诉意见已被所属机构认真听取、正确理解并付诸行动予以解决的信息。对于涉及保险人的客户投诉,保险经纪从业人员应当主动与保险人交涉,争取对客户有利的解决方案。

业务一 保险经纪合同纠纷分析

业务描述:搜集一典型的保险经纪合同纠纷案例,分析其产生的原因,并尝试对合同条款进行阐释。

一、找出保险经纪合同纠纷产生的原因

保险经纪合同的订立应该是按照有关法律法规的要求做到内容具体、文字准确、条款齐

全。但是，在合同的实施过程中，双方当事人往往在主张权利和履行义务时发生争议和纠纷。这些争议和纠纷就会影响合同的顺利执行，并影响经纪服务关系的进一步存在和发展。一般而言，保险经纪人与客户多在经纪服务手续费、委托事项及违约责任等方面产生异议、引起摩擦并导致纠纷。究其争议的原因，不外乎以下几个方面：经纪合同条款文义表达不清晰、不准确；当事人双方对合同条款及有关文字释义的差异；由违约责任或其他责任的归属问题造成。

二、阐释保险经纪合同

当事人对合同条款文字解释的分歧是合同纠纷的主要原因，保险经纪合同也不例外。因此，在处理纠纷的实践中，人们逐渐总结出一套阐释合同条款和文字的国际惯例和原则，这些惯例与原则成为现行协商、调解、仲裁及法院裁决合同纠纷问题的重要依据。保险经纪合同的主要解释原则如下：

（一）按文义解释

按文义解释是指对合同中的措辞应按该词最普通、最通常的文字含义并结合上下文来解释。在同一合同内出现的同一个词，对它的解释应该是同一的；合同中所用的专业术语应按所属专业部门的标准含义解释。

（二）按意图解释

合同是根据双方当事人自由意志的结合而订立的，因此，在解释时必须尊重双方订约时的真实意图，这种意图要根据合同的文字、订约时的背景、客观实际情况来分析和推定。意图解释只适用于文义不清、用词含糊的情况，如果合同表述清晰，则必须按字面解释。

（三）明示优于默示

经纪行为一般受制于经纪合同及社会公德与公认行为规则，合同中规定的条件称为明示条件，社会公德与公认行为称为默示条件。在不违背法律和公德的前提下，当明示与默示条件不一致时，对合同的解释应以明示条件为准。

（四）合同变更优于合同正文

保险经纪合同订立以后，双方当事人会就各种条件的变化进一步磋商并对合同正文予以修订，当因合同变更而产生的修正与原合同内容相抵触时，对合同的阐释应以更正的内容为准。如果合同的变更不止一次，则最近的变更优于先前的变更。

【拓展阅读】

保险经纪人的索赔服务

一、出险通知与防损

保险经纪从业人员得知客户发生保险事故时，应当及时通知保险人，同时应当协助客户采取措施避免损失的进一步扩大。

二、协助客户索赔

按照委托合同的约定或客户要求,保险经纪从业人员应当代表或协助客户进行索赔,包括但不限于整理和准备相关索赔资料、跟踪保险人处理赔案的进度等。如果保险人要求进行现场查勘,保险经纪从业人员应当协助客户进行相关工作,并尽快把保险人有关查勘和理赔的要求传达给客户。遇到重大事故或出现理赔争议时,保险经纪从业人员应当及时沟通协调,必要时应当向客户建议聘请保险公估机构参与事故和损失的鉴定工作。

三、避免欺诈性索赔

保险经纪从业人员不得唆使、引诱或串通客户,向保险人进行欺诈性索赔,也不得以任何方式协助或参与欺诈性索赔。《刑法》和《保险法》对有关为了骗取保险金或而进行欺诈索赔行为明确规定了相应的法律责任,如故意虚构保险标的骗取保险金;未发生保险事故而谎称发生保险事故;故意制造导致财产损失的保险事故;故意造成被保险人死亡、伤残或者疾病等人身保险事故;伪造、变造与保险事故有关的证明、资料和其他证据,或者指使、唆使、收买他人提供虚假证明、资料或其他证据,编造虚假的事故原因或者夸大损失程度等事项来骗取保险金的,如情节轻微,尚不构成犯罪的,依照国家有关规定给予行政处罚。构成犯罪的,则要依法追究刑事责任。

业务二 处理保险经纪合同纠纷

业务描述:为业务一中搜集的典型案例寻求合理的解决渠道。

该部分的学习内容包括协商、调解、仲裁、诉讼,具体可参照项目一中的模块二下的业务二。

【拓展阅读】

保险经纪合同纠纷的法律适用

为正确审理保险合同纠纷案件,切实维护当事人的合法权益,根据《中华人民共和国保险法》《中华人民共和国合同法》《中华人民共和国民事诉讼法》等法律规定,结合审判实践,就保险法中关于保险合同一般规定部分有关法律适用问题解释如下:

(一)《民事诉讼法》

第二十六条 因保险合同纠纷提起的诉讼,由被告住所地或者保险标的物所在地人民法院管辖。

(二)《关于适用〈中华人民共和国民事诉讼法〉若干问题的意见》

第二十五条 因保险合同纠纷提起的诉讼,如果保险标的物是运输工具或者运输中的货物,由被告住所地或者运输工具登记注册地、运输目的地、保险事故发生地的人民法院管辖。

(三)《保险法》(略)

(四)《合同法》

第二十三章 居间合同

第四百二十四条 居间合同是居间人向委托人报告订立合同的机会或者提供订立合同的媒介服务,委托人支付报酬的合同。

第四百二十五条 居间人应当就有关订立合同的事项向委托人如实报告。

居间人故意隐瞒与订立合同有关的重要事实或者提供虚假情况,损害委托人利益的,不得要求支付报酬并应当承担损害赔偿责任。

第四百二十六条 居间人促成合同成立的,委托人应当按照约定支付报酬。对居间人的报酬没有约定或者约定不明确,依照本法第六十一条的规定仍不能确定的,根据居间人的劳务合理确定。因居间人提供订立合同的媒介服务而促成合同成立的,由该合同的当事人平均负担居间人的报酬。

居间人促成合同成立的,居间活动的费用,由居间人负担。

第四百二十七条　居间人未促成合同成立的,不得要求支付报酬,但可以要求委托人支付从事居间活动支出的必要费用。

知识要点

1. 保险经纪合同的概念、特征和种类。
2. 保险经纪服务协议签订的基本流程。
3. 再保险经纪服务协议签订的基本流程。
4. 保险经纪合同纠纷的阐释原则。
5. 保险经纪合同纠纷的处理方式。

习题与实训

1. 将全班同学按每6人一组,各小组分为两队(分别代表保险经纪人和保险投保人)协商签订保险经纪合同。

2. 案例分析。

为航天员提供保险经纪服务是一项专业性极强、操作复杂、要求精细的工作,美、俄等航天大国大都采用格式条款,并没有专项保险方案,加之各国对航天员的训练安排和执行飞行任务期间的操作流程各有特点、自成体系,保险方案的设计无处借鉴。

某保险经纪公司为航天员及家属提供全程保险经纪服务。首先详细了解了航天员的工作训练和生活等情况,以及载人飞船的具体操作技术细节。在掌握了各环节的风险点后,设计了长短结合,以长为主,重点突出,阶梯式累计赔偿责任的航天员保险方案。航天员的最高风险点是在飞行的准备阶段和发射回收的瞬间,所以,公司代表委托方和保险公司就发射前倒计时的准备阶段和太空舱返回着陆阶段的保险责任认定作出了明确的界定。这套保险方案不仅考虑到航天员本人,还涉及航天员的家属和子女。

在设计保险方案的过程中,项目小组的专家将航天员的保险过程分为4个阶段:日常生活与训练、航天员执行任务、航天员航天飞行和成功后的奖励性保险安排。经过几易其稿,终于协调各方签订了保险合同,即《航天员及家属人身保险协议书》。

航天员保险是中国保险业的一件大事,是中国保险业逐渐走向成熟的标志,同时也意味着中国的保险经纪人将越来越多地介入高科技保险领域。

试分析此案例。

项目五

保险经纪和再保险经纪业务经营

【职业能力目标】

知识学习目标：熟悉保险经纪和再保险经纪业务的基本内容；了解客户风险分析及保险计划书的订立流程；掌握保险业务拓展中的谈判技巧。

技能训练目标：能够分析客户内在需求，提升开发、拓展客户资源的能力。

【典型工作任务】

本项目工作任务：评估客户风险、设计保险计划书、掌握保险业务开展技巧，形成保险服务意识。

标志性成果：完成与客户的深入交流，了解其潜在需求。

【业务场景】

保险经纪人为客户提供风险管理顾问服务，可在保险经纪公司、客户家中、银行网点等地，主要参与者为保险经纪公司与投保人。

【导入案例】

刘某的儿子高考结束，即将开始大学生活，夫妻俩担心孩子在大学中无法适应独立的生活方式，生怕发生意外，作为工薪阶层的他们无法短时间内拿出大笔应急资金，他们希望通过投保解决这一问题，但面对市面上琳琅满目的险种，不知该如何选择，想寻找相关的风险顾问进行咨询。

模块一 保险经纪业务经营

【任务描述】

本模块工作任务：分析个人、家庭及企业团体的保险需求；掌握保险计划书的设计目的、设计原则、设计步骤、文本内容以及险种组合；在业务开展过程中掌握对客户类型的判断、有效应对客户的拒绝；熟悉保单的签订流程、设立客户档案、掌握客户资源维护方式。

标志性成果：完成目标客户需求分析，开发并引导客户完成保单签订。

【知识准备】

一、保险经纪人

我国《保险法》规定："保险经纪人是基于投保人的利益，为投保人与保险人订立保险合同提供中介服务，并依法收取佣金的单位。"在我国，保险经纪人的形式是保险经纪公司。保险经纪人是站在客户的立场上，为客户提供专业化的风险管理服务，设计投保方案、办理投保手续并具有法人资格的中介机构。简单地说，保险经纪人就是投保人的风险管理顾问。

根据《保险经纪人管理规定（试行）》，经过保险监管部门批准，保险经纪公司可以经营以下业务：

1. 以订立保险合同为目的，为投保人提供防火、防损或风险评估以及风险管理咨询服务。通过保险经纪人提供的以上专门服务，可以使被保险人的防灾工作、风险管理工作做得更好，以较低的费率获得保障利益。

2. 以订立保险合同为目的，为投保人拟订投保方案，办理投保手续。投保方案的选择是一项专业技术性很强的工作，被保险人自己通常不能胜任，保险经纪人就可以以其专业素质，根据保险标的情况和保险公司的承保情况，为投保人拟订最佳投保方案，代为办理投保手续。

3. 在保险标的或被保险人遭遇事故和损失的情况下，为被保险人或受益人代办检验、索赔。

4. 为被保险人或受益人向保险公司索赔。

5. 再保险经纪人凭借其特殊的中介人身份，为原保险公司和再保险公司寻找合适的买（卖）方，安排国内分入、分出业务或者安排国际分入、分出业务。

6. 保险监管机关批准的其他业务。

二、保险经纪业务流程

保险经纪业务流程如图 5-1 所示。

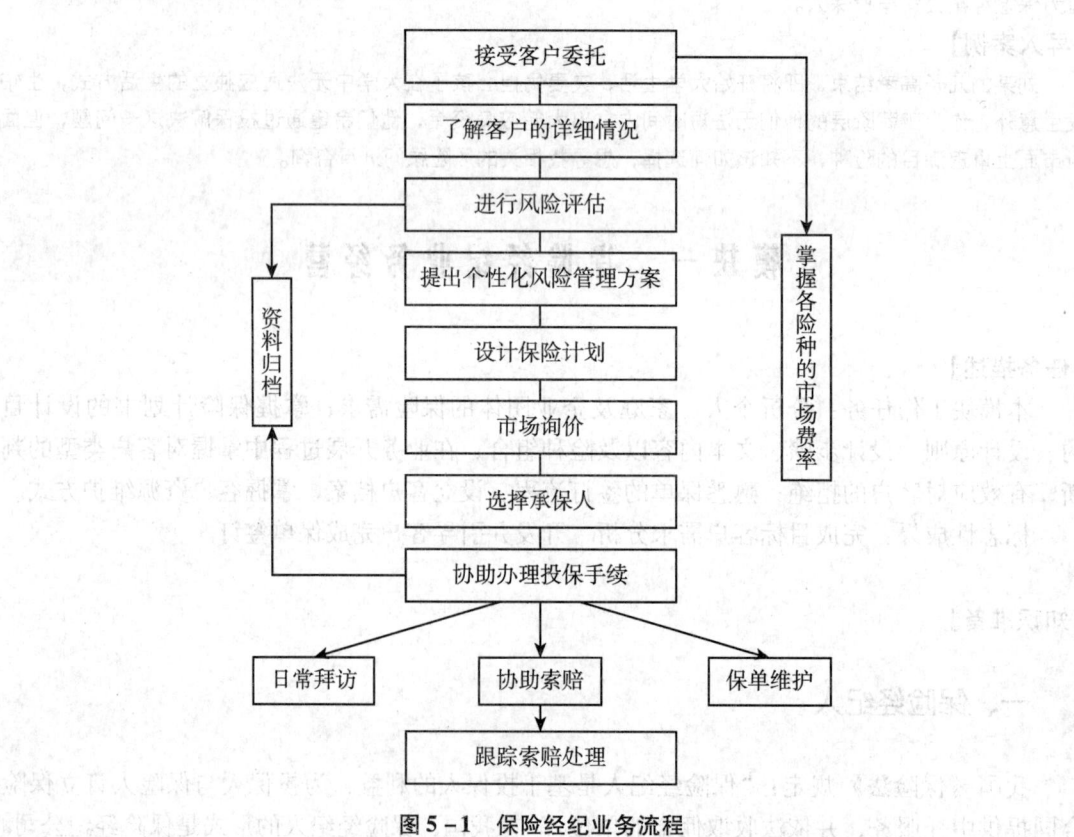

图 5-1 保险经纪业务流程

第一步，接受客户委托。在双方互相了解、友好协商的基础上，确立合作关系，并签署书面授权委托文件。

第二步，进行风险查勘、评估、分析。这包括：收集客户相关资料；收集保险市场资料，如当地主要保险公司的费率水平、承保能力、偿付能力、服务水平等；对客户具体情况进行风险查勘、风险识别、保险险种分析等。

第三步，制定风险管理报告及保险方案。针对客户具体风险状况，以及客户管理层对于风险的具体承受能力的决策、对于风险管理的个性化需求等，经过与客户的交流沟通，向客户提交风险管理报告及初步的"量身定制"的保险方案，包括主要险种、附加险种、特别约定、免赔额等重要信息。

第四步，进行询价或招标。根据客户确定的保险方案制作询价单；在规定的时期内，在保险市场上进行竞争性询价或招标。

第五步，确定保险方案及承保公司。

第六步，完成投保手续。安排保险公司出具保险单，将审核无误的保险单，连同制作的保单摘要、索赔程序、保险期内服务计划送交客户；安排客户按保险单要求支付保险费。

第七步，开展后续保险期内服务。具体包括：负责保险期内客户日常咨询服务；协助客户收集索赔材料，协助办理索赔事宜；定期与客户回顾保险及风险管理计划执行情况，并提出改进意见；定期为客户提供防灾防损服务；为客户建立和积累风险管理数据；保险期末，为客户进行风险评估，为下年度续保提供参考建议并按照客户决策进行续保。

第八步，资料归档。为每一位客户建立详细的客户风险管理及赔偿方案方面的档案资料库，以备客户随时查询。

业务一　评估客户风险

业务描述：对客户进行相关的风险分析。

一、风险分析

保险经纪公司代表直接与客户接触，最方便了解客户的风险情况。要对客户的信息资料进行系统整理，完成对客户风险水平的初步识别和评估判断。

二、解释说明

依据风险分析得出的结论向客户进行风险说明，对保单的具体条款详细解释，直到投保的客户能熟悉保单的具体内容。

在掌握准保户基本资料的基础上，要对准保户的保险需求做出合理评估，便于下一步根据不同客户不同的风险特性和需求偏好，推荐真正能让准保户满意的保险产品。

【拓展阅读】

保险需求

一、个人和家庭保险需求

在寿险方面，个人和家庭的保险保障需求一般包括教育费用需求、生活费用需求、退休养老金需求、避税需求、家庭生活保障需求、医疗费用需求、储蓄保值需求等。在非寿险方面，个人和家庭的保险保障需求主要体现在规避因火灾、爆炸、盗窃、抢劫、管道破裂及水渍、第三者责任等风险可能造成的经济损失（见表5-1）。

表5-1　　　　　　　　　　　　现代家居生活风险分析

风险	风险源
火灾、爆炸	现代家用电器（如热水器、各种烹调或加热容器等）、管道煤气或液化气的广泛使用，各类电线、管道的交错布置。
盗窃、抢劫	高档服装、便携式家用电器的增加，家庭财富（如现金、首饰）的增多。
管道破裂及水渍	家庭供暖及制冷的普及，各种管道的破裂或渗漏。
第三者责任	火灾、爆炸，高空坠物。

二、企业团体的保险需求

在寿险方面，企业团体的保险保障需求主要包括员工退休保障需求、员工和干部福利需求、合理避税需求、弥补社保不足的需求、留住人才的需求、创造财富的需求等。在分析客户保险需求的时候就应该进一步了解企业的组织和经营状况，为客户提供符合实际需求的保险保障。在非寿险方面，企业团体的保险保障需求主要体现在财产及其有关利益在发生保险责任范围内的灾害事故时，获得经济补偿的需求。针对保险标的而言，主要包括企业财产保险需求、运输工具保险需求、货物运输保险需求、工程保险需求、农业保险需求等。

业务二　设计保险计划

业务描述：掌握保险计划书的设计，包括计划书设计目的、原则、步骤以及相关的险种组合。该部分内容可参照项目二中的模块二。这里以人身保险为例说明。

一、险种组合目的

1. 利用不同商品的特点来满足客户的需求。
2. 让客户花最少的钱获得最高、最全面的保障。
3. 增加件数，提高件均保费。
4. 降低推销的难度。

二、险种组合原则

1. 以客户的需求点和购买力来确定组合的方向。如医疗、保障、养老、教育、避税等。

2. 低主险，高附加险，保费低廉。
3. 制造还本效应。如：终身身故保障＝所交保费；年老时现金价值＝所交保费；返还领取；保险金给付；定期存款、定期取息、还本加保障；等等。
4. 收益比原则，即总保障利益/总保额＝收益比。

三、险种组合的出发点

1. 从家庭角度出发。
2. 从主要收入来源出发。
3. 从良质保单角度出发。
4. 从弥补各商品缺陷的角度出发。
5. 从还本的角度出发。

四、险种组合的设计思路

1. 主附险搭配：主险＋附加险——保障全面。
2. 功能搭配：储蓄险＋健康险＋保障险＋投资险＋养老险＋住院＋教育险——保险套餐。

五、险种组合模式（见表5-2）

表5-2　　　　　　　　　　人身保险险种组合概览

主险 ＋ 功能性险种 ＋ 针对性险种 ＋ 附加险种	终身险、定期险、生死合险、年金险
	定期险、教育基金险、医疗险、养老险
	重疾、投资、分红、养老、还本险、保障险
	意外伤害、意外医疗、住院、住院津贴、附加定期

业务三　保险客户沟通

业务描述：通过实际拜访客户，在交流过程中解决询价与谈判中遇到的问题。

一、判断客户类型

在保险营销过程中，应该针对不同的客户，采取不同的方法。

（一）关于直性型的顾客

这一类型的人没有固定的性情，说他性情暴躁，有时候却又像一只绵羊；说他为人温和，有时又暴跳如雷。他们经常是喜怒哀乐，变化无常。面对这类的客户，我们通常采取的办法是：与他正面交谈时，尽量避免让他感情暴躁，绝对不能与他打硬仗。

（二）关于沉着型的顾客

这一类型的人，非常冷静，对于事物不容易产生兴趣，凡事都爱三思而后行。任何一件事，你若不向他好好地解释，使他完全了解，他就绝对不会接受你的建议。面对这类客户，我们通常采取的办法是：这种人看起来很难应付，但只要方法得当，反而会收到意外的效果。推销员只要用"道理"说服了他，生意就自然而然地做成了。

（三）关于犹豫型的顾客

这一类型的人，对于事物总是犹豫不决，缺乏判断事物是非的能力，他害怕"决定"一件事物。这种人，必须有大批"顾问"或"秘书"人才在身边协助他。面对这类的客户，我们通常采取的办法是：推销员最好成为这类顾客的最佳顾问，替他做决定。在不损及他的自尊的前提下，有时候应先斩后奏，造成既定事实。

（四）关于独尊型的顾客

这一类型的人是"普天之下，唯我独尊"。他以为天底下，他的意见是最完善的，他的观点是最正确的。他很顽固，不耐烦听不同的意见，决定事物的时间和方式都让人惊奇。面对这类的客户，我们通常采取的办法是：推销员面对这样的顾客时，往往自己认为对的，他认为不对。假如用正面攻击的方法，硬碰硬，和他对着干，推销员一定会吃败仗。因此，最好尽量采取和他妥协的态度取悦于他，一点一点地使他的主张接近你的想法。这就是所谓的迂回作战或者侧翼进攻的战术。

（五）关于社交型的顾客

这一类型的人很会而且很爱说话，是所谓"长袖善舞"般擅长于社交的人。这种人一见面似乎很容易被说服，但其实不易被说服。面对这类的客户，我们通常采取的办法是：自始至终保持清醒，千万不要被假象所迷惑，否则，往往会导致前功尽弃。事实上，这种人也是很难应付的。

（六）关于排他型的顾客

这一类型的顾客不善于交际，不轻易开口，但对于别人的话却很敏感。别人不当一回事的玩笑，有时会得罪他。他们很少有朋友。面对这类的客户，我们通常采取的办法是：尽量少和他说话，尽量附和他，让他喜欢你。一旦他喜欢上你，就会完全地信任你。

"世事通达皆买卖，人情世故即生意。"作为推销员，不但要知道这句话，而且要牢牢地记住这句话。对推销员来说，如果能坚持顾客第一，事事能够取悦于顾客，使他愉快，那么离成功就不远了。

二、如何应对准客户的拒绝

（一）客户借口拒绝时，怎样应对

你曾遇到过客户直接跟你说不要，而没有其他的话加以润饰吗？你迟早都会遇到的。先思考一下这个问题，以便当你听到时，不会太震惊。

通常你会听到一些柔性的拒绝，像"你的产品非常好，我们需要你的产品（或服务），但我得拒绝"。在这些场合中，学习超级保险营销员所使用的成交法吧，为了增加你的订单，仔细地学习它：

××先生，在这个世界上有很多营销员在营销很多产品，他们都有很好、很具说服力的理由来要你投资在他们的产品和服务上，对吧？

当然，××先生，你可以向任何一位或全部的保险营销员说不，但是，在保险行业，我是一个专业人员，我的经验告诉我一个无法抗拒的事实：没有人可以对我的产品说不。如果一个人对我的产品说不，事实上，他是在对他自己未来的幸福、快乐和财富说不。

××先生，假如今天你有一项产品，客户非常需要它，非常想拥有它，你会不会因为客户一点小小的问题而让他对你说不要呢？所以，我今天肯定不会让你对我说不。

【拓展阅读】

3 分钟坚持术

一、运用"3 分钟坚持术"的原因

当客户拒绝你时不要轻易就表示放弃。你要去寻找客户拒绝你的真正原因，看它是不是真的不可改变。然而大多数情况并非如此。

比如有人告诉你"我工作忙，没时间"，可你走后他依然只是打牌、聊天、看电视。所以面对客户的"拒绝"你最好不要信以为真，只当成是客户给你的一道"智力题"，他是在考验你，仅此而已。

无论客户找什么原因拒绝你，你需要做的只有一件事，那就是请求对方再给你3分钟时间，并且告诉客户："3分钟一到，如果你还不感兴趣，我无话可说，到时一定会走。"

二、"3 分钟坚持术"的运用方法

"3分钟坚持术"的运用要眼、手、口、心一起配合。眼睛要真诚、坚定、渴望地注视对方；手指做出"3"的字样举到客户的眼前；嘴里要坚定、别无选择地说出："3分钟，只要3分钟，3分钟就好！"心里要相信客户一定会被你的真心所打动，一定会给予你3分钟时间。只要你能够将这四者配合默契，再固执的客户也会被你的真诚所打动，给你这3分钟的时间，除非他——还有3分钟就要上飞机了。

如果客户说："我没时间！"

那么保险营销员应该说："我理解。我也老是时间不够用。不过只要3分钟，你就会相信，这是个对你绝对重要的议题……"

如果客户说："我现在没空！"

那么保险营销员就应该说："先生，美国富豪洛克菲勒说过，每个月花一天时间在钱上好好盘算，要比整整30天都工作来得重要！我们只要花25分钟的时间！麻烦你定个日子，选个你方便的时间！我星期一和星期二都会在贵公司附近，所以可以在星期一上午或者星期二下午来拜访你一下！"

如果客户说："我没兴趣。"

那么保险营销员就应该说："是，我完全理解，对一个谈不上兴趣或者手上没有什么资料的事情，你当

然不可能立刻产生兴趣,有疑虑有问题是十分合理自然的,让我为你解说一下吧,星期几合适呢?……"

如果客户说:"我没兴趣参加!"

那么保险营销员就应该说:"我非常理解,先生,要你对不知道有什么好处的东西感兴趣实在是强人所难。正因为如此,我才想向你亲自报告或说明。星期一或者星期二过来看你,行吗?"

如果客户说:"请你把资料寄过来给我怎么样?"

那么保险营销员就应该说:"先生,我们的资料都是精心设计的纲要和草案,必须配合人员的说明,而且要对每一位客户分别按个人情况再作修订,等于是量体裁衣。所以,最好是我星期一或者星期二过来看你。你看上午还是下午比较好?"

如果客户说:"抱歉,我没有钱!"

那么保险营销员就应该说:"先生,我知道只有你才最了解自己的财务状况。不过,现在先好好作个全盘规划,对将来才会最有利!我可以在星期一或者星期二过来拜访吗?"或者是说:"我了解。要什么有什么的人毕竟不多,正因如此,我们现在开始选一种方法,用最少的资金创造最大的利润,这不是对未来的最好保障吗?在这方面,我愿意贡献一己之力,可不可以下星期三,或者周末来拜见你呢?"

如果客户说:"目前我们还无法确定业务发展会如何。"

那么保险营销员就应该说:"先生,我们营销也关心这项业务日后的发展,你先参考一下,看看我们的供货方案优点在哪里,是不是可行。我星期一过来还是星期二比较好?"

如果客户说:"要作决定的话,我得先跟合伙人谈谈!"

那么保险营销员就应该说:"我完全理解,先生,我们什么时候可以跟你的合伙人一起谈?"

如果客户说:"我们会再跟你联络!"

那么保险营销员就应该说:"先生,也许你目前不会有什么太大的意愿,不过,我还是很乐意让你了解,要是能参与这项业务,对你会大有利益!"

如果客户说:"说来说去,还是要营销东西?"

那么保险营销员就应该说:"我当然是很想营销东西给你了,不过要是能带给你让你觉得值得祈望的,才会卖给你。有关这一点,我们要不要一起讨论研究看看?下星期一我来看你?还是你觉得我星期五过来比较好?"

如果客户说:"我要先好好想想。"

那么保险营销员就应该说:"先生,其实相关的重点我们不是已经讨论过了吗?容我直率地问一问:你顾虑的是什么?"

如果客户说:"我再考虑考虑,下星期给你电话!"

那么保险营销员就应该说:"欢迎你来电话,先生,你看这样会不会更简单些?我星期三下午晚一点的时候给你打电话,还是你觉得星期四上午比较好?"

如果客户说:"我要先跟我太太商量一下!"

那么保险营销员就应该说:"好,先生,我理解。可不可以约夫人一起来谈谈?约在这个周末,或者你喜欢的哪一天?"

类似的拒绝自然还有很多,我们肯定无法一一列举出来,但是,处理的方法其实还是一样,就是要把拒绝转化为肯定,让客户拒绝的意愿动摇,保险营销员就乘机跟进,争取让客户接受自己的建议。

(二)客户拒绝后,怎样保持良好的心态

保险营销员每天都走街串巷、口干舌燥地奉献爱心,但常得不到人们的理解,吃"闭门羹"是家常便饭。如果意志不坚强,则可能丧失斗志。所以,保险营销员在出发前一定要调整好自己的心态,练就足够的心理承受能力。内心要时刻提醒自己,"失败是成功之母"。千万不要因为遭到拒绝和冷遇而灰心丧气、情绪低落,甚至放弃。要有一种百折不挠

的精神，及时总结经验教训，再接再厉。营销事业要靠耐力，持之以恒才有前途。

营销代表训练之父耶鲁马·雷达曼说："营销是从被拒绝开始的！"世界首席营销代表齐藤竹之助也说："营销实际上就是初次遭到客户拒绝后的忍耐与坚持"。在营销中，要让自己习惯于在拒绝中找到快乐，习惯于去欣赏拒绝。心里鼓励自己说："被拒绝的次数越多，越意味着将有更大的成功在等着我。"在拒绝面前，我们要有从容不迫的气度和经验，不再因遭到拒绝而灰心丧气停止营销。因为，我们坚信成功就隐藏在拒绝的背后！

1. 正视失败与拒绝。你见过没有被拒绝过的营销员吗？拒绝是营销员最忠实的朋友。如何使自己不像其他人那样因为遭到拒绝而改变目标，这取决于你对拒绝的态度。同遭到拒绝和失败产生的不良情绪作斗争的最佳武器是什么呢？狂热！

如果你选择了营销行业，你就避免不了经常遭到失败和拒绝，如果你对你的工作没有一点狂热的激情，苦苦熬到发薪的那天你会得到令人失望的结果。你的收入是由你提供给客户的服务数量来决定的。较少的服务＝较少的收入，更多的服务＝更多的收入。

如果你对待你所从事的事业没有投入狂热的热情，你就不可能在营销中获得非常大的成功。事实证明，如果每一次你涉及营销都缺乏热情，你最好还是省省心收起你的前景规划，打算你的另一条路吧！你的客户已经不想再被你打扰了。

营销其实是一种创意式的苦力活，你甚至不能有丝毫的停顿，你不仅需要马不停蹄地面对许许多多的客户，而且必须要有充分的准备面对一次次的拒绝，所以，如果你在内心无法迸发出狂热的热情，你将无法在客户面前表现你的自信。

2. 不要把失败当作失败。就算是高手，同样会经历失败。一个保险营销的新手，在一天中要经历多少次的失败呢？

不要把失败当作失败，只是当作一种学习的经历。当你向一个毫无兴趣的团体展示你的产品时，当你被一个可能成为客户的人拒绝时，或当你认为能够售出产品而未成交时，你可能会产生下面的一种反应：你感到生气及无奈；你对失败的原因进行认真的调查。

看看爱迪生发明白炽灯时克服的巨大障碍。他总共失败了上千次才获得成功。只是因为爱迪生的坚持不懈，今天我们才拥有了白炽灯——改变我们生活质量的一项发明。

设想一下，你为了得到渴望的东西能够接受大量的，如超千次的"不"字仍然坚持下去吗？何等坚韧啊！白炽灯故事的无价之处就在于爱迪生回答了在经历失败后的感受："我没有失败千次，我只是知道了有千种达不到目的的方法。"

看到了吗？这就是对待事物的根本态度。

不要把失败当作失败，只是作为反面的信息回馈，以使你调整方向。这样看待拒绝多么令人愉快！因为反面的信息回馈的真正意义就是：信息反馈使你能够再次走上工作日程。如果一个客户从不给你任何的回复，但又安于你为他提供的一切服务，始终不作出是否购买的决定时，你就会无所适从，而又不甘心结束与那样一类客户的关系。

如果你遭到拒绝，不仅达不到你的目标，而且周围的人将会不时地受到你的愤怒情绪的影响。这就是为什么一些营销员失去了在同事的信任和支持，以及为什么一些人不再在办公室出现，只是终日躺在家中为自己伤感。

不要把失败当作失败，只是把它作为发展自己幽默感的机会。你还记得第一次与一位客户不愉快的会面经历吗？当时，你恨不能爬进一个洞里再也不出来。但是，你想想自己在以后的两个星期都做了些什么？可以肯定的是，经过一段时间的"伤口"愈合，你把这个故事添油加醋地告诉你的同事，引得众人哄堂大笑。

你学会的是过后的大笑。笑是一种有力的工具，可以治愈受伤的感情和被挫伤的骄傲。事实上，当你将你的幽默故事与其他营销员分享时，你同样知道了发生在他们身上的类似的经历。

不要把失败当作失败，只是把它作为实践营销手段和完善表现过程的机会。当你在实际中实施着你的营销技巧，而客户始终没有购买产品的意向，这时会怎么样？他们给了你什么？是的，他们给了你完善营销技巧的机会。

3. 乐观地对抗失败。有一个笑话，说一个吝啬鬼在街上买馒头吃，吃到第七个的时候他感觉到饱了，于是他感慨地说："早知道这个馒头能吃饱，前面的就不用买了。"

其实做营销也是这样，最后成交的总是你接触客户的1/10甚至1%，你能说前面99个都是浪费时间吗？

假设你的一笔营销收入是100元。

你知道你的平均营销率是10%，即每10次接触有一次成交。

10笔交易＝1次营销。

换句话说，就是10个人中有9个是不买的。如果一个人说买，则你因为那个客户的购买而得到了100元，那么对其他9个拒绝你的客户他们又值多少钱？是的，每人10元。在经历了9次拒绝之后你迈向了100元。

现在，你还担心客户的拒绝吗？要知道每个拒绝你的客户都向你交10元钱，你是不是很高兴？想想他们每个人都在给你10元钱的感觉，而且他们还有可能给你100元——如果你还能在他的拒绝之后继续努力，让他能够接受你的订单。坚持你的决定，他会接受你的。

4. 从失败中重拾成功。营销人员即使在费尽唇舌之余，仍无法促成保单，也应该以坦荡的胸襟来接受失败的考验。然而，多数的营销人员一开始就犯了一个毛病——害怕失败，以致他们不能从失败的案例里探求成功之道。仔细想想，你是否在促成一件保单后，留意到自己神采奕奕、精神百倍，随后招揽其他保险时，也格外顺心？相反地，你是不是在碰到招揽不顺利时，觉得每件事怎么做也不对劲、与准客户见面也显得格外无精打采？此时，你可要小心，失败的后遗症正慢慢在你心里滋长。或许营销人员不免感到疑惑："如果我不断灌输自己一些成功的观念，避免去想一些因失败所可能要面对的后果，是否有助于矫正害怕失败的心理？"错矣！因为如果只是一厢情愿地想着顺利成功毫无挫折，挫折往往接踵而至，准客户拒绝投保的情形也就更为常见。

所以，给自己足够的空间去忍受失败是非常重要的。现在，你不妨坐下来从自己的目标设定中，假想一下当自己面对失败时该有怎么样的计划：

(1) 充分表达你对保险的了解。营销人员在首次与准客户接触时，不要过于斩钉截铁地认定他就是你未来的保户，而是彼此要建立一份良好的关系，充分表达你对保险的看法与了解，并且确认你的一席话能引起准客户的好奇或有认同的反应。

(2) 拟订下次面谈时间。如果第一次与准客户面谈后无法促成保件，营销人员千万别失望，因为能第一次就顺利促成保单的营销人员，实在是少之又少，故尽快安排第二次面谈日期，才是明智之举。

(3) 准备更多、更充足的资讯。当你顺利与准客户订下第二次面谈日期时，切记要将准客户在第一次面谈时曾提及的疑问，想办法找到更多、更充足的资讯给予解答，而且这些资讯最好能保存起来，作为以后必要时参考之用。

（4）取得推荐信函。有时候营销人员会发现许多对保险观念肯定、认同的准客户，但当获知他们已购买其他保险时，只好打消向这些准客户招揽的念头。其实，这种类型的准客户不见得不会想再购买另一份不同险种的保险，何况你还可以请他们帮你推荐需要买保险的朋友。

（5）做个朋友又何妨。倘若上述方法你都用了，还是无法让准客户有所行动，那么，不妨就把这个过程当作是在交一个朋友吧！况且多个朋友也不错啊！

每位准客户都有其特色，营销人员应把他们视为一独立的个体，以不同的营销方式与技巧来营销保险，而即使在费尽唇舌之余仍无法促成保件，也应该以坦荡的胸襟来接受失败的考验，让自己从失败中寻求成功的乐趣。

（6）坚信拒绝是接纳的开始。保险营销员营销，大多数时间是遇到客户的拒绝，这其中，有的客户确实不需要。然而，需要的客户也会因为多种因素拒绝你的营销。国外营销业有一个统计资料，在营销中，平均每访问6个客户，才能有1个客户购买。在目前的中国市场，成功率比这低得多，如果能达到6∶1的成功率，市场就火爆得不得了了。

保险营销员应该记住，客户的拒绝是一种常规的态度，我们不能因为遇到100个客户拒绝而灰心，拒绝是接纳的开始。一个客户，可以从冷冰冰的拒绝开始认识你，时间长了之后，就可能成为朋友，所以，没有必要一开始就试图在短时间内说服客户，先要承认对方的拒绝，这时候你应该想到：客户接纳我的时机还没有到，我现在最主要的是接受他的拒绝。现在，我已经把信息传递给了他，以后可以寻找恰当的时机和方式，让客户接纳我，从我的手中购买产品。因此，拒绝是对保险营销员的考验，不停地拒绝与不停地访问，简单的事情必须重复做。

保险营销员必须具备一种顽强的敬业精神，百折不挠，要认定拒绝是不可避免的，不能遇到拒绝，就灰心丧气，一蹶不振。要从失败中站立起来，一帆风顺的事在营销行业中是微乎其微的。你要记住：保险营销员永远是一位孤独的战士，在不断地被人推出门后，还能再次举起手来敲门，也许，机会就在那最后的一敲。

拒绝是常事，但是，并非不可以从拒绝中学到东西。例如，我们在遭到拒绝时，不妨作出提问，并且从拒绝的理由中去判断对方为何拒绝。据日本营销公司调查，客户在拒绝营销时，70%的客户都没有什么正当的理由。而且，2/3的人在说谎。

正确判断拒绝理由，有助于你的成功。只要在这些理由中发现一线希望，也要锲而不舍。在拒绝中，不断给自己打气，并且不影响你去下一家客户的拜访。有一位几十年来成绩一直非常优秀的保险营销员说："我每天都给自己计划访问多少客户，随身带着一个本子，把访问过的企业记录下来，把他们拒绝的理由也记录下来，以供回家进行分析。"访问客户的数目是一个硬指标，每天都必须完成自己的计划，绝不能偷懒，或者想：算了，再访问下去也不会有希望。这就是大错特错，也许希望就在下一家。

有些客户，访问的次数多了，彼此都熟悉了，还可能交上朋友。如果你访问十次，而该客户一次也没有接纳你，并且用各种各样的谎言拒绝你，客户会本能地在心里生出一点愧意，或者被你的行为所感动，甚至心里会巴不得有一笔生意要给你做，否则，会辜负了你的一片苦心。在营销工作中，人情是一大成功因素，有时候你每访问一个客户，就相当于一次感情投资，当客户想起要还这笔人情账时，你的幸运就来了。

要记住，在营销活动中，你的敌人不是客户，而是你自己，要不断地战胜自我，对自己说：不！我不能后退，我必须往前走，我的成功就在下一次。商场如战场，你完全可以把自己想象成一位坚韧不拔的勇士，一次次地闯关，都存在胜利的可能。

没有失败，何来成功？没有拒绝，谈何营销？

业务四　保险投保与服务

业务描述：促使准保户签订保险合同，并在合同签订后为客户提供售后服务。

一、保险投保

保险投保也就是保险促成。促成是指保险推销员在推销过程的最后阶段，为了促使准保户下定决心购买保险产品，而采取的一切有利于保险合同签订的方式方法。从广义上来说，它包括了为准保户决定购买所作的产品说明、各种方式的启发引导，以及排除外在因素的不利影响等。

（一）促成的原则

任何事情都是按一定的形式或者规律发展的，推销工作也不例外，促成的原则即是对整个促成工作的一个综合概括，换句话说，促成工作必定是在一定原则下进行的，这是取得良好的促成效果的前提，凌乱而毫无章法的促成是不能取得成效的，甚至可能危及整个促成工作的进行。我们所说促成的原则主要包括以下几个方面：

1. 不断加强准保户对自己和未来的信心，使他感到自己的未来需要有保险来保障，自己也有能力购买保险。
2. 把自豪感引入保险购买计划中，使准保户感到他的购买行为必将受到大众的赞赏。
3. 巧妙引导，务必使准保户感觉到完全是自己在做出决定。
4. 适时的激励。激励永远贯穿于整个保险推销过程中，你首先以激励引起准保户的共鸣，从而接受你的投保建议。到最后阶段，他的购买欲已被鼓起，更要激励使之采取最后的签字行动。
5. 绝不强行推销。
6. 强调保障利益。向准保户说明，他现在所交的保费，是为了他将来的利益。
7. 用激动人心的故事增强准保户的购买决心。
8. 排除各种干扰，专心于最后促成，不聒噪不休，不多话饶舌。
9. 不轻易许诺。
10. 绝不可表现贪婪或急躁的神情。
11. 签约完成后，切忌喜形于色，要控制好你的表情，直至离开准保户。

实际上，这11点是侧重准保户一方所作的表述，也就是说，促成的整个工作实际上就是围绕准保户的心理所作的一场"降服"式的委婉的"说服"技巧。准保户永远是促成工作的中心，也是推销员工作的中心。理解促成的原则要建立在这样的观点上。

（二）促成的要领

促成的要领最主要的方面有以下几点：

1. 树立经营保险的正派形象。树立正派的经营形象，其目的在于取得准保户的信赖，可以说促成阶段的关键在于赢得准保户信赖，当准保户决定是否购买商品时，影响他们决定的主要因素在于推销员给他们的感觉，通常准保户对于保险推销员的信任远胜于商品本身，当你的准保户在你身上看到自信、成功、诚恳的态度时，你的专业才得以发挥，你的建议准保户才能接受，你才有机会销售成功。所以，从与准保户第一次见面留下好印象开始，到平时的守时、得体的仪表、适当的身体语言、信守承诺，都是您赢得准保户信赖不可忽视的细节。

2. 完善的推销计划。推销工作，特别是保险推销，其本身是一个非常烦琐的过程，而这烦琐的过程中的每一步又都是非常重要的，因此，事前的计划就显得非常重要。

周密的计划能够使促成过程的主动权掌握在你的手里，从而令促成工作按照你的预定步骤进行，一步一步地朝签约的方向发展。计划不完善，常会十分紧张，在促成时难以开口，害怕提出签约要求，表现出来忸怩作态、不知所措。这样的促成是注定要失败的。因此，完善的计划是促成成功不可或缺的基础条件。

3. 消除准保户的疑虑与削弱准保户的不安。通常，我们在购买某种商品时都有过这样的体验：犹豫不决，难以做出决定。保险推销中情形也一样，准保户决定购买前，心中常有似是而非的疑虑，也有害怕下决心的恐惧，对此你应理解，并以诚意来消除准保户"现在买会不会太早""向你买是不是最好"的疑虑。

推销员推销保险产品成败的关键在于消除准保户的疑虑和不安，试想，如果你能够让准保户认识到"现在是最好的购买时机""向我买是最好的"，结果当然是很快地与你签约了。

4. 准确把握促成的时机。相信每一个保险推销员都十分在意自己的业绩，即签单的多与少。多就需要速度，因此，有的推销员常常有一种急迫的完成交易的心理，这并没有错。然而，这中间有个过程，经常有一些心急的推销员在促成时总是想尽办法让准保户采取购买行动。殊不知在不恰当的时候激励，往往会让准保户觉得有压迫感而心生抗拒。记住，快速促成是要有技巧的，必须准确把握促成时机，适时促成才会有效。

另外，保险推销员若要在促成阶段取得好的效果，除了上述四点，还应该把握以下几个方面的技巧：一是鼓励别人提否定意见，有效地处理之。二是提出一些有关成交的问题之后，要学会耐心地等待潜在保户给你答复。三是用提其他问题的方式，答复对方所提的某些问题。四是促成对方马上做出决定。五是让对方知道为什么必须马上采取行动。六是如果不能马上促成交易，要积极准备下一步。要向对方表示愿意继续用电话联系并留下一些（不必太多）对促成交易有作用的信息。重申你所提供的好处的要点，并且注意给对方足够的时间，使其对问题要点进行重新考虑。七是要让潜在保户了解付款方式，并提示经济方面的可能性。如把总额的大数字分解成分期的小数字。八是使用适合你自己的方式、方法，促成交易也要有创造性。

二、保险服务

保单销售之后,并不意味着销售工作的结束,而是进入销售循环的另一个阶段——售后服务。在这个阶段,业务员必须为客户处理一系列保全方面的问题,也是与客户保持长远关系的开始。

(一) 保险服务的总体原则

1. 了解保户的需求。要做好售后服务,必须了解客户对公司、对业务员的需求,只有满足这些基本要求,客户才能对公司、对业务员保持信赖。客户常常有如下这些期望:

(1) 客户在购买任何一件产品时,都希望了解该产品各方面的信息。购买保险也一样,特别是寿险,因为寿险产品是一个长期性的合同,客户更加希望对该产品有全方位的了解。同时,由于寿险产品涉及较多的专业知识,客户更需要有专业的业务员对产品进行细致的介绍。

(2) 客户在购买保险后,首先,希望能够随时随地联络到业务员。如果客户有事需要业务员协助,联络不上业务员或者不是与之签单的业务员,客户就会有不安和不满的感觉。其次,客户希望为他办理各项事务的业务员有较高的效率和热情,并经常给他提供相关资讯,以便他了解保险的动向。

(3) 希望得到业务员的主动关注。客户来自各行各业,在买了保险后,都希望业务员对自己购买的保险给予一定程度的重视。希望在缴费、红利通知等时候有业务员主动来给予关注,及时帮助办理相关事项。同时,客户还希望业务员能一如既往地关心自己和家人的情况,在适当的时候提醒加保等问题。

(4) 希望得到附加服务。客户希望通过购买保险获得另外一些附加服务,如公司组织的旅游、一些商店的折扣等。同时也希望通过业务员的客户群获得更多的交往机会和生意伙伴。

2. 公平服务和弹性服务的原则。保险公司的售后服务还应考虑到"公平"和"弹性"。"公平"指的是一视同仁式的服务。例如,定期刊物、新产品资讯、收费通知、礼品与贺卡等服务,应让所有的保户都可以享受到。公平的售后服务不会让保户觉得保险公司或业务员有所歧视或采取差别待遇。"弹性"的售后服务,指的则是保险公司应依据保户的不同需求而适当地调整服务内容。例如,有些保户认为业务员定期拜访可以联络彼此的感情,但是也有保户认为这种频繁的拜访是一种干扰。因此,保险公司及业务员的"保户联系政策"就应随保户的需求而采取弹性措施。

保户购买保单的根本目的不是希望能领回满期金,而是希望一旦发生意外之后能够获得合理的经济补偿。因此保户对理赔这一售后服务的期望值很高,所以保险公司更应站在保户的立场上认真地处理理赔。

保险公司的广告与业务员的销售过程,都应尽量避免无谓地提高保户的期望。如此,再配合制度化的理赔过程与人性化的服务态度,才能减少理赔纠纷并提高保户的满意度。

对大多数保户而言,除了理赔服务之外的其他售后服务当然也不容忽视。保险公司及业务员应先了解保户对这些售后服务的需求,然后再提供公平及弹性化的售后服务,这样才能创造满意的保户。满意的保户不但是保险公司及业务员销售相关保险产品的主要对象,而且也是保险公司的"活广告"与最有说服力的"推销员"。

在这样的售后服务体制下,保险公司不但可以增加保户的续保率,树立保险公司与业务员在一般消费者心目中的形象,而且也可以增加保险公司的保费收入,达到保险公司与保户都满意的双赢境界。

3. 及时把握最佳时机的原则。

(1) 及时送保单。当保险公司签发保单之后,应当及时准确地将保单递送到保户手中。递送保单时要注意以下几点:一是要仔细核对保单上的每一个细节,确保准确无误,尤其要特别注意那些保费、保额的数字;二是再次主动约见保户,郑重其事地作全面的讲解,并且充分肯定他的正确选择;三是诚恳地要求保户介绍一些新朋友,让他给你提供一些新的准保户;四是要及时对保户做出服务承诺。

(2) 在保户值得纪念的日子服务。如保户生日、结婚纪念日、年节等固定的日子。这时保户比较高兴,而人在高兴的时候,会更关注自身价值的体现,所以,可以让保户考虑增添一份保单或者让保户考虑给家中其他成员买保险。

(3) 不确定时间的服务。如公司经营的动态、保险信息的提供、不定期地到府上拜访或电话问候等。国家出台一些相关政策时,也可视为售后服务的契机。如公费医疗制度的改革,新闻媒体对养老保险的宣传等,都是业务员上门与保户聊天的话题。通过这些问题的探讨、预测,帮助保户发掘新的保险需求。

除了上述的服务项目之外,应当注意积累各种材料和资讯,如保健知识、医学常识、理财之道、新险种计划、各种剪报、公司刊物等,及时寄发给保户,不断培植他们的保险观念,逐步将他们训练成有效的影响力中心,为今后的发展做好铺垫。

(4) 在保户发生保险事故时及时出现。当保户发生保险事故时,要及时提供服务。一旦保户发生保险事故,你应当立即参与通知保险公司、索赔与办理等环节,帮助保户办妥必需的手续。这是提供优质服务的最佳良机。

保户提出的其他服务要求,如变更受益人、变更地址、更改保额、改换险种等,虽然是小事一桩,也应及时提供良好的服务。

(二) 递送保单

保单签发后,业务员必须核对保单资料无误,然后亲自递送保单,向保户解释保单条款的重点,使保户更了解寿险的功用,营销员也可乘机请保户介绍其亲友购买寿险。在取得一些初步资料后,如新婚、添丁等,向保户询问与这些人接触的合适时间,也可请保户为你在名片上写上推荐语句,这将大大有助于你成功约会接洽及销售。

1. 递送保单的重要性。
(1) 制造更多的生意。
(2) 建立个人专业信誉。
(3) 可要求推介客户。
(4) 提高续保率。

2. 业务员在递送保单前的准备。
(1) 检查保单,以免有误。

(2) 确保保单资料已记录在你的客户资料系统内。
(3) 准备保单及保单封套。
(4) 预约客户递送保单的时间。
(5) 清楚了解保单条文。
(6) 填写《递送保单备忘录》。
(7) 出发前将所有资料作最后检查。

【拓展阅读】

递送保单的程序及相关话术

一、恭喜客户

"王先生，多谢您对我公司及我的信任，因为您已成为我公司的客户了，恭喜您！您为您的家人准备了一份重要保障。"

二、重申客户已同意的寿险需求

"王先生，你希望有一个长期计划可以保障您同您的家人，特别是您的小孩在成长期间有一个足够的保障。当然如果当您遇到一些重大疾病时，您都希望有一笔钱作为应急之用。这几点，都是我们之前一直讨论的。"

表5-3　　　　　　　　　　　　递送保单备忘录

客户姓名		保单号码	
1. 核对以下资料是否正确无误			
□投保人姓名	□缴费方式	□身份证号码	
□年龄	□签名	□性别	
□联系方式	□缴费期限	□出生日期	
□被保险人姓名	□受益人姓名	□特别约定	
□通信地址	□职业	□健康状况	
□保额	□保费	□宣传资料	
□其他			
2. 需要备齐下列工具			
□名片	□投保单	□保单封套	
□签字笔	□纸		
□计算器	□服务承诺		
3. 已将客户资料贮存于			
□电脑	□自己的资料库		
4. 填表日期　　年　月　日			
备注			

三、重点式介绍保单内容

保单内容包括保单号、保单日期、投保年龄、性别、受益人、基本保额、保费、缴费年期等。

四、解释保单条款

保单条款包括基本定义、宽限期、冷静期、缴费方式、免供款情况、减额交清、保险期间、保险责任、责任免除、保险金申请、借款等。

五、确认客户对保单的了解程度

"王先生，这张保单解释完了，不知道我解释得清不清楚？"

六、让客户对寿险顾问作出评估

"王先生，为了提升我们保险公司的服务素质，想请您就我所提供的服务提出意见。"

七、征求介绍客户

"王先生，您知道我们销售行业是需要不停地接触新的朋友，不知道王先生有没有朋友想了解一下保险呢？方便的话，介绍给我认识，我可以为他们提供相应的服务。"

八、解释客户引荐程序（当客户对第七步骤提出异议时）

"我有很多客户给我推荐准客户的时候都有所顾虑，不如我现在解释一下我的客户引荐程序，您了解多一些了，再决定是否介绍您的朋友给我认识。首先，在整个销售过程中，我会以专业的精神为我的客户提供服务，同样，我会先联络您的朋友，征求他的同意后再同他约见；其次，我保证不会透露您的资料，您朋友的资料我也会绝对保密；最后，无论成交与否，我都会与您联系，让您知道事情的进展。"

（三）定期联络

营销员可依据客户的保费到期日、生日或其他喜庆节日定期拜访或联络客户，借此了解他们的近况及转变，寻找新单或新客源，并借这种机会加深保户对寿险的认识和了解。通过以下这些方法都可以随时和客户保持联络。

1. 生日、结婚纪念日等有意义、有纪念性的日子里，一个暖人的电话、一张别致的卡片、一份意外的礼物都可以表达你的心声。

2. 一年将至，送客户一本年度记事本或工作日记。若制作得更精细、更用心些，可为客户烫上名字或简短的祝福，以示珍贵。

3. 年节问候，每年端午节、中秋节、圣诞节、新年等，定期给客户打电话、寄卡片，让客户感到业务员的用心。

4. 定期给客户邮寄一些相关资讯，如理财观念、医学常识、保险刊物等，把上面的一些内容整理后发给客户或传真给客户。必要时可自己出本小册子，如生活常识等。

5. 岁末年初可购买或制作新年台历，上面带有保险小百科、风险故事等，如果客户较多可自己定做，也可在外面购买。台历可以使客户每天都感受到业务员的存在。

6. 电子贺卡，如果上网的话，可以利用网络为客户发信或电子贺卡，既省钱又比较时尚。

7. 收集剪报，利用周围的报纸杂志，根据客户的兴趣、爱好、工作分类，专门收集他们工作或生活中可用的信息，整理成集送给客户，这可以说是不花钱为客户服务，客户还特别感动。

8. 开展活动，建立客户读书会、钓鱼会、品尝会等小的社团，让客户之间互相交流，扩大自己及客户的生活圈。

9. 形象小册子，可以找一家较好的印刷厂，将自己的业务及所能提供服务的方方面面印刷成一本精美的小册子。小册子主要内容要明确地强调可以为每一位客户提供一流的服务。这种小册子有提升客户对业务人员信任度的功能。

10. 保全工作客户签单后，要经常性地关心客户，协助客户办理各项保全事务，如变更地址、变换银行账号以及理赔等。

（四）设立客户档案

根据美国寿险行销与研究协会的统计，80%以上的客户都来自旧客户的介绍。很多成功的业务员对服务工作的重视度更甚于新业务的开拓，而他们的业绩却一直呈上升趋势。这是因为服务工作落实，客户的满意度就会越高，他们给业务员介绍新客户的概率也就越大。随着从事寿险工作的时间增加，客户的数量也越来越多。要让众多的客户都能享受到良好的售后服务，就必须进行客户管理，设立客户档案（见表5-4），有步骤、有计划地进行服务。

表5-4　　　　　　　　客户档案内容示范

基本情况	投保人姓名	性别	出生日期	身份证号码：
	被保人姓名	性别	出生日期	身份证号码：
联系方式	办公电话	手机号码		家庭地址
				办公地址
主险		附险		保单号码：
受益人	1. 2. 3.	婚姻状况		配偶情况： 子女情况：
投保金额		交费方式		银行及账号： 交费时间：
兴趣		性格		饮食情况：

【拓展阅读】

如何正确处理客户抱怨

在销售的过程中，业务员会遇到客户的异议；在售后服务中，业务员也会遇到客户的抱怨。客户有怨言是正常的，业务员如果对客户的抱怨处理不当，就会对相互之间的关系形成较大的影响。不管由什么原因引起的客户抱怨，业务员都应该认真对待，同时运用恰当的方法进行处理。

1. 让客户发泄。当客户心烦意乱时，他们想做两件事：第一，想表达他们的感情；第二，想使他们的问题得到解决。一些业务员把客户发泄看作是浪费时间，因为他们急于解决问题。然而，不了解客户的感觉就试图解决问题是难以奏效的。只有在客户发泄完以后，他们才会听你要说的话。当带着有问题的客户在发泄时，没有什么比告诉客户让他们平静下来更容易激怒客户的了。如果业务员试图阻止客户表达他们的感情，反而会使他们更加不满。虽然你不想在客户发泄的时候打断他们，但是，要让客户知道你正在听他们说。当他们发泄时，你应该做到以下四点：(1) 不断地点头。(2) 不时地说"啊""哦"。(3) 保持眼神接触。(4) 适当地提一些问题，以便把事情弄清楚。

2. 表达同理心。不管客户的抱怨有没有道理，业务员都要告诉客户，对他们的感受表示理解。同时表示同理心认同他们。在表达同理心时，说话的语气对表达情感大有帮助。虽然你所说的都是正确、合适的话，但用冰冷的语气来表达，那么客户会觉得你不真诚。用真诚、热情的语气来表达，你会收到很好的效果。你可以用以下这些语句来回应客户：

"我能明白你为什么觉得那样。"

"我明白你的意思。"

"那一定非常难过。"

为了对客户的意见表示尊重，业务员尽量把客户的意见记录下来，并在客户发泄完以后和他们确认有无遗漏。

客户服务中的不正确用语如："我不知道""不行""那不是我的工作""那个部门很差劲""那不是我的错""这事你应该找××部门去说""我忙着呢""再给我电话"。

相应地，客户服务中的正确用语应该是："我想想看""我能做到的是……""这件事该由……来帮助您""我理解您的苦衷""让我看看这事该怎么解决""我会帮您联络××部门""请稍等一下""我再给您电话"。

3. 主动解决问题。业务员是公司的形象代表，当客户有抱怨时，不要推卸责任，应该向客户承诺你会全力以赴地去帮助他解决问题。在确信了解了客户的问题后，业务员要与客户一起拿出一个双方均可接受的解决问题的方案。如果业务员不知道怎样能让他满意，就要问他。如果业务员需要暂时离开客户，以便做一些解决问题的幕后工作，在这种情况下，要切实让客户知道等候的原因及时间。最后，就如何解决问题取得一致意见时，务必向客户解释你为他解决问题准备采取的步骤。

4. 事后跟踪。客户的问题得到解决后，业务员要通过电话、电子邮件或信函等方式核实客户的情况，如果发现客户还有不满意的情况，要继续寻找一个更可行的解决方案。

5. 补救性工作。客户的问题虽然解决了，但是在这个过程中给客户带来了不愉快的经历和麻烦。所以，为了让客户的不满意彻底消除，业务员在必要的时候还需要做一些补偿性工作。以下这些方法都可以达到补救的目的：

（1）通过专门的卡片等向客户道歉，同时送客户一束鲜花使客户感觉愉快。

（2）送一张票让他参加公司的活动。

（3）送一些公司的赠品。

（4）送一封有上司签名的道歉信。

模块二　再保险经纪业务经营

【任务描述】

本模块工作任务：掌握再保险经纪业务的分出业务和分入业务，了解业务部门的人员构成，熟练掌握业务的具体运作流程。

标志性成果：掌握再保险经纪业务经营的相关知识。

【知识准备】

一、再保险经纪人

再保险经纪人是促成再保险分出公司与接受公司建立再保险关系的中介人，他们熟悉保险市场情况，具备丰富的专业知识和实务经验，能够为再保险双方安排最佳的再保险计划；

同时，他们也提供包括代收保费、代付赔款和互惠交换业务等在内的服务，再保险经纪人把分出公司视为自己的客户，在为分出公司争取较优惠条件的前提下选择接受公司并收取由后者支付的佣金。再保险经纪人的发展已有 100 多年的历史，目前全球比较发达的保险和再保险市场估计有一半以上的再保险和超过 90% 的超额再保险业务是通过他们安排的，然而，我国的再保险市场只有很少部分是由保险经纪公司来承担的（到目前为止，还没有专门的再保险经纪公司），并且其所占的份额在经纪公司全部业务中也是少得可怜。虽然表面上看是分出人支付一定的手续费雇佣再保险经纪人为其服务，实则是分出人因种种原因需要再保险经纪人的介入。简单地说，因再保险是一种没有国界的保险，再保险人与分出公司之间的空间距离较大，相互沟通不便，在再保险业务活动和索赔过程中，如果处处要求再保险人亲力亲为，成本较高，所以由再保险经纪人来承担此项业务，既简便可行又经济合算，这是国际保险市场所公认的。

二、再保险经纪人的作用

大型的经纪人公司具备各类保险专业人才，经验丰富，见多识广，对业务了解程度常常超过核保员，这也是再保险经纪人能为核保员所信服的地方。一般而言，再保险经纪人的作用主要包括：

（一）为保险公司或再保险公司设计再保险方案有利于再保险安排

再保险经纪人对再保险市场了解，与某些再保险公司关系融洽，深受再保险核保员的信赖，再保险由这些经纪人来安排，往往会取得事半功倍的效果。保险公司的再保险从业人员由于接触面不及再保险经纪人广泛，某些业务透过经纪人安排，十分迅速，既省时又省事，有利于保险风险再次分保目的的达成。再保险经纪人的任务之一是如何有效地完成再保险的安排。为保险公司设计再保险方案是再保安排的开始，经纪人经验丰富，对再保险市场有深入的了解，何种再保险方案适合保险公司并且能被再保险市场接受是经纪人功能的最佳表现。伦敦再保经纪人在这方面表现突出，除了经验丰富之外，能得到劳合社及伦敦承保人协会（ILU）市场的支持也是关键因素。某些业务的洽谈其承保条件均取决于再保险市场的支持与否，经纪人根据再保险市场可接受的条件作出计划书送交分出公司。分出公司再根据计划书与客户交易。如若不然，计划书作出之后，客户已接受，但无再保险支持，原保险势必承担过量的风险，增加无谓的困扰。因此分出公司应与经纪人密切配合就再保险市场能接受的条件开出承诺，这样业务拓展顺利，再保险也能正常运行。

（二）对各种类型的再保险市场举办讲座并提供培训机会

再保险经纪人对保险知识的了解往往甚过核保员，尤以伦敦再保险市场经纪人最为典范，其工作不仅是拓展业务，对知识的掌握和经验的累积可与资深的核保员相比。又由于再保险经纪人常常赴各地市场洽谈业务，因此常在当地举办讲座，以介绍新的保险知识、新的保险观念。例如，20 世纪 70 年代初伦敦再保险市场经纪人大力推展超额损失再保险时，就有许多经纪人赴世界各地主要再保险市场举办讲座，进行推广。再保险经纪人公司担任中介公司，根据保险公司的要求，可安排培训机会让国内从业人员赴英国或其他大型的再保险公司接受培训。此类受训机会或由劳合社等知名机构提供，或由当地承保人协会会员公司提供，或由经纪人公司自己提供，根据培训课程及经纪人本身背景之下不同而有所不同，如再保险从业人员多半前往劳合社实地观察核保员处理再保险业务的情形，与经纪人洽商再保险条件的情形，其费率厘定的方式等。

（三）提供查勘服务并作出查勘报告供分出公司及首席再保人参考

再保险人在考虑再保险业务时均以核保准则为考量的标准，对大型再保险业务的承受与否，再保险条件的审核，费率厘定都谨慎从事，如同核保人亲自看过该业务一般，最重要的参考资料就是查勘报告。经纪人公司常有各类专业人员，赴各地查勘工厂或建筑物或特殊业务，作成详细的报告，此报告内容丰富，动辄数十页乃至百页并附有照片的说明书。规模标准及其他相关资料应有尽有，务必使首席再保人看完此报告之后有亲临现场之感。首席再保人对报告内容提出质问，经纪人或者撰写报告者需能作出满意的答复，这样首席再保人可决定再保险的接受量，再保险的核保员及经纪人往往较之原保险核保人更了解该笔业务的实际情况，原因就在于此。经纪人公司的资深查勘人常常具有相关专业的专业知识背景，他们的保险知识也相当成熟，因此能本着公平实在的精神作出详细说明。

三、再保险经纪人公司的种类

以英国为例，英国经纪人公司多为保险经纪人或保险经纪人与再保险经纪人的综合，专业再保险经纪人较少。以种类而言，大约可有以下几种：

（一）综合性经纪人公司

火险、水险、意外险、航空险、责任险及车险等各类保险及再保险均可安排，部门纷杂，人员繁多，与再保险市场交往频繁。此类公司规模大的，员工超过二万人，大部分从事直接业务的经纪工作，分支机构遍布全球，其从事再保险工作的通常以伦敦总公司再保险为主，各大都市之分支机构亦会兼营再保业务，但仍与其总公司联系，将业务转往劳合社或伦敦承保人协会公司。此类公司每年有大量业务分给劳合社及伦敦承保人协会市场，直接参与了再保险市场的各项运作，对市场业务的兴衰、盈亏具有决定性的影响力。

（二）特殊险别经纪人公司

特殊险别经纪人公司对某些险种具有专长，认识较多，能开拓别人开发不了的再保险市场，提供专业服务，如产品责任险、海上钻探设备保险、超额再保险、拖曳保险、农作物或家畜保险，从事此类或数类特殊险别之再保经纪人需具有专业知识，程度上要与特定之再保核保员相当。某些经纪人公司的专业人才有过担任再保险核保员的经历，对再保险市场的核保条件了如指掌。

（三）专业再保险经纪人公司

该类经纪人专门从事再保业务的安排而不涉及直接保险业务的操作，他们与再保险公司维持长久关系，熟悉彼此的运作，对市场动向清楚，反应迅速，常设计出适合需要的再保险计划书而为其他同业树立了表率，然而此类经纪人公司为数甚少，且规模也不及综合性经纪人公司，但是就再保知识及经验而言，此类经纪人公司则较为专业，其设计再保险方案单纯就分出公司的再保利益与再保险人接受尺度来衡量，此类经纪人公司具有传统英国再保险经纪人公司的特点，重视技术，维护信誉，勤于研究，但近年来再保险市场竞争激烈，此类经纪人公司生存较困难。

业务一　为分出公司的再保险经纪业务经营

业务描述：对分出公司的再保险经纪业务的质量审核、核算与考核，对已接受业务的管理。

一、分出业务流程

分出业务流程适用于合同分保和临时分保。分出业务流程分为三个阶段。

（一）分保建议

当分出合同的条件确定，拟订了分入公司的人选后，分出人应立即以最迅速、最准确的方式将分保条件发送给选定的分入公司或经纪公司。分保建议一般应将分入公司需要了解的事实详细列明。例如，非水险合同分出安排的建议应提供的资料是：分保条件、统计数字、赔款一览表和业务构成的详细资料、合同的承保范围及地区范围。分出人提供的信息越详尽，资料的质量越高，越有利于分入公司做出决定，大大缩短分保安排的时间。

（二）完备手续

在合同续转和分出谈判结束后，分出人和接受人双方应尽快完备缔约手续。一般情况下，续转结束后的第一个季度之内，分出人应将合同文本及摘要表或者修改条件的附件发送给接受人。每次发送的需签字的文件应一式两份或三份。合同文本及其组成部分是分出人和接受人之间签订的正式的、具有法律性的文件。一旦合同文本签订之后，双方的权利和义务就具有了法律依据。

（三）赔款处理

当分出人接到直接承保部门的出险通知或赔款通知时，第一步计算分保合同项下的接受人应承担的责任比例和金额，然后向接受人发送出险通知。分出人的出险通知应包括以下内容：第一，合同名称及业务年度；第二，保险标的名称及坐落地点；第三，保单金额及分出比例；第四，估计赔款金额及合同项下估计摊赔金额；第五，赔款发生日期、地点；第六，损失原因及是否委托检验人以及可能发生的费用。

二、分出公司的再保险经纪人角色

在分出业务的过程中,再保险经纪人主要在以下几个环节发挥作用:

(一) 选择最佳的再保险买方

所谓最佳再保险买方,是指那些资信好、财务状况稳定、核保技术强、服务质量高、对某种风险有接受兴趣的保险公司。但是,要了解一家公司是否具备上述良好资质是比较困难的。众所周知,出于同业竞争的缘故,保险公司往往不愿意公开自身的业务经营状况。因此,对再保险卖方来说,要想寻找合适的买方,比较全面地掌握有关对方的各方面情况,需要耗费大量的人力和财力。相反,再保险经纪人能够凭借其特殊的身份,与众多保险公司保持长期稳定的联系,熟悉各家保险公司的经营原则、业务范围、承保技能、理赔服务、资金运用和财务状况等。因此,由他们为分出公司选择分入公司自然要比分出公司自己选择更为有利。

以分出公司的临时分保为例。在临时分保的情况下,双方都有自由选择的权利,逐笔商谈,费时费力,这就使得分出公司在商妥前处于无保障状态的时间相对拉长。如果分出公司通过再保险经纪人来安排临时分出,就可在一定程度上避免上述情况的出现。

(二) 商定再保险价格和其他分保条件

再保险价格的高低直接影响到分出公司的盈利,分保佣金、索赔程序等其他分保条件也会影响到分出公司的经营成果。再保险经纪人可凭借其广泛的市场联系和熟练的营销技术,就再保险价格及其他分保条件与接受人进行磋商及比较,选择以最小成本获得最佳保障的再保险计划。

(三) 提供各种技术咨询服务

再保险经纪人精通保险实务,具有丰富的经验和技术咨询能力,可以帮助分出公司分析其所面临的风险,并根据不同的情况采取相应的对策。对于大型风险从风险结构和保费收入两方面进行识别和评估;对于中小风险则从损失变动来分析,并考虑一次事故造成多个危险单位损失引起的累计责任及业务年度的损失累计,以确定适当的自留额。除此之外,再保险经纪人向分出公司提供的咨询服务还可包括协助市场开发、扩大业务规模、解决复杂和疑难的保险问题以及提供防灾防损服务等。

(四) 协助办理理赔事宜

当发生承保责任以内的灾害事故时,分出公司一方面作为分出公司要向被保险人支付赔款,另一方面作为分出公司又可从分入公司处摊回赔款。再保险经纪人如果接受分出公司的委托向分入公司提出索赔,可视赔款金额大小分别处理:对于小额赔款,一般不向分入公司发出损失通知,而是代分出公司将小额损失计入季度报表内抵冲再保险费;对于大额赔款,则向分入公司提出并具体代办索赔事宜。由于再保险经纪人长期提供该项服务,熟悉理赔程序和所需提供的单证、材料,因此能及时为分出公司摊回赔款,索赔的效率比较高。

业务二　分入公司的再保险经纪业务经营

业务描述：对分入公司的再保险经纪业务的质量审核、核算与考核，对已接受业务的管理。

一、分入业务流程

分入业务运作流程与分出业务大致相同，主要包括以下几个部分：

（一）审查分保建议

当分出公司提出分保建议后，分入公司要对业务进行详细审查，其内容包括业务种类、分保的方式方法及承保范围和地区、分出公司的自留额与分保额之间的关系、分保额与分保费之间的关系、分保条件、对分入业务收益的估算等。如果同意，也应尽快通知分出公司，同时对业务进行登记和填制摘要表。

（二）处理承保文件

分入公司作出同意的答复后，分出公司会寄来分保合同文本，分入公司要认真核对，如无异议即可签署，之后一份归档，其余退还给分出公司。

（三）收审登记业务账单

分入公司收到业务账单，审查无误后，在统计表上登记，并送会计部门记账核算。

（四）处理赔款

分入公司收到赔款通知后，填制赔款审核单，登记赔款登记簿，经批准后送会计部门结算。对于未满期保费和未决赔款有要求提供信用证的，应填制申请表，进行登记，并送跨级部门核算。

（五）合同到期续转和注销

分入公司会在合同到期前向分出公司发出合同临时注销通知，如果双方协商同意续转，分入公司收回临时注销通知；如果不同意，则将临时注销通知转为正式通知，合同终止。

（六）整理归档

分入公司对分入业务的函电文件进行整理归档：一是对业务经营保留记录，便于掌握整体业务状况，提高管理水平；二是当以后业务发生纠纷时，有据可查。

二、分入公司的再保险经纪人角色

虽然再保险经纪人视分出公司为自己的客户，但在为分出公司服务的同时也给分入公司招揽了业务并提供其他服务，其作用主要表现为：

（一）提供质量良好的业务渠道

任何一家保险公司都有扩大业务经营规模的愿望，而实现这种愿望除了通过直接承保以外，另一个有效渠道就是接受分保。再保险经纪人在帮助分出公司分析风险、安排合理的风险分散计划的同时，客观上为分入公司提供了业务来源。不仅如此，由于分出公司自身在直接承保业务时要对承保风险进行选择和控制，通常会拒绝一些高风险标的，所以分入公司从分出公司处获得业务的质量总体上比较高。

（二）充当双方之间的信息传递中介

根据再保险合同的最大诚信原则，分出公司在与分入公司订立合同前，必须将业务的性质、内容、预计业务量、风险集中程度和过去的损失经验等有关材料充分提供给分入公司，而这种信息传递可以通过再保险经纪人进行。如果保险期限内承保标的风险情况发生变化，再保险经纪人负责将这一变化通知分入公司，让后者就再保险条件与分出公司重新进行协商。在此过程中，再保险经纪人充当了良好的信息传递中介。

知识要点

1. 保险经纪业务经营的基本内容。
2. 分出公司的再保险经纪业务运作流程。
3. 分入公司的再保险经纪业务运作流程。

习题与实训

1. 再保险经纪人在保险公司再保险业务中起到怎样的作用？
2. 案例分析。

（1）段某进入保险公司三年了，由于他热情、勤奋又好学，业务做得很好。短短三年内已积累了三百多名客户。刚开始只有几十个客户的时候，他总是每个月都要去每一个客户那里拜望一下，他知道只有良好的售后服务才能赢得更多的客源。当他的客户增长到二百人左右的时候，他每天都要奔波于各位客户之间，服务好这些客户花费了他大量的精力。同时，由于他的业务做得好，他的团队也是越来越大，他必须要腾出部分时间来管理这些组员。为了有更多的时间带团队和自我提升，他花钱聘请了一个秘书来帮助他做客户的售后服务，他希望让他的客户一如既往地享受良好的售后服务。大量的售后服务工作由秘书承担以后，段某确实感到轻松了许多，他有更多的时间投入到部门管理和自我学习中。但是半年以后，他发现客源越来越少，客户给他介绍新客户的概率少多了。自然，他的业务也比以前差了很多。而且，他还听到他的客户经常抱怨，说他的服务没有以前好了，根本就见不到他的人影。段某感觉到左右为难，因为客户会越来越多，服务的工作也将会越来越多。让秘书帮忙吧，客户感觉又没有以前好；自己出马吧，那么部门的管理工作又要落下，组员又有意见。面对这种情况，段某不知道他对客户的服务工作究竟要怎么样才能做得好。试分析此案例。

（2）某保险人拟承保某河流中下游河段梯级规划电站的建筑工程一切险附加第三者责

任险业务。该水电站总投资为30亿元，工期为5年；大坝高50米，属于直立黏土墙堆石坝，安装5台水轮发电机组，单机容量75兆瓦，总装机容量375兆瓦。该水电站保险方案中物质损失部分保险金额为20亿元，第三者责任险限额为1亿元，费率为3.3‰，总保费693万元。保费自签单后一次性支付，该业务是保险人直接承保业务，没有直保经纪佣金的支出。

该保险人认为水电站工程属于高风险业务，为分散风险，现委托一家与其有长期合作关系的再保经纪人为其办理临时分保经纪业务。试就此案例分析再保险经纪人需要做哪些工作。

项目六

保险经纪人道德要求与法律监管

【职业能力目标】

知识学习目标：了解保险经纪人职业道德的含义，了解保险经纪机构监管的目标、主体和手段；熟悉保险经纪人职业道德的基本要求；掌握保险经纪从业人员的执业规则、保险经纪从业人员的资格监管和保险经纪机构的经营规则。

技能训练目标：能根据所学的保险经纪从业人员的资格监管和保险经纪机构的经营规则等方面的知识，对保险经纪机构的法律责任进行分析和解决。

【典型工作任务】

本项目工作任务：熟悉保险经纪人职业道德的基本要求；明确保险经纪机构的法律责任。

标志性成果：熟悉保险经纪从业人员资格认定的条件、保险经纪机构设立、行政许可证的申请与有效期延续。

【业务场景】

模拟演练保险经纪机构设立、行政许可证的申请与有效期延续、保险经纪机构变更事项等情景。

【导入案例】

G 省 A 保险经纪有限公司，在 2011 年 1 月至 2012 年 9 月期间，报送的年度和季度报表中，未包括保险公司另外通过报销交通费用补贴后的经纪费 8.33 万元，以及该公司某分公司的保费和主营业务收入。当地保监局以其违反《中华人民共和国保险法》第 119 条及第 137 条规定，给予吊销其《经营保险经纪业务许可证》的行政处罚，对其法定代表人吴某罚款 1 万元。同时，分公司也接到 G 省保监局的罚单，缘由是该分公司的分支机构没有得到相关批准而设立。对分公司罚款 2 万元，对分公司负责人林某罚款 1 万元。G 省保监局的具体依据是什么？

模块一 认知保险经纪人职业道德与执业操守

【任务描述】

本模块工作任务：了解保险经纪人职业道德的含义；熟悉保险经纪人应具备的职业道德；查阅《保险经纪从业人员执业行为守则》。

标志性成果：查阅《保险经纪从业人员执业行为守则》，能介绍保险经纪人在执业时应具备的执业道德。

业务一 认知保险经纪人职业道德

业务描述：培养保险经纪人员在执业活动中守法遵规、诚实信用、专业胜任、勤勉尽责、友好合作、公平竞争、保守秘密的职业道德。

一、守法遵规

对于任何一个行业的从业人员来说，守法遵规都是最基本的职业道德。这里的守法遵规，既不是"迫于约束"，也不是"惧于刑罚"，而是一种"自觉"和"自律"。市场经济是规则经济、法制经济，在从事保险经纪业务过程中，如果不具备较高的规则意识和法律素质，就难以妥善处理各种经济关系和法律关系。保险经纪从业人员在执业活动中应从以下方面体现守法遵规。

（一）以《中华人民共和国保险法》为行为准绳，遵守有关法律和行为法规，遵守社会公德

首先，《中华人民共和国保险法》是我国保险业的基本法。《中华人民共和国保险法》对保险经纪从业人员的基本行为规范做出了规定。保险经纪从业人员是保险从业人员中一个群体，《中华人民共和国保险法》对保险从业人员的约束也必然构成对保险经纪从业人员的约束。其次，《中华人民共和国消费者权益保护法》、《中华人民共和国民法通则》和《中华人民共和国反不正当竞争法》（简称《反不正当竞争法》）等与保险经纪相关的法律法规，保险经纪从业人员也必须遵守。最后，遵守社会公德。社会公德是指适用于社会公共领域中的道德规范或者道德要求，其突出的特点是具有社会公共性质，是社会各个阶层、集团都应当遵循的共同道德要求。

（二）遵守保险监管部门的相关规章和规范性文件，服从保险监管部门的监督与管理

我国的保险监管部门是中国保监会及其派出机构。中国保监会根据国务院授权履行行政管理职能，依法统一监管中国保险市场。《中华人民共和国保险法》规定："国务院保险监督管理机构依法对保险业实施监督管理。"其中提到的保险监督管理机构就是指中国保监会。作为保险业的监管部门，中国保监会自1998年成立以来制定了大量的规章和规范性文件，其中一些是与保险经纪从业人员有关的，如《保险经纪机构监管规定》《保险经纪从业人员职业道德指引》等。

（三）遵守保险行业自律组织的规则

保险行业自律组织包括中国保险行业协会、地方性的保险行业协会（同业协会）等。它是保险公司、保险中介机构或保险从业人员自己的社团组织，具有非官方性。其宗旨主要是：为会员提供服务，维护行业利益，促进行业发展。

保险行业协会自律组织对会员的自律：一是通过组织会员签订自律公约，约束不正当竞争行为，监督会员依法合规经营，从而维护公平竞争的市场环境。二是依据有关法律法规和保险业发展情况，组织制定行业标准，例如，质量标准、技术规范、服务标准和行规行约；制定从业人员道德和行为准则，并督促会员共同遵守。

从规范对象来看，保险行业自律组织制定的自律规则可分为两类：一是规范机构会员行

为的规则；二是规范从业人员行为的规则。后者对保险经纪从业人员的行为起着直接的约束作用；而前者能通过规范机构会员的行为部分地起到间接规范从业人员行为的作用。

（四）遵守所属机构的管理规定

所属机构按照单位的内部需要，制定出在本机构内部适用的准则即管理规定，规范其员工的行为，统一其行为的方向。保险经纪机构的管理规定可以表现为员工守则、考勤制度、业务管理规定和财务制度等。

上述四个方面是层层递进的关系，保险监管部门的规章和规范性文件要以《中华人民共和国保险法》和其他法律、行政法规为依据；保险行业自律组织的规则要贯彻落实《中华人民共和国保险法》、保险监管部门的规范性文件；而从业人员所属机构则要依据《中华人民共和国保险法》、保险监管部门的规章和规范性文件以及自律组织的规则来制定、修改自己的管理规定。

二、诚实信用

诚实信用是保险经纪从业人员职业道德的灵魂。保险经纪从业人员应对保险人和投保人或被保险人同时做到诚实信用。保险经纪从业人员要以维护和增进保险经纪、保险业的信用和声誉为重，以卓著的信用和良好的道德形象，赢得客户和保险人及社会的信任。

（一）诚实信用应贯穿于保险经纪从业人员执业活动的各个方面和各个环节

无论是准客户的开拓，还是老客户的维持；无论是投保人风险的分析与评估，还是被保险人风险管理的建议与投保方案的设计；无论是保险方案的推介和询价招标，还是保单的签订与传送环节，保险经纪从业人员都应做到诚实信用。

（二）在执业活动中主动出示法定执业证件，并将本人或所属机构与保险公司的关系如实告知客户

保险经纪从业人员在执业活动中应当首先向客户声明其所属保险经纪机构名称、性质和义务范围，并主动出示"保险经纪从业人员执业证书"。如客户要求，还应当向客户说明如何得知该客户的名称（姓名）、联系方式等信息。如果保险经纪从业人员向客户推荐的保险产品的提供者与保险经纪从业人员所属保险经纪机构之间存在关联关系，保险经纪从业人员应当向客户如实披露该关联关系的性质和内容。这样做既符合保险经纪从业人员的行为规范，又可以取得客户的信任。

（三）客观、全面地向客户介绍有关保险产品与服务的信息，不得夸大保障范围和保障功能，如实向保险公司披露与投保有关的客户信息

此规定也是经纪从业人员如实告知义务的主要内容。实践中这种如实告知义务可以分为两个方面。其一，经纪从业人员对客户的如实告知义务。这点也是如实告知义务的主要方面。由于保险产品的无形性和保险合同条款的专业性、复杂性，客户一般希望从保险经纪人那里获取更专业、更准确的信息，以做出科学的投保决策。所以，保险经纪人应"客观、

全面、准确地向客户提供有关保险产品与服务的信息"。其二，经纪从业人员对保险公司的如实告知义务。由于保险经营的特殊性，投保人比保险人更清楚自身以及被保险人的实际情况，经纪从业人员应深入了解这些情况并把会影响保险人做出重大决定的信息如实告知保险公司。这样做归根结底还是为了最大限度地维护客户利益。

三、专业胜任

一些特殊职业要求其从业人员具备特殊的职业素质。作为一名保险经纪从业人员，是否具备保险经纪的特殊职业素质，能否胜任保险经纪的专业性要求，主要是考察其有关保险经纪的专业技能。具体要求如下：

（一）执业前取得法定资格并具备足够的专业知识与能力

鉴于保险产品的特殊性，各国法律一般规定保险经纪从业人员应具备法律规定的条件，经过考核或政府主管部门的批准方能取得保险经纪从业资格。我国对于保险经纪从业人员同样也实行资格认证制度。其首先应当通过中国保监会统一组织的保险经纪从业人员资格考试，并向保险监管部门申请领取"保险经纪从业人员资格证书"，然后取得所属机构根据"保险经纪从业人员资格证书"核发的"执业证书"之后，才能进行执业。

同时，保险及其产品的特殊性要求保险经纪从业人员首先要有扎实的基础知识，如基础文化知识、政策法规基础知识等；其次要有精熟透彻的保险专业知识、保险法律知识、保险专门知识等；最后要有广博的与保险相关的专业知识，如投资理财、风险管理、医疗知识等。但是，仅有丰富的知识还不够，还要能够把专业知识运用于保险经纪的实践中去，指导和提升自己的实践活动，增强解决实际问题的能力。这些能力包括：风险识别与分析和评估的基本技能、理财方案的策划与设计能力、把握市场的能力、客户关系管理能力、公关交际能力、开拓创新能力等。

（二）在执业活动中加强业务学习，不断提高业务技能

保险经纪从业人员要善于从实践中不断获取新的知识，在执业活动中不断加强业务学习，以不断提高业务技能。保险经纪从业人员通过业务实践，有意识地检验自己的知识水平和知识结构，对自己的工作得出合乎实际的评价，发扬优点，修正错误；同时，通过实践直接学习，从实践中汲取丰富的知识营养，完善自己的知识结构。

（三）参加保险监管部门、保险行业自律组织和所属机构组织的考试和持续教育，使自身能够不断适应保险市场的发展

知识经济的快速多变性决定了保险经纪从业人员必须坚持终身学习，才能与时俱进。保险经纪从业人员在执业之前取得的"保险经纪从业人员资格证书"仅仅是一个基本资格。许多国家在基本资格的基础上又设定了分级分类的资格考试，每一级资格的取得，都是对保险经纪从业人员更高专业技能的认可。目前我国这一体系正在酝酿建设中，将来保险经纪从业人员可以通过参加这类考试不断提高业务素质和技能。

另外，保险经纪从业人员还要善于通过接受教育不断更新知识，不断提高业务素质和技

能。因此，在做好本职工作的前提下，保险经纪从业人员还应争取受教育的机会，通过学历教育、岗位培训等途径，接受再教育，掌握最新的文化基础知识和保险业动态，以使自己能够适应不断发展与变化的保险业的需要。

四、勤勉尽责

勤勉尽责是对保险经纪从业人员工作态度的基本要求，它要求保险经纪从业人员在业务活动中以客户利益为上，勤奋工作、尽职尽责。具体来说，勤勉尽责要求保险经纪从业人员做到以下五点：

（一）秉持勤勉的工作态度，努力避免执业活动中的失误

保险经纪从业人员应立足于本职岗位，积极尽职，秉承勤奋认真的工作态度，把职业理想与平凡的日常工作结合起来创造优异绩效。当每个个体均能以苦干、实干和创造性劳动态度做到干一行、爱一行、钻一行、专一行，并勇于开拓创新时，整个职业团体就会迸发出无穷无尽的物质力量，创造出一流的业绩。

（二）代表客户利益，对于客户的各项委托尽职尽责，确保客户的利益得到最好保障，且不因手续费（佣金）或服务费的高低影响客户利益

保险经纪业务是以客户利益为基础的，客户利益至上是保险经纪业务的核心原则之一，也是对保险经纪从业人员的基本要求。因此，在业务活动中，保险经纪从业人员应当处处以维护客户利益为己任，完善服务质量，提高客户满意度。

（三）忠诚服务，不侵害所属机构利益，切实履行对所属机构的责任和义务，接受所属机构的管理

保险经纪从业人员应忠诚服务于所属的经纪机构。首先，忠诚服务要求保险经纪从业人员忠实于所属机构的经营理念。理念不仅是公司昭示于社会公众的一个标志，也是全体员工的行为准则。只有忠实于公司的理念员工的行为才有了指南，才不至于偏离方向。其次，忠诚服务于所属机构，要求保险经纪从业人员尽到自己的责任和义务。责任感是以道德感为基础的，是一种对自己应负责任的义不容辞的情感。当人尽到了自己承担的责任时，就会体验到满意、喜悦、自豪的情感。最后，忠诚服务要求保险经纪从业人员接受所属机构的管理。

（四）不擅自超越客户的委托范围或所属机构的授权

客户委托和雇主授权构成了保险经纪从业人员的业务活动范围，从业人员必须在此范围内按照有关法律法规和规定进行执业，不得擅自越权。这对于有效控制保险经纪业务的风险有着积极意义。

（五）在执业活动中主动避免利益冲突

利益冲突不能避免时，应向客户或所属保险经纪机构说明，并确保客户和所属保险经纪机构的利益不受损害。

五、友好合作

友好合作是指保险经纪从业人员在从事保险经纪业务时，既要与有关关系方保持密切友好的合作关系，也要与保险中介机构内部人员保持融洽和谐的合作关系。良好的合作性，是保险经纪业务取得圆满成功的必要因素，也是对保险经纪从业人员职业道德的基本要求。

（一）与保险公司、保险代理机构和保险公估机构的从业人员友好合作、共同发展

在执业活动中，保险经纪从业人员不仅要与投保人、被保险人、保险人等有关各方友好合作，确保执业活动的顺利开展，还要注重服务分工条件下与相关机构之间的密切合作，与保险代理机构和保险公估机构友好合作，共同发展。

（二）加强同业人员间的交流与合作

保险经纪从业机构在竞争中是对手，但作为同一行业，各自又互为协作伙伴。作为一个特殊的群体，保险经纪从业人员群体内部团结和谐，凝聚力就强，同业之间就可以优势互补，形成群体的整体协同效应，这种效应远远大于其部分之和。但是，如果个体间相互损耗，力量也就相互抵消，反而产生负效应。因此保险经纪从业人员在从事保险经纪业务时，要加强同业人员间的交流与合作，保持融洽和谐的合作关系。

六、公平竞争

竞争是商品生产和交换的一般规律，在保险市场上也存在着激烈的竞争。保险竞争的主要内容包括服务质量的竞争、业务的竞争、价格的竞争等。保险业经营的特殊性，要求保险业同业竞争以促进保险业的稳健发展、保护被保险人利益为目标，反对各种不正当竞争。竞争作用的正常发挥，需要一种公平交易的秩序，需要形成公平的竞争环境。《中华人民共和国保险法》明确规定："保险公司开展业务，应当遵循公平竞争的原则，不得从事不正当竞争。"这不单是对保险公司的要求，也是对包括保险经纪从业人员在内的广大保险从业人员的基本要求。保险经纪从业人员要符合公平竞争的职业道德的具体要求。

（一）尊重竞争对手，不诋毁、贬低或负面评价保险公司、其他保险中介机构及其从业人员

保险经纪从业人员应当在我国法律允许的范围内，在相同的条件下开展保险经纪业务的竞争。正当的竞争应该是竞相向客户提供物美价廉的产品和优质的服务。那些诋毁、贬低或负面评价同行的行为，是一种损人利己的不道德行为，是一种不正当竞争行为，将会造成保险市场秩序的混乱，影响我国保险业的健康发展。

（二）依靠专业技能和服务质量展开竞争，竞争手段正当、合规、合法，不借助行政力量或其他非正当手段开展业务，不向客户给予或承诺给予保险合同以外的经济利益

根据《中华人民共和国反不正当竞争法》，不正当竞争行为是指损害其他经营者的利益，扰乱社会经济秩序的行为。保险经纪人竞争手段的合法、合规、正当与否直接关系到保险经纪市场的规范发展，是维护广大保险当事人利益、实现保险公司以及保险经纪从业人员社会价值及自身利益最大化的必要保证。保险经纪实践中的各种不正当竞争行为不仅危及保险经纪市场秩序，损害各方当事人的合法权益，还有损保险业界的形象。

七、保守秘密

保守秘密是保险经纪从业人员的一项义务。保险经纪从业人员在为买卖双方安排保险经纪事宜过程中，必须深入接触其服务的客户，了解并掌握客户经营行为、业务特征、风险控制等许多内部情况，这样才能对症下药，为客户设计出最佳的保险方案。在这一过程中，保险经纪从业人员可能会接触到客户的大量商业机密，保险经纪从业人员对此负有严格的保密义务。在日常具体业务活动中，应该把握好对每一环节的授权管理及相应的保密措施，真正做到将保守客户的商业机密落实到每一步工作中。

除了保守客户秘密之外，保险经纪从业人员还应该保守所属保险经纪机构的商业秘密。在从事业务活动的过程中，从业人员也可能接触到所属经纪机构的一些商业秘密，如客户信息、重要的内部文件等。保险经纪从业人员对这些信息业负有严格的保密义务。

一般来说，保险经纪从业人员在进入所属保险经纪机构工作时，劳动合同中会有相应的保密条款，具体规定从业人员应负的保密义务。同时，在从事经纪业务的过程中，保险经纪机构最好能与客户签署保密协议，规定双方的保密义务。保险经纪从业人员应该积极促成和完成相关保密条款和保密协议的签署，并认真遵守。

业务二　认知保险经纪人执业操守

业务描述：规范保险经纪从业人员在执业准备和执业过程中的执业行为。

一、执业准备

（一）参加资格考试，取得"保险经纪从业人员资格证书"

《中华人民共和国保险法》和《保险经纪机构监管规定》等法律法规要求保险经纪从业人员在执业前应取得中国保险监督管理委员会颁发的"保险经纪从业人员资格证书"。取得资格证书的途径是参加保险经纪从业人员资格考试。

保险经纪从业人员资格考试成绩合格，具有完全民事行为能力且品行良好者，由中国保监会颁发"保险经纪从业人员资格证书"。但对于因故意犯罪被判处刑罚，执行期满未逾5年的；因欺诈等不诚信行为受行政处罚未逾3年的；被金融监管机构宣布在一定期限内为行

业禁止者，禁止期限仍未届满的，不予颁发资格证书。资格证书有效期为3年，自颁发之日起计算。持有人应当在资格证书有效期届满30日前向中国保监会申请换发。

（二）取得执业证书

保险经纪从业人员在执业前，还应当取得有关单位根据资格证书核发的"保险经纪从业人员执业证书"。执业证书上载有保险经纪从业人员的姓名、身份证件名称及号码、资格证书编号、执业证书编号、业务人员行为规范、业务人员职责权限说明、所属机构名称等信息，是保险经纪从业人员代表所属机构从事保险经纪活动的证明。执业证书由保险经纪机构向持有资格证书且符合准予发放条件的本机构保险经纪从业人员发放。只有取得资格证书和执业证书后，保险经纪从业人员方可从事保险经纪业务。在开展保险经纪业务时，保险经纪从业人员应当主动向客户出示资格证书和执业证书。

（三）岗前培训与持续教育

岗前培训与持续教育是保险经纪从业人员执业素质的重要保证。根据《保险经纪机构监管规定》《保险中介从业人员继续教育暂行办法》等法规要求，保险经纪从业人员上岗前接受培训的时间不得少于80小时，上岗后每人每年接受培训和教育的时间累计不得少于36小时，其中接受法律知识培训及职业道德教育的时间不得少于12小时。知识经济的快速多变性决定了保险经纪从业人员必须坚持"终身学习"，才能与时俱进。《保险经纪机构监管规定》要求保险经纪机构及其分支机构对本机构的业务人员进行保险法律和业务知识培训及职业道德教育。除法规规定的教育培训外，保险行业自律组织、保险经纪机构还往往举办保险经纪从业人员的其他培训。保险经纪从业人员应积极参加这些培训，不断增强法律和诚信意识，提高职业道德水准和专业技能，使自己能够适应不断发展与变化的保险业需要。

二、执业过程

（一）接洽客户

1. 表明身份。保险经纪从业人员代表所属机构从事业务活动，因此，在执业活动中应当首先向客户声明其所属机构的名称、性质和业务范围，并主动出示执业证书。

2. 告知获取客户信息的途径。客户在初次接触保险经纪从业人员时，往往很在意保险经纪从业人员从何得知自己的有关信息，例如，姓名、住址、电话等。有些客户甚至认为这些信息属于个人隐私。保险经纪从业人员应充分尊重客户的感受，应客户要求向客户说明得到客户信息的途径。例如，是通过朋友介绍，还是查找商业电话簿得知的。

3. 在委托权限内执业。对保险经纪从业人员来说，其经纪权限源于客户的委托。保险经纪业务合同确立了客户与保险经纪机构之间的委托—代理关系，明确了双方的权利、义务。因此，保险经纪机构应当与客户签订保险经纪业务合同，就客户委托的有关事项明确约定。保险经纪从业人员的执业活动应当在委托权限范围内进行，遇到超出委托权限范围的事项应当取得客户的书面授权。

（二）风险管理与咨询

保险经纪从业人员应深入了解和分析客户所面临的风险，进行定性和定量相结合的风险评估，并在风险评估的基础上向客户提供风险管理建议。保险经纪从业人员应以客户容易理解的方式向客户提供风险管理建议，以便于客户对建议的内容做出明智的决策。

（三）保险方案制定

1. 提供全面充分的信息和保险方案建议。对于客户需要以保险进行保障的项目，保险经纪从业人员应向客户介绍市场上相关的保险产品，并按照客户的需求制订保险方案，提出保险建议。在介绍有关保险产品和服务的信息时，保险经纪从业人员应当客观、全面、准确，不得夸大保障范围和保障功能。对于有关保险人责任免除、投保人和保险人应履行的义务以及退保的法律规定和保险条款，应当向客户详细说明。在对不同的保险产品作比较或者与其他投资产品之间比较时，保险经纪从业人员应当向客户特别指明各种产品的不同特性。

2. 如实披露关联关系。如果保险经纪从业人员向客户推荐的保险产品的提供者与保险经纪人员所属保险经纪机构之间存在关联方关系，保险经纪从业人员应当向客户如实披露该关联关系的性质与内容。

3. 获得客户认可。保险经纪从业人员应当按照有关法律法规要求或所属保险经纪机构规定，将保险单据和重要文件交由客户本人签署确认，不得代客户签署，也不得唆使或引诱他人代客户签署。在进行保险安排前，保险经纪从业人员应取得客户对保险方案的书面认可。这既是保险合同成立生效的必要条件，也旨在确保客户对自己所采用保险方案的认可、了解与关注，也有利于日后一旦发生争议或纠纷时双方责任的确认与争议能有效解决。

（四）保险安排

1. 市场询价与招标。科学的市场询价和招标方式，不仅可以确保客户得到最有利的保险条件和最合理的保费价格，也有利于促进各保险公司间形成公平、公正、公开的竞争格局。保险经纪从业人员应当就保险方案向客户指定的保险公司进行询价或招标。如果客户未指定保险公司，保险经纪从业人员应当本着客户利益最大化的原则，选择足够多的保险公司进行询价或招标。保险经纪从业人员在询价或招标过程中不应当向任何一方透露其他保险公司的报价或承保条件。询价或招标结束后，保险经纪从业人员应当及时将相关结果进行汇总分析，作为客户决策的参考。

2. 如实告知。保险经纪从业人员应当将客户对保险人的如实告知义务以及违反义务可能造成的后果明确告知客户。同时，保险经纪从业人员应当如实向所属保险经纪机构和保险人披露客户的投保信息，不得唆使、引诱客户或与客户串通，隐瞒或虚报客户的投保信息。

3. 相关文件的准备。保险经纪从业人员应当确保投保文件符合保险人的形式要求，及时将投保文件提供给保险人。对于保险人传送给客户的相关信息、保险单据和文件，保险经纪从业人员应当仔细检查以确保其完整性和准确性，并及时转交客户，发现问题应当及时通知保险人更正。保险经纪从业人员办理再保险经纪业务时，应该取得原保险人或再保险人分出业务的书面委托函件或要约，还应当取得分入公司的书面承保确认。

（五）保单变更、续保与退保

1. 保单变更。保单变更包括保单当事人的变更、保单内容变更等。常见的保单变更有投保人、被保险人或受益人的变更，保险期限、保险金额的变更等。保险经纪从业人员应当按照委托合同的约定，跟踪客户需求的变化。必要时应当向客户提出变更保单保障范围或保险金额的建议，并及时处理客户的保单变更要求。

2. 续保。保险经纪从业人员应在保险期届满前及时通知客户续保，并应客户要求协助办理保单续保事宜。

3. 退保。退保是指由投保人提出的保险合同的解除。如果客户提出退保，保险经纪从业人员应当提醒客户注意保单中有关退保的条款、退保可能引致的财务损失以及退保后客户所面临的保单保障范围内的风险。如果客户仍决定退保，保险经纪从业人员应按照客户的要求协助办理有关事项。如果客户提出更换保险人，保险经纪机构应提醒客户注意保单中有关退保的条款以及退保可能引致的财务损失。如果客户仍决定更换保险人，还应为客户做好退保与投保之间的衔接事宜，力求保障好客户的保险利益。

（六）索赔服务

1. 出险通知与防损。保险经纪从业人员得知客户发生保险事故时，应当及时通知保险人，同时应当协助客户采取措施避免损失的进一步扩大。

2. 协助客户索赔。按照委托合同的约定或客户要求，保险经纪从业人员应当代表或协助客户进行索赔，包括但不限于整理和准备相关索赔资料、跟踪保险人处理赔案的进度等。如果保险人要求进行现场查勘，保险经纪从业人员应当协助客户进行相关工作，并尽快把保险人有关查勘和理赔的要求传达给客户。遇到重大事故或出现理赔争议时，保险经纪从业人员应当及时沟通协调，必要时应当向客户建议聘请保险公估机构参与事故和损失的鉴定工作。

3. 避免欺诈性索赔。保险经纪从业人员不得唆使、引诱或串通客户，向保险人进行欺诈性索赔，也不得以任何方式协助或参与欺诈性索赔。《中华人民共和国刑法》和《中华人民共和国保险法》对有关为了骗取保险金而进行欺诈索赔行为明确规定了相应的法律责任，例如，故意虚构保险标的骗取保险金；未发生保险事故而谎称发生保险事故；故意制造导致财产损失的保险事故；故意造成被保险人死亡、伤残或者疾病等人身保险事故；伪造、编造与保险事故有关的证明、资料和其他证据，或者指使、唆使、收买他人提供虚假证明、资料或其他证据，编造虚假的事故原因或者夸大损失程度等事项来骗取保险金的，如情节轻微，尚不构成犯罪的，依照国家有关规定给予行政处罚，构成犯罪的，则要依法追究刑事责任。

（七）收费与代收付款

1. 向客户说明具体收费事项。在任何涉及费用的工作承担前或委托协议签订前，保险经纪从业人员都应明确告知客户相关服务或工作的收费标准。应当向客户说明所属保险经纪机构的保险安排是否将从保险人处取得佣金（手续费）收入。如果客户要求，还应当向客户披露佣金收入总金额。此外，保险经纪从业人员应当将保费的支付方式以及不按时支付保费可能导致的后果告知客户。上述要求既是保险经纪从业人员应当履行的向客户如实告知义务的体现，也是保险经纪从业人员职业道德灵魂——诚实信用的具体体现。

2. 保费的代收与解付。保险经纪从业人员在代收保费时应当向客户出具所属保险经纪机构的收款凭证，不得以个人名义收取保费。保险经纪从业人员应当及时将代收的保费全额交付所属保险经纪机构，不得将收取的保费存入个人账户，不得侵占、截留、滞留或挪用。其中，侵占是指将保费全部据为己有；截留是指将保费部分交付所属保险经纪机构，部分据为己有；滞留是指没有及时将收取的保费交付所属机构；挪用是将保费挪用他用。

3. 赔款或保险金的转交。同样，如果所属保险经纪机构授权保险经纪从业人员将赔款或保险金转交客户，那么保险经纪从业人员应当及时转交，不得侵占、截留、滞留或挪用。未经客户同意，不得从赔款或保险金中坐支保费或保险经纪服务费用。坐支保费或保险经纪服务费用可能在以下情况下发生：有一笔赔款或保险金要由保险经纪从业人员转交客户，恰好客户此时正想通过该保险经纪从业人员续交保险费或购买其他保险产品；或根据保险经纪合同，该客户应向保险经纪机构支付服务费。如果赔款或保险金多于客户应交的保费或服务费，那么保险经纪从业人员可与客户商定，不向客户收取现金，只将等于赔款或保险金减去保费或服务费的现金付给客户；如果赔款或保险金少于客户应交的保费，那么保险经纪从业人员在取得客户同意的前提下，可不向客户支付现金，只向客户收取等于保费或服务费减去赔款或保险金的现金。保险经纪从业人员随后应当将等于保费的现金交付所属机构。

4. 拒绝不当经济利益。保险经纪从业人员不得向客户或保险人收取或接受任何不当经济利益。

模块二　保险经纪人的法律监管

【任务描述】

本模块工作任务：通过熟读我国保险经纪人职业规则，进而熟悉保险经纪从业人员执业的一般规定；通过阅读《中华人民共和国保险法》《保险经纪机构监管规定》等法律法规，进而了解作为保险经纪人应该承担的行政责任、民事责任和刑事责任的法律责任。

标志性成果：通过查资料、做分析，了解保险经纪从业人员资格认定的条件、证书取得及许可证的申请等知识。

【知识准备】

一、监管目标

作为保险中介市场的重要组成部分，保险经纪机构的经纪行为既关系到广大投保人的切身利益，也影响到保险市场的正常秩序，因此必须对保险经纪机构实施有效的监管。根据2009年10月1日中国保监会颁布实施的《保险经纪机构监管规定》，其监管目标是：规范保险经纪机构的经营行为，保护被保险人的合法权益，维护市场秩序，促进保险业健康发展。

二、监管主体

《保险经纪机构监管规定》第五条规定："中国保监会根据《中华人民共和国保险法》和国务院授权对保险经纪机构履行监管职责。中国保监会派出机构,在中国保监会授权范围内履行监管职责。"中国保监会对保险市场的监管是行政权的行使和运作,必须遵守国家行政组织法、行政行为法的相关规定;保险经纪机构及其从业人员依法接受保险监管,并可通过行政复议和行政诉讼等手段维护自己的合法权益。

三、监管手段

对保险经纪机构实施监管的手段包括法律手段、行政手段和经济手段。三种监管手段各有特点,监管机构应审时度势,有针对性地灵活运用,才能实现最佳监管效果。

(一)法律手段

法律手段是指国家通过法律形式来引导、规范经营主体行为和市场活动秩序的一种手段。市场经济是法治经济,市场的运行需要一定的法律基础,国家通过颁布各项法律法规来引导保险经纪机构的发展、约束保险经纪机构的市场行为。法律手段具有强制性,效力强,但是法律从制定到颁布实施需要一定的过程,具有一定的滞后性,往往落后于市场发展需求。同时,执法成本也很高。所以,法律手段必须与其他手段结合运用,才能达到有效监管的目的。

(二)行政手段

行政手段是指政府凭借行政力量直接干预保险经纪活动的一种手段。与其他监管手段相比,行政手段最直接、最有针对性,但也存在主观随意性大和难以完全反映市场情况等不足,因此行政手段的使用必须限定在合理的范围内。由于市场经济的固有缺陷,即便是市场经济发达的现代西方国家,也很重视利用行政手段和力量纠正和解决市场自身难以解决的问题。我国正处于计划经济向市场经济转轨阶段,市场经济体制还很不完善,行政手段的利用更加重要。

(三)经济手段

经济手段是指利用各种经济杠杆影响相关经济利益以调节保险经纪行为的一种手段。经济手段具有较高的灵活性,从而克服了其他手段的刚性与反作用力。经济手段通过市场机制调节供需关系,形成合理的价格水平,促进公平竞争;通过奖优罚劣,改变保险经纪机构的相对成本,从而调整保险经纪机构的经营方向,达到有效监管的目的。

业务一 保险经纪组织机构与任职资格监管

业务描述:对保险经纪组织机构的设立、变更、合并、分立、解散、撤销、破产和清算等行为实施监管;对保险经纪机构拟任董事长、执行董事和高级管理人员进行审核。

一、设立监管

(一) 保险经纪机构的设立监管

保险经纪机构的组织形式在不同国家和地区有很大的差异，主要包括个体经纪人、合伙企业、有限责任公司和股份有限公司等多种形式。在我国，《保险经纪机构监管规定》第六条明确指出，除中国保监会另有规定外，保险经纪机构应当采取有限责任公司和股份有限公司。设立保险经纪公司，应当具备下列条件：

1. 股东、发起人信誉良好，最近3年无重大违法记录。
2. 注册资本达到《中华人民共和国公司法》和本规定的最低限额。
3. 公司章程符合有关规定。
4. 董事长、执行董事和高级管理人员符合本规定的任职资格条件。
5. 具备健全的组织机构和管理制度。
6. 有与业务规模相适应的固定住所。
7. 有与开展业务相适应的业务、财务等计算机软硬件设施。
8. 法律、行政法规和中国保监会规定的其他条件。

保险经纪公司的注册资本不得少于人民币5 000万元，且必须为实缴货币资本，中国保监会另有规定的除外。依据法律、行政法规规定不能投资企业的单位或者个人，不得成为保险经纪公司的发起人或者股东。保险公司员工投资保险经纪公司的，应当书面告知所在保险公司；保险公司、保险中介机构的董事或者高级管理人员投资保险经纪公司的，应当根据《中华人民共和国公司法》有关规定取得股东会或者股东大会的同意。

(二) 保险经纪机构分支机构的设立监管

保险经纪公司的分支机构包括分公司、营业部。保险经纪公司申请设立分支机构应当具备下列条件：

1. 内控制度健全。
2. 注册资本达到本规定的要求。
3. 现有机构运转正常，且申请前1年内无重大违法行为。
4. 拟任主要负责人符合《保险经纪机构监管规定》的任职资格条件。
5. 拟设分支机构、具备符合要求的营业场所和与经营业务有关的其他设施。

二、变更监管

(一) 必须经监管部门批准的变更

对于重要事项的变更，保险经纪机构必须报保险监管部门批准。《保险经纪机构监管规定》第十七条规定："保险经纪公司分立、合并或者变更组织形式的，应当经中国保监会批准。"第二十条规定："保险经纪公司许可证的有效期为3年，保险经纪公司应当在有效期届满30日前，向中国保监会申请延续。保险经纪公司申请延续许可证有效期的，中国保监会在许可证有效期届满前对保险经纪公司前3年的经营情况进行全面审查和综合评价,并做出是否批准延续许可证有效期的决定。决定不予延续的,应当书面说明理由。保险经纪公司应当自收到决定之日起10日内向中国保监会缴回原证;准予延续有效期的,应当领取新许可证。"

(二)必须向监管部门报告的变更

根据《保险经纪机构监管规定》,保险经纪机构有下列情形之一的,应当自事项发生之日起5日内,书面报告中国保监会:
1. 变更名称或者分支机构名称。
2. 变更住所或者分支机构营业场所。
3. 发起人、主要股东变更姓名或者名称。
4. 变更主要股东。
5. 变更注册资本。
6. 股权结构重大变更。
7. 修改公司章程。
8. 撤销分支机构。

(三)必须公告的变更

保险经纪机构变更事项涉及许可证记载内容的,应当交回原许可证,领取新许可证,并按照《保险许可证管理办法》有关规定进行公告。

三、任职资格监管

根据《保险经纪机构监管规定》,保险经纪机构拟任董事长、执行董事和高级管理人员应当具备下列条件,并报经中国保监会核准:
1. 大学专科以上学历。
2. 持有中国保监会规定的资格证书。
3. 从事经济工作2年以上。
4. 具有履行职责所需的经营管理能力,熟悉保险法律、行政法规及中国保监会的相关规定。
5. 诚实守信,品行良好。

从事金融工作10年以上,可以不受前款第1项的限制;担任金融机构高级管理人员5年以上或者企业管理职务10年以上,可以不受前款第2项的限制。

保险经纪机构高级管理人员包括:保险经纪公司的总经理、副总经理或者具有相同职权的管理人员,保险经纪公司分支机构的主要负责人。

业务二 保险经纪人业务经营活动监管

业务描述:对保险经济机构业务范围、从业人员要求、经营行为、保证金和职业责任保险、市场退出等活动进行监管。

一、业务范围

根据《保险经纪机构监管规定》第三十条规定，保险经纪机构可以经营下列保险经纪业务：

1. 为投保人拟订投保方案、选择保险公司以及办理投保手续。
2. 协助被保险人或者受益人进行索赔。
3. 再保险经纪业务。
4. 为委托人提供防灾、防损或者风险评估、风险管理咨询服务。
5. 中国保监会批准的其他业务。

另外，保险经纪机构应当将许可证置于住所或者营业场所显著位置。

二、从业人员要求

保险经纪机构从业人员应当符合中国保监会规定的条件，持有中国保监会规定的资格证书。保险经纪机构应当对本机构的从业人员进行保险法律和业务知识培训及职业道德教育。保险经纪从业人员上岗前接受培训的时间不得少于 80 小时，上岗后每人每年接受培训和教育的时间累计不得少于 36 小时，其中接受法律知识培训及职业道德教育的时间不得少于 12 小时。

三、经营行为

根据《保险经纪机构监管规定》，保险经纪机构应当建立专门账簿，记载保险经纪业务收支情况。

保险经纪机构应当开立独立的客户资金专用账户。下列款项只能存放于客户资金专用账户：

1. 投保人、被保险人支付给保险公司的保险费。
2. 为投保人、被保险人和受益人代领的退保金、保险金。

保险经纪机构应当建立完整规范的业务档案，业务档案至少应当包括下列内容：

1. 通过本机构签订保单的主要情况，包括保险人、投保人、被保险人名称或者姓名，产品名称，保险金额，保险费，缴费方式等。
2. 佣金金额和收取情况。
3. 保险费交付保险公司的情况，保险金或者退保金的代领以及交付投保人、被保险人或者受益人的情况。
4. 其他重要业务信息。

保险经纪机构的记录应当真实、完整。

保险经纪机构从事保险经纪业务，应当与委托人签订书面委托合同，依法约定双方的权利义务及其他事项。委托合同不得违反法律、行政法规及中国保监会有关规定。

保险经纪机构应当按照与保险合同当事人的约定收取佣金。

保险经纪机构在开展业务过程中，应当制作规范的客户告知书。客户告知书至少应当包括保险经纪机构的名称、营业场所、业务范围、联系方式等基本事项。

保险经纪机构及其董事、高级管理人员与经纪业务相关的保险公司、保险中介机构存在关联关系的，应当在客户告知书中说明。

保险经纪从业人员开展业务，应当向客户出示客户告知书，并按客户要求说明佣金的收取方式和比例。

保险经纪机构应当向客户说明保险产品的承保公司，应当对推荐的同类产品进行全面、公平的分析。

保险经纪机构应当向投保人明确提示保险合同中责任免除或者除外责任、退保及其他费用扣除、现金价值、犹豫期等条款。

四、保证金和职业责任保险

1. 保险经纪机构应当自办理工商登记之日起20日内投保职业责任保险或者缴存保证金。保险经纪机构应当自投保职业责任保险或者缴存保证金之日起10日内，将职业责任保险保单复印件或者保证金存款协议复印件、保证金入账原始凭证复印件报送中国保监会。

2. 保险经纪公司投保职业责任保险的，应当确保该保险持续有效。保险经纪公司投保的职业责任保险对一次事故的赔偿限额不得低于人民币500万元，1年期保单的累积赔偿限额不得低于人民币1 000万元，同时不得低于保险经纪机构上年营业收入的2倍。职业责任保险累计赔偿限额达到人民币5 000万元的，可以不再增加职业责任保险的赔偿额度。

3. 保险经纪公司缴存保证金的，应当按注册资本的5%缴存，保险经纪公司增加注册资本的，应当相应增加保证金数额；保险经纪公司保证金缴存额达到人民币100万元的，可以不再增加保证金。

保险经纪公司的保证金应当以银行存款形式或者中国保监会认可的其他形式缴存。

保证金以银行存款形式缴存的，应当专户存储到商业银行。保证金存款协议中应当约定："未经中国保监会书面批准，保险经纪公司不得擅自动用或者处置保证金。银行未尽审查义务的，应当在被动用保证金额度内对保险经纪公司的债务承担连带责任。"

4. 保险经纪公司不得动用保证金。但有下列情形之一的除外：

（1）注册资本减少。
（2）许可证被注销。
（3）投保符合条件的职业责任保险。
（4）中国保监会规定的其他情形。

五、市场退出

根据《保险经纪机构监管规定》，保险经纪公司因下列情形之一退出市场的，中国保监会依法注销许可证，并予以公告：

1. 许可证有效期届满，中国保监会依法不予延续。
2. 许可证依法被撤回、撤销或者吊销。

3. 保险经纪公司解散、被依法吊销营业执照、被撤销、责令关闭或者被依法宣告破产。
4. 法律、行政法规规定的其他情形。

被注销许可证的保险经纪公司应当及时交回许可证原件。

保险经纪公司有下列情形之一的，中国保监会不予延续许可证有效期：
1. 许可证有效期届满，没有申请延续。
2. 不再符合本规定除第七条第一项以外关于公司设立的条件。
3. 内部管理混乱，无法正常经营。
4. 存在重大违法行为，未得到有效整改。
5. 未按规定缴纳监管费。

保险经纪公司分支机构有下列情形之一的，中国保监会依法注销许可证，并予以公告：
1. 所属保险经纪公司许可证被依法注销。
2. 被所属保险经纪公司撤销。
3. 被依法责令关闭、吊销营业执照。
4. 许可证依法被撤回、撤销或者吊销。
5. 法律、行政法规规定应当注销许可证的其他情形。

被注销许可证的分支机构应当及时交回许可证原件。

业务三　保险经纪财务及综合监管

业务描述：对保险经纪机构进行财务监管与综合监管。

一、保险经纪财务监管

财务监管是指保险监管机构对保险经纪机构财务活动合法性、效益性的监察和督导。财务监管的目的在于督促其财务活动符合国家有关政策、法规和企业经营制度的规定，揭露财务活动中的弊端和违法行为，威慑和制约不法行为，保证财务活动的正轨运行；促进企业资源的合理配置和有效利用，实现保险监管目标。

（一）材料报送

保险经纪机构应当依照中国保监会有关规定及时、准确、完整地报送报表、报告、文件和资料，并根据中国保监会要求提交相关的电子文本。保险经纪机构报送的报表、报告和资料应当由法定代表人、主要负责人或者其授权人签字，并加盖机构印章。

保险经纪公司应当在每一会计年度结束后3个月内聘请会计师事务所对本公司的资产、负债、利润等财务状况进行审计，并向中国保监会报送相关审计报告。中国保监会根据需要，可以要求保险经纪公司提交专项外部审计报告。

（二）资料保管

保险经纪机构应当妥善保管业务档案、会计账簿、业务台账以及佣金收入的原始凭证等有关资料，保管期限自保险合同终止之日起计算，保险期在 1 年以下的不得少于 5 年，保险期超过1年的不得少于10年。

（三）监管费收取

根据《保险经纪机构监管规定》，保险经纪公司应当按规定将监管费交付到中国保监会指定账户。

（四）监管谈话

中国保监会根据监管需要，可以对保险经纪机构董事长、执行董事或者高级管理人员进行监管谈话，要求其就经营活动中的重大事项做出说明。

二、保险经纪综合监管

综合监管是指保险监管机构根据需要对保险经纪机构的业务、财务、人员、管理等方面进行监督检查。综合监管对于规范保险经纪机构经营行为、防范其经营风险、促进其健康发展具有重要意义。

（一）检查内容

根据《保险经纪机构监管规定》，中国保监会依法对保险经纪机构进行现场检查，包括但不限于下列内容：

1. 机构设立、变更是否依法获得批准或者履行报告义务。
2. 资本金是否真实、足额。
3. 保证金提取和动用是否符合规定。
4. 职业责任保险是否符合规定。
5. 业务经营是否合法。
6. 财务状况是否良好。
7. 向中国保监会提交的报告、报表及资料是否及时、完整和真实。
8. 内控制度是否完善，执行是否有效。
9. 任用董事长、执行董事和高级管理人员是否符合规定。
10. 是否有效履行从业人员管理职责。
11. 对外公告是否及时、真实。
12. 计算机配置状况和信息系统运行状况是否良好。

（二）检查对象的重点

保险经纪机构有下列情形之一的，中国保监会可以将其列为重点检查对象：

1. 业务或者财务出现异动。
2. 不按时提交报告、报表或者提供虚假的报告、报表、文件和资料。
3. 涉嫌重大违法行为或者受到中国保监会行政处罚。
4. 中国保监会认为需要重点检查的其他情形。

（三）委托检查与维权

根据《保险经纪机构监管规定》第六十八条，中国保监会可以在现场检查中，委托会计师事务所等社会中介机构提供相关服务；委托上述中介机构提供服务的，应当签订书面委托协议。中国保监会应当将委托事项告知被检查的保险经纪机构。

保险经纪机构认为检查人员违反法律、行政法规及中国保监会有关规定的，可以向中国保监会举报或者投诉。保险经纪机构有权对中国保监会的行政处理措施提起行政复议或者行政诉讼。

业务四　保险经纪人法律责任确定

业务描述：对保险经纪机构或其从业人员实施违法行为所应承担的法律责任（包括行政责任、民事责任和刑事责任）进行确定。

一、行政责任

行政责任主要是由中国保监会根据《保险经纪机构监管规定》（以下简称本规定），对有违法行为的保险经纪机构或其从业人员处以警告、罚款、吊销执业证书或资格证书、限制业务范围、停业整顿、吊销保险经纪公司的许可证等处罚。具体内容包括：

1. 未经批准，擅自设立保险经纪公司或者未取得许可证，非法从事保险经纪业务的，由中国保监会予以取缔，没收违法所得，并处违法所得1倍以上5倍以下罚款；没有违法所得或者违法所得不足5万元的，处5万元以上30万元以下罚款。

2. 行政许可申请人隐瞒有关情况或者提供虚假材料申请设立保险经纪机构或者申请其他行政许可的，中国保监会不予受理或者不予批准，并给予警告，申请人在1年内不得再次申请该行政许可。

3. 被许可人通过欺骗、贿赂等不正当手段设立保险经纪机构或者取得中国保监会行政许可的，由中国保监会依法予以撤销，对被许可人给予警告，并处1万元罚款；申请人在3年内不得再次申请该行政许可。

4. 保险经纪公司未经批准设立分支机构或者变更组织形式的，由中国保监会责令改正，处1万元以上5万元以下罚款；对该机构直接负责的主管人员和其他责任人员，给予警告，并处1万元以上3万元以下罚款。

5. 保险经纪公司未经批准合并、分立、解散，或者发生本规定第十八条所列事项未按规定报告的，由中国保监会责令改正，给予警告，没有违法所得的，处1万元以下罚款，有违法所得的，处违法所得3倍以下罚款，但最高不得超过3万元；对该机构直接负责的主管人员和其他责任人员，给予警告，处1万元以下罚款。

6. 保险经纪机构聘任不具有任职资格、从业资格的人员的，由中国保监会责令改正，处2万元以上10万元以下罚款；对该机构直接负责的主管人员和其他责任人员，给予警告，并处1万元以上5万元以下罚款。

7. 保险经纪机构出租、出借或者转让许可证的，由中国保监会责令改正，处1万元以上 10 万元以下罚款；情节严重的，责令停业整顿或者吊销许可证；对该机构直接负责的主管人员和其他责任人员，给予警告，并处 1 万元以上 5 万元以下罚款。

8. 保险经纪机构有下列情形之一的，由中国保监会责令改正，处 2 万元以上 10 万元以下罚款；情节严重的，责令停业整顿或者吊销许可证；对该机构直接负责的主管人员和其他责任人员，给予警告，并处 1 万元以上 10 万元以下罚款：

（1）未按规定缴存保证金或者未经批准动用保证金。

（2）未按规定投保职业责任保险或者未保持职业责任保险的有效性和连续性。

（3）未按规定设立专门账簿记载业务收支情况。

9. 保险经纪机构超出核准的业务范围从事业务活动的，或者与非法从事保险业务或者保险中介业务的单位或者个人发生保险经纪业务往来的，由中国保监会责令改正，给予警告，没有违法所得的，处 1 万元以下罚款，有违法所得的，处违法所得 3 倍以下罚款，但最高不得超过 3 万元。

10. 保险经纪机构违反本规定第三十七条，未按规定制作、出示客户告知书的，由中国保监会责令改正，给予警告，处 1 万元以下罚款；对该机构直接负责的主管人员和其他责任人员，给予警告，处 1 万元以下罚款。

11. 保险经纪机构及其从业人员有本规定第四十六条、第四十七条所列情形之一的，由中国保监会责令改正，处 5 万元以上 30 万元以下罚款；情节严重的，吊销许可证；对该机构直接负责的主管人员和其他责任人员，给予警告，并处 3 万元以上 10 万元以下罚款。

12. 保险经纪机构及其从业人员在开展保险经纪业务过程中，索取、收受保险公司及其工作人员给予的合同约定之外的酬金、其他财物的，或者利用执行保险经纪业务之便牟取其他非法利益的，由中国保监会给予警告，处 1 万元以下罚款。

13. 保险经纪机构违反本规定第四十八条的，由中国保监会给予警告，没有违法所得的，处 1 万元以下罚款，有违法所得的，处违法所得 3 倍以下罚款，但最高不得超过 3 万元；对该机构直接负责的主管人员和其他责任人员，给予警告，处 1 万元以下罚款。

14. 保险经纪机构有违反本规定第五十条的，由中国保监会给予警告，并处 1 万元罚款；对该机构直接负责的主管人员和其他责任人员，给予警告，处 1 万元以下罚款。

15. 保险经纪机构未按本规定报送或者保管有关报告、报表、文件或者资料的，或者未按照规定提供有关信息、资料的，由中国保监会责令限期改正；逾期不改正的，处 1 万元以上 10 万元以下罚款；对该机构直接负责的主管人员和其他责任人员，给予警告，并处 1 万元以上 5 万元以下罚款。

16. 保险经纪机构有下列情形之一的，由中国保监会责令改正，处 10 万元以上 50 万元以下罚款；情节严重的，可以限制其业务范围、责令停止接受新业务或者吊销许可证；对该机构直接负责的主管人员和其他责任人员，给予警告，并处 5 万元以上 10 万元以下罚款：

（1）编制或者提供虚假的报告、报表、文件或者资料。

（2）拒绝、妨碍依法监督检查。

17. 保险经纪机构有下列情形之一的，由中国保监会责令改正，给予警告，没有违法所得的，处 1 万元以下罚款，有违法所得的，处违法所得 3 倍以下罚款，但最高不得超过 3 万元；对该机构直接负责的主管人员和其他责任人员，给予警告，处 1 万元以下罚款：

（1）未按规定缴纳监管费。

（2）未按规定在住所或者营业场所放置许可证。
（3）未按规定办理许可证变更登记或者未按期申请延续许可证有效期。
（4）未按规定交回许可证。
（5）未按规定进行公告。
（6）未按规定管理业务档案。
（7）未按规定使用独立的客户资金专用账户。
（8）临时负责人实际任期超过规定期限。

18. 违反《中华人民共和国保险法》第一百六十六条至一百七十二条规定，情节严重的，中国保监会可以对其直接负责的主管人员和其他直接责任人员撤销任职资格或者从业资格。

19. 违反法律和行政法规的规定，情节严重的，中国保监会可以禁止有关责任人员一定期限直至终身进入保险业。

20. 保险经纪机构的董事、高级管理人员或者从业人员，离职后被发现在原工作期间违反保险监督管理规定的，应当依法追究其责任。

21. 中国保监会发现保险经纪机构涉嫌逃避缴纳税款、非法集资、传销、洗钱等，需要由其他机关管辖的，应当向其他机关举报或者移送。

违反本规定，涉嫌构成犯罪的，中国保监会应当向司法机关举报或者移送。

二、民事责任

按照《中华人民共和国民法通则》的规定，结合保险业务的特点，保险经纪机构承担民事责任的形式主要是赔偿损失和支付违约金，即保险经纪从业人员在保险经纪业务中，违反法律规定给另一方当事人（投保人、被保险人或保险人）造成损失时，应该赔偿另一方因此所受到的损失；并且，如果保险经纪机构从业人员与另一方当事人签订了合同，在保险经纪机构违反合同规定时，应向另一方支付一定数额的违约金。

我国《中华人民共和国保险法》第一百二十八条规定："保险经纪人因过错给投保人、被保险人造成损失的，依法承担赔偿责任。"根据此条规定，保险经纪机构违反《中华人民共和国保险法》的规定，给投保人、被保险人或者保险人造成损害的，应根据我国《中华人民共和国保险法》及《中华人民共和国民法通则》等相关法律规定承担民事责任。

三、刑事责任

刑事责任是当保险经纪机构或其从业人员的违反行为构成犯罪时，根据《中华人民共和国刑法》（简称《刑法》）等法律规定处以的法律制裁。具体规定主要为：

1. 关于擅自设立保险经纪机构。《刑法》第一百七十四条规定："未经国家有关主管部门批准，擅自设立商业银行、证券交易所、期货交易所、证券公司、期货经纪公司、保险公司或者其他金融机构的，处三年以下有期徒刑或者拘役，并处或者单处二万元以上二十万元以下罚金；情节严重的，处三年以上十年以下有期徒刑，并处五万元以上五十万元以下罚金。

伪造、变造、转让商业银行、证券交易所、期货交易所、证券公司、期货经纪公司、保险公司或者其他金融机构经营许可证的，依照前款的规定处罚。

单位犯前两款罪的，对单位判处罚金，并对其直接负责的主管人员和其他直接责任人员，依照第一款的规定处罚。"

2. 关于挪用客户资金。《刑法》第二百七十二条规定："公司、企业或者其他单位的工作人员，利用职务上的便利，挪用本单位资金归个人使用或者借贷给他人，数额较大、超过三个月未还的，或者虽未超过三个月，但数额较大、进行营利活动的，或者进行非法活动的，处三年以下有期徒刑或者拘役；挪用本单位资金数额巨大的，或者数额较大不退还的，处三年以上十年以下有期徒刑。

国有公司、企业或者其他国有单位中从事公务的人员或国有公司、企业或者其他国有单位委派到非国有公司、企业以及其他单位从事公务的人员有前款行为的，依照本法第三百八十条规定定罪处罚。"

3. 关于受贿。《刑法》第一百八十四条规定："银行或者其他金融机构的工作人员在金融业务活动中索取财物或者非法收受他人财物，为他人谋取利益的，或者违反国家规定，收受各种名义的回扣、手续费，归个人所有的，依照本法第一百六十三条的规定定罪处罚。

国有金融机构工作人员和国有金融机构委派到非国有金融机构从事公务的人员有前款行为的，依照本法第三百八十五条、第三百八十六条的规定定罪处罚。"

4. 关于账外经营。《刑法》第一百八十七条规定："银行或者其他金融机构的工作人员吸收客户资金不入账，数额巨大或者造成重大损失的，处五年以下有期徒刑或者拘役，并处二万元以上二十万元以下罚金；数额特别巨大或者造成特别重大损失的，处五年以上有期徒刑，并处五万元以上五十万元以下罚金。

单位犯前款罪的，对单位判处罚金，并对其直接负责的主管人员和其他直接责任人员，依照前款的规定处罚。"

5. 关于涉嫌洗钱。《刑法》第一百九十一条规定："明知是毒品犯罪、黑社会性质的组织犯罪、恐怖活动犯罪、走私犯罪、贪污贿赂犯罪、破坏金融管理秩序犯罪、金融诈骗犯罪的所得及其产生的收益，为掩饰、隐瞒其来源和性质，有下列行为之一的，没收实施以上犯罪的所得及其产生的收益，处五年以下有期徒刑或者拘役，并处或者单处洗钱数额百分之五以上百分之二十以下罚金；情节特别严重的，处五年以上十年以下有期徒刑，并处洗钱数额百分之五以上百分之二十以下罚金：

（一）提供资金账户的；

（二）协助将财产转换为现金、金融票据、有价证券的；

（三）通过转账或者其他结算方式协助资金转移的；

（四）协助将资金汇往境外的；

（五）以其他方法掩饰、隐瞒犯罪所得及其收益的来源和性质的。

单位犯前款罪的，对单位判处罚金，并对其直接负责的主管人员和其他直接责任人员，处五年以下有期徒刑或者拘役。"

6. 关于参与保险诈骗。《刑法》第一百九十八条规定："有下列情形之一，进行保险诈骗活动，数额较大的，处五年以下有期徒刑或者拘役，并处一万元以上十万元以下罚金；数额巨大或者有其他严重情节的，处五年以上十年以下有期徒刑，并处二万元以上二十万元以下罚金；数额特别巨大或者有其他特别严重情节的，处十年以上有期徒刑，并处二万元以上二十万元以下罚金或者没收财产：

（一）投保人故意虚构保险标的，骗取保险金的；

（二）投保人、被保险人或者受益人对发生的保险事故编造虚假的原因或者夸大损失的程度，骗取保险金的；

（三）投保人、被保险人或者受益人编造未曾发生的保险事故，骗取保险金的；

（四）投保人、被保险人故意造成财产损失的保险事故，骗取保险金的；

（五）投保人、受益人故意造成被保险人死亡、伤残或者疾病，骗取保险金的；

有前款第四项、第五项所列行为，同时构成犯罪的，依照数罪并罚的规定处罚。

单位犯第一款罪的，对单位判处罚金，并对其直接负责的主管人员和其他直接责任人员，处五年以下有期徒刑或者拘役；数额巨大或者有其他严重情节的，处五年以上十年以下有期徒刑；数额特别巨大或者有其他特别严重情节的，处十年以上有期徒刑。

保险事故的鉴定人、证明人、财产评估人故意提供虚假的证明文件，为他人诈骗提供条件的，以保险诈骗的共犯论处。"

7. 关于不正当竞争行为。《刑法》二百二十一条规定："违反国家规定，有下列非法经营行为之一，扰乱市场秩序，情节严重的，处五年以下有期徒刑或者拘役，并处或者单处违法所得一倍以上五倍以下罚金；情节特别严重的，处五年以上有期徒刑，并处违法所得一倍以上五倍以下罚金或者没收财产：

（一）未经许可经营法律、行政法规规定的专营、专卖物品或者其他限制买卖的物品的。

（二）买卖进出口许可证、进出口原产地证明以及其他法律、行政法规规定的经营许可证或者批准文件的。

（三）未经国家有关主管部门批准，非法经营证券、期货或者保险业务的。

（四）其他严重扰乱市场秩序的非法经营行为。"

知识要点

1. 保险经纪人职业道德。
2. 保险经纪人执业操守。
3. 保险经纪组织机构与任职资格监管。
4. 保险经纪人业务经营活动监管。
5. 保险经纪财务及综合监管。
6. 保险经纪人法律责任确定。

习题与实训

1. 将全班同学分组，7~8人一组。各小组针对保险经纪人的基本素质进行讨论；各小组安排1人向全班同学汇报对于保险经纪人执业规则的认知；每名同学根据自己的学习情况填写实训报告。

2. 案例分析。

2012年5月11日至5月18日，某地保监局对某保险经纪有限公司进行现场检查，发现该保险经纪有限公司存在如下行为：（1）未经批准在当地设立分支机构。（2）以购买保险产品作为擅自设立的分支机构招聘业务人员的条件。上述行为有相关谈话笔录、通话录音、保单复制件、保险营销员个人信息登记表复制件、该保险经纪有限公司相关授权书复制件、该保险经纪有限公司当地分公司相关情况说明、2011年业务明细表和佣金发放表复制件等证据证明。

　　请对照《中华人民共和国保险法》《保险经纪机构监管规定》，分析上述两种行为分别违反哪些规定，应受到什么处罚？

项目七

保险公估合同业务运作

【职业能力目标】
  知识学习目标：熟悉保险公估合同的基本内容；了解保险公估合同签订的基本流程；熟悉保险公估合同纠纷的解释原则。
  技能训练目标：能处理好保险公估合同的签订并学会对合同纠纷进行分析和解决。

【典型工作任务】
  本项目工作任务：保险公估合同签订业务处理；保险公估合同纠纷分析。
  标志性成果：填制完整的保险公估合同。

【业务场景】
  保险公司或保险公估公司，主要参与者为保险公估人方、保险公司方和投保方。

【导入案例】
  原告（某境外保险公估公司）与被告（某境内保险公估公司）于2003年7月15日订立公估技术合作协议一份，约定由原告为被告提供在境内的保险公估业务技术服务，并约定了利润分配方案。后双方按协议履行，由被告每月向原告提供案件统计表，列明其已收款的案件、金额、客户已开发票但尚未收款的案件及金额，然后由双方按协议约定的利润分配比例结算。但自2005年10月起，被告拒不向原告提供案件统计表，亦未向原告支付款项。原告诉诸法院，要求判被告行为严重违约。
  法院认为，中国保监会颁布的《保险公估机构管理规定》第四条规定：未经中国保监会批准，任何单位和个人不得在中华人民共和国境内以保险公估机构名义从事保险标的的评估、勘验、鉴定、估损、理算等业务。由此可见，在中国境内从事保险公估业务的单位或个人必须获得中国保险监督管理委员会的强制行政许可。据此，法院认为，原、被告双方恶意串通签订系争协议，该行为严重扰乱了我国市场经济管理秩序，损害了国家利益。根据《中华人民共和国合同法》第五十二条第二款之规定，系争协议应认定无效。因无效合同自始不具有法律约束力，故原告要求被告按照协议约定继续支付其尚欠公估费用的诉请与法相悖，法院不予支持。

模块一　签订保险公估合同

【任务描述】
  本模块工作任务：搜集人身保险公估合同、财产保险公估合同、保险公司与公估公司签订的公估合同、投保方与公估公司签订的公估合同各一份，总结分析其合同特征、合同要素、合同内容，了解签订保险公估合同的意义；掌握保险公估合同的签订业务处理。
  标志性成果：搜集整理的各类保险公估合同。

【知识准备】

一、保险公估合同的概念

保险公估合同是保险当事人与保险公估人之间约定权利义务关系的一种协议。保险公估法律关系是指由合同及保险法律法规确认或调整后形成的保险当事人与保险公估人之间的权利和义务，属于民事法律关系中的委托—代理关系。

二、保险公估合同的特点

保险公估合同属于民事合同中的委托合同，具有民事法律效力。合同的成立需要采用要约、承诺方式。在保险公估关系中，委托人即为要约人，保险公估人为受要约人。合同在保险公估人做出同意接受委托人要约的全部条件的意思表示时即宣告成立。保险公估合同具有以下特征。

（一）双务性合同

合同的双方当事人都同时享受权利并负有义务，双方的权利和义务是对等的。在保险公估活动中，保险公估人有其特定的权利和义务。

1. 保险公估人的权利主要为：（1）要求委托人向自己说明委托事项的具体要求并提供与公估作业有关的资料、文件和信息。（2）在委托事务完成后，要求委托人向自己一方支付规定或协定的报酬及其他约定的费用。（3）要求委托人赔偿因任意变更或取消委托要求所造成的保险公估人的损失。（4）参与保险公估纠纷和依法为自己申诉的权利。

2. 保险公估人的义务表现在：（1）坚持公正立场，忠实地进行公估活动，做出公正、科学、合理的公估报告书。（2）告知义务。公估人应据实向委托人报告有关情况以使委托人及时了解情况。（3）保险公估人应尽最大努力促进保险公估委托人与第三方在公平、公正、合理的基础上达成一致协议。（4）保密义务。保险公估人在公估作业中应委托人要求，对其所了解的有关商业机密、技术秘密保密。（5）保险公估人的公估活动结果不应违反有关现行法律规定。

（二）诺成合同

诺成合同即双方的权利和义务关系自达成协议时产生。

（三）有偿合同

保险公估人应完成委托人规定的工作并交付公正、科学合理的公估报告书，委托人应接受该劳动成果并为此支付报酬。

三、保险公估合同的构成要素

（一）保险公估合同的主体

保险公估法律关系的主体是指参与保险公估法律关系，享有权利并承担义务的保险公估合同当事人，具体包括：

1. 保险公估委托人。保险公估委托人指保险当事人（保险人和被保险人）中的一方或双方。作为委托人，其有向保险公估人支付一定报酬的义务，同时享有获得保险公估人劳动成果的权利。

2. 保险公估人。保险公估人接受保险当事人委托的规定的工作并交付公正、科学合理的公估报告书，同时接受委托人的报酬。

（二）保险公估合同的客体

保险公估法律关系的客体，指保险公估法律关系主体权利和义务所共同指向的对象，即保险公估人进行公估活动的结果，一般情况下是以公估报告书的形式出现。

（三）保险公估合同的内容

保险公估法律关系的内容是指保险公估法律关系的主体所享有的权利和承担的义务。这种权利和义务关系由保险公估合同规定，受《合同法》的约束。

保险公估法律关系的成立，是以保险公估合同的成立为要件的。一旦保险公估人接受当事人的委托，双方签订保险公估合同，保险公估法律关系即告成立，受法律保护。

（四）保险公估合同的形式

保险公估合同的形式就是实质内容具体的保险公估委托书或保险公估合作协议书。保险公估人必须在保险公估合同允许的范围内从事公估活动，保险公估合同使保险公估关系双方的权利和义务得以确定化，它是保险公估人的行为依据，当公估人和委托人发生纠纷时，保险公估合同可用做诉讼证据。

业务一　签订保险公估合同

业务描述：××财产保险公司作为委托人与××保险公估公司就车险理赔业务签订保险公估委托合同。

一、要约

在保险公估关系中，要约人即委托人，受要约人即保险公估人。委托人应首先填写委托申请书，并根据鉴定项目需要随附有关资料和文件，主要内容有：鉴定项目和要求；财产损失原因的说明或证明材料；受损财产清单；与受损财产有关的合同、发票、标准、图纸等商务单证和技术资料。特殊财产应提供必要的证明，如仪器仪表的有效使用证明、船舶修理的报价清单等。

二、承诺

公估人在受理委托申请前,应仔细审核鉴定要求的具体内容,财产受损的原因、时间、受损财产的品名、规格、数量以及必要的单证资料是否齐全。当确认可以受理该委托申请后,公估人即做出承诺。承诺的法律效力在于一经承诺并送达要约人,合同即宣告成立。

业务二 变更、补充保险公估合同

业务描述:××财产保险公司因情况变化需依据法定的程序对与××保险公估有限公司签署的保险公估合同进行修改和补充。

一、填写委托要约变更申请书

在公估作业过程中,委托事项如有变更,委托方应及时向受托方发出《委托要约变更申请书》(如表7-1所示),经受托方确认后双方按照变更后的内容执行。

表7-1　　　　　　　　　　委托要约变更申请书

委托人		
委托单编号		
□ 要约撤销	□ 更正、补充要约内容	
原要约内容	更正、补充项目	更正、补充后内容
委托人(签章)		
受托人(签章)	××保险公估有限公司	

二、附件及条款修订

保险公估协议所附附件是协议的有效组成部分,在协议有效期内,经委托方和受托方协商一致,补充协议或修订协议与原协议具同等法律效力。

三、协议终止

保险公估协议有效期内，任何一方欲提前解除协议，应提前三十日书面提交对方。发生下列情形，协议终止：协议期限届满；一方严重违约的，另一方有权单方终止本协议；委托方无故拖延给付公估费用，经双方沟通无效的，受托方可单方终止合同；双方协商同意终止协议；因不可抗力因素导致协议无法继续履行。

模块二　保险公估合同纠纷处理

【任务描述】

本模块工作任务：分析保险公估合同纠纷产生的原因；寻求保险公估合同纠纷解决的方式。

标志性成果：保险公估合同纠纷分析处理报告。

业务一　保险公估合同纠纷分析

业务描述：搜集一典型的保险公估合同纠纷案例，分析其产生的原因，并尝试对合同条款进行阐释。

一、找出保险公估合同纠纷产生的原因

保险公估合同的订立应该是按照有关法律法规的要求做到内容具体、文字准确、条款齐全。但是，在合同的实施过程中，双方当事人往往在主张权利和履行义务时发生争议和纠纷。这些争议和纠纷就会影响合同的顺利执行，并影响公估关系的进一步存在和发展。一般而言，保险公估人与委托人多在公估手续费、公估报告的提交时间及违约责任等方面产生异议、引起摩擦并导致纠纷。究其争议的原因，不外乎以下几个方面：公估合同条款文义表达不清晰、不准确；当事人双方对合同条款及有关文字释义的差异；由违约责任或其他责任的归属问题造成。

二、阐释保险公估合同

当事人对合同条款文字解释的分歧是合同纠纷的主要原因，保险公估合同也不例外。因此，在处理纠纷的实践中，人们逐渐总结出一套阐释合同条款和文字的国际惯例和原则，这些惯例与原则成为现行协商、调解、仲裁及法院裁决合同纠纷问题的重要依据。公估合同的主要解释原则：

1. 按文义解释。按文义解释是指对合同中的措辞应按该词最普通、最通常的文字含义并结合上下文来解释。在同一合同内出现的同一个词，对它的解释应该是同一的；合同中所

用的专业术语应按所属专业部门的标准含义解释。

2. 按意图解释。合同是根据双方当事人自由意志的结合而订立的，因此，在解释时必须尊重双方订约时的真实意图，这种意图要根据合同的文字、订约时的背景、客观实际情况来分析和推定。意图解释只适用于文义不清、用词含糊的情况，如果合同表述清晰，则必须按字面解释。

3. 明示优于默示。公估行为一般受制于公估合同及社会公德与公认行为规则，合同中规定的条件称为明示条件，社会公德与公认行为称为默示条件。在不违背法律和公德的前提下，当明示与默示条件不一致时，对合同的解释应以明示条件为准。

4. 合同变更优于合同正文。保险公估合同订立以后，双方当事人会就各种条件的变化进一步磋商并对合同正文予以修订，当因合同变更而产生的修正与原合同内容相抵触时，对合同的阐释应以更正的内容为准。如果合同的变更不止一次，则最近的变更优于先前的变更。

业务二　保险公估合同纠纷处理

业务描述：为业务一中搜集的典型案例寻求合理的解决渠道。

该部分的业务内容包括协商、调解、仲裁、诉讼，具体可参照项目一中模块二下的业务二。

【拓展阅读】

保险公估机构基本服务标准

一、保险公估机构接受委托建立保险公估服务关系应充分告知、披露

（1）主动说明保险公估机构的法律定位和业务性质。

（2）主动向委托方提供客户告知书，告知本机构的名称、营业场所、业务范围、联系方式等基本事项；告知是否与相关保险公司、保险中介机构存在关联关系；说明报酬的收取方式和比例；如实客观介绍本机构经营历史、服务特色等内容。

（3）从业人员主动出示执业证书、身份证明。

（4）决定建立保险公估服务关系时，与委托方签订合同，明确约定服务事项、双方的权利和义务等内容。

二、保险公估机构进行风险评估应专业、审慎

（1）收集信息、进行访谈，了解保险当事人或委托方基本情况和行业风险特点。

（2）运用专业技术分析、识别、估测、评价保险标的风险。

（3）向委托方详细说明风险评估结果，提出专业的风险管理意见。

（4）根据委托方要求并结合实际情况，制作并提供风险评估报告。

三、保险公估机构进行查勘应细致、及时

（1）接到报案后，指定查勘人员在约定的时间内到达现场；确因特殊情况无法到达的，及时与保险当事人沟通。

（2）从业人员到达现场后，主动出示执业证书、身份证明，告知保险公估机构的名称、联系方式、经营范围等基本情况，告知保险当事人可以自主聘请独立机构对保险事故进行查勘和定损；保险公估机构接受保险公司委托的，还应告知该保险公司名称、联系方式。

(3) 告知保险当事人应履行如实告知义务，包括真实全面介绍保险事故经过，完整提供相关资料，接受回访时客观真实反馈从业人员的服务情况等。

(4) 提醒保险当事人应采取措施避免损失扩大，应保险当事人要求积极协助减少损失。

(5) 全面细致提取证据，详细记录检验标的损坏范围和程度，认真向现场人员调查取证，并由保险当事人签字认可或经联合检验确定。

(6) 告知保险当事人索赔流程，提醒保险当事人按时准备索赔资料。

(7) 按照保险当事人要求，及时提交查勘结论，妥善归档、保存相关文件。

四、保险公估机构定责定损应尽责公正、充分沟通

(1) 尊重事实，依据相关法律法规，按合同约定的要求和时间完成定责定损工作，向委托方提供公估报告。

(2) 及时、全面告知保险当事人定责依据及定损结果。

(3) 保险当事人接受定损结果的，应由保险当事人签字确认损失确认书。

(4) 保险当事人不接受定损结果的，应与保险当事人积极沟通，告知保险当事人其他处理渠道。

五、保险公估机构处理投诉应及时、有效

(1) 建立专门投诉渠道，设立投诉专用电话，并告知保险消费者。

(2) 及时处理客户投诉，在5个工作日内反馈处理意向，及时、准确告知处理结果，妥善保存相关记录。

知识要点

1. 保险公估合同的特征、要素和基本内容。
2. 保险公估合同签订的基本流程。
3. 保险公估合同纠纷的解释原则。
4. 保险公估合同纠纷的处理方式。

习题与实训

1. 将全班同学分成不同角色，模拟操作保险公估合同的签订业务。
2. 保险公估合同属于委托合同还是承揽合同？
3. 案例分析。

2007年3月9日、6月28日、12月26日，SY制冷设备有限公司（以下简称SY公司）分别向A、B、C三家保险公司为其固定资产和存货投保了财产保险，保险金额分别为245万元、630万元、1 472万元，保险期限均为1年。2008年1月27日，因降雪致SY公司厂房倒塌及设备、原材料、成品等受损。C保险公司得到SY公司的报案后，以委托人身份于2008年2月1日向某公估公司出具《公估委托书》，《公估委托书》主要内容为：C保险公司委托该公估公司对SY公司投保的财产因雪灾受损进行查勘、检验、估损及理算工作，并出具公估报告，相关公估费用及其他费用由委托人账户付至公估人指定账户。该公估公司在对SY公司受损财产公估过程中发现SY公司向A、B保险公司也投保了财产险，在将此情况与C保险公司联系后公估公司继续进行评估工作。2008年2月2日，C保险公司接到SY公司投保财产出险的报案。公估公司于2008年5月21日作出《公估报告书》，确认SY公司雪灾事故核损金额为2 151 987元，扣除残值后的理赔金额为1 220 880元，《公估报告书》于同年9月交给了C保险公司。因SY公司重复保险，且保险金额远大于账面财产，A、B、

保险中介业务

C三家保险公司于 2008 年 9 月协商达成协议，分别对固定资产按照 21.21%、10.09%、68.7%的比例承担赔偿责任；对存货方面按照 37.93%、11.12%、50.95%的比例承担赔偿责任。SY 公司与三家保险公司未能就损失理赔达成协议，即向法院提起诉讼。2010 年 3 月 30 日，法院做出民事判决书，判决 SY 公司的损失 1 323 745 元由 A、B、C 三家保险公司按比例分别赔偿 418 365 元、142 042 元、763 337 元。公估公司随后向法院起诉，请求判令 A 公司、B 公司支付公估费 42 200 元。试分析此案例。

项目八

保险公估业务经营

【职业能力目标】
  知识学习目标：熟悉保险公估业务内容；了解保险公估业务的基本流程；熟悉保险公估业务操作。
  技能训练目标：能签订保险公估委托合同、能进行承保保险公估，能撰写保险公估报告。

【典型工作任务】
  本项目工作任务：保险公估准备，保险公估评估，保险公估报告书撰写。
  标志性成果：撰写保险公估报告。

【业务场景】
  保险公估公司，主要参与者为保险公估公司和保险公司。

【导入案例】
  2008年8月底，某保险分公司接到出险报案，被保险人张某称其投保的一辆吉普车与另一辆进口宝马车发生了碰撞事故，向保险公司索赔67850元。
  事情经过：被保险人张某投保了车损险、第三者责任险、车上（人员）责任险，据报案称，此次事故经有关部门判定，吉普车要负全责。由于被撞宝马车损坏严重，经修理厂检查报价，两车的修理费需近7万元。
  保险公司理赔人员在接到报案后，非常重视，立即着手进行调查，在调查过程中，经办人员发现有不少疑点。如报案称8月中旬发生的事故，却一直拖了半个月才由修理厂而非被保险人报案；又如在调查过程中，一直只有被保险人出面，而双方当事司机却以种种理由为借口拒绝露面，由于调查取证对象的不合作，最终查无结果。
  保险公司决定委托某保险公估行对此案进行调查。该保险公估行在接到委托后，立即成立了专案调查小组对案件进行分析研究，制订了调查取证方案和实施步骤。经分析，认为本案有以下疑点：
  1. 为什么8月中旬出险，属于重大事故的该案拖延到8月底才由修理厂电话报案。
  2. 为什么至今只有被保险人张某出面，其他当事人均以种种理由作为推托不肯露面。
  3. 为什么未经保险公司同意，肇事两车辆均已被擅自进行了修理。
  4. 为什么在向有关部门进行情况调查时，查不到有关此次事故的材料。

模块一 保险公估准备

【任务描述】
  本模块工作任务：搜集保险公估人执业准备相关资料，保险合同，保险公估相关合同等资料，了解保险公估人的执业准备，保险公估操作准备。
  标志性成果：发生一起保险公估案件，完成保险公估准备工作。

保险中介业务

【知识准备】

一、保险公估人的概念和特征

（一）保险公估人的概念

保险公估的出现与保险市场的发展密不可分，它是保险市场发展的必然产物。保险公司理赔事务的日益增加和复杂化产生了专业性的需求，为专门从事保险公估工作的保险公估人的形成和发展奠定了基础。

保险公估人是指接受委托，专门从事保险标的或者保险事故的评估、勘验、鉴定、估损、理算等业务，并按约定收取报酬的机构。接受委托对保险标的或保险事故进行评估和鉴定的机构和人员，应当依法、独立、客观、公正地进行评估和鉴定，任何单位和个人不得干涉。保险公估机构和人员，因故意或者过失给保险人或者被保险人造成损失的，依法承担赔偿责任。在我国，根据《保险公估机构管理规定》，"保险公估机构是指依照《中华人民共和国保险法》等有关法律、行政法规以及本规定，经中国保监会批准设立的，接受保险当事人委托，专门从事保险标的的评估、勘验、鉴定、估损、理算等业务的单位"。保险公估人与保险代理人、保险经纪人一起构成了保险中介的三大支柱，在整个保险市场体系中发挥着不可替代的作用。

理解保险公估人的概念，必须掌握以下四个方面的内容：

1. 特许资格。保险公估人从事的是特殊性质的业务，必须满足特许的资格条件。在我国，保险公估人需要具备中国保监会规定的资格条件，并经其批准取得经营保险公估业务许可证后方可营业。

2. 服务对象。保险公估人服务于保险合同当事人，保险公估人既不属于保险人一方，也不属于被保险人一方，是一个独立于保险合同当事人之外的保险中介服务机构。保险公估人接受保险人或被保险人或双方共同的委托，为其提供保险标的的评估、勘验和理算等服务。

3. 服务性质。保险公估人受保险当事人委托而提供的服务是一种市场的公证行为。保险公估人是以法律法规为准则，以科学技术为手段，以客观事实为依据，对委托业务进行公开、公正、合理的评估。保险公估人作为经济组织，在进行保险公估服务的同时，应当收取合理的报酬。

4. 业务范围。保险公估人的经营范围包括对保险标的或者保险事故评估、勘验、鉴定、估损和理算等。这与保险经纪人和保险代理人的业务范围完全不同，保险公估人的业务更具有专业性。

（二）保险公估人的特征

保险公估人作为保险中介市场主体重要的组成部分之一，具有保险中介市场主体的共性。但与保险经纪人和保险代理人相比，也有明显的区别，即个性特征。

1. 保险公估人地位的独立性。公估是"公"与"估"两种行为的结合。"公"是公正、公平、公道的行为准则的表示。"估"是指估计、估价、估量的行为。也就是说，保险公估人是以法律法规和有关政策为准则，以科学技术为手段，以客观事实和各项数据为依据，进行客观、合理、科学的估测。

在我国，保险公估人是根据"产权清晰、权责明确、政企分开、管理科学"的现代企业制度的要求建立的"自主经营、自负盈亏、自我发展、自我约束"的法人实体和市场竞争主体，一般与保险人或投保人在经济上是相互独立的，不存在股权关系。保险公估人的行为不受任何保险公司或被保险人的影响。

2. 保险公估人立场的中立性。保险公估人应该按照委托人的要求，对所委托的保险标的进行评估、勘验、鉴定、估损或理算等并出具公估报告书。保险公估人在开展业务时，既不偏向保险人，又不偏向投保人。

3. 保险公估人业务的广泛性。在我国，保险公估机构可以经营的业务包括：对保险标的承保前和承保后进行检验、估价及风险评估；对保险标的出险后进行查勘、检验、估损、理算及出险保险标的的残值处理；中国保监会规定的其他业务。

4. 保险公估人专业的技术性。保险公估人面向众多的保险人或被保险人处理不同类型的保险理赔、评估业务，因此保险公估机构必须拥有具有各种专业背景，并熟悉保险业务的专业工程技术人员。对保险公估人专业技术性的具体要求包括：第一，要求保险公估人掌握并精通保险专业知识。第二，要求保险公估人通晓与保险业务相关的法律专业知识。第三，由于保险标的自身特性以及自然灾害或突发事故所涉及的物理、化学或生物过程，保险公估人必须了解相关的工程技术领域的知识，了解各种公估对象在各种灾害中可能产生的后果，以及恢复它们的方法、损失的计算和灾害的预防。与保险公司的理赔人员相比，保险公估人员具备的专业技术知识和保险知识更加丰富。

5. 保险公估人结论的客观性。保险公估机构要依法经营，在法律许可的范围内从事保险公估业务。就保险公估行为而言，保险公估人在承保前或承保后对保险标的进行评估时，不能凭空编造任何结论，应该依据相关法律或法规行事，做到有章可循、有法可依。

6. 保险公估人结果的经济性。保险公估人作为独立的、专门的公估机构，接受诸多保险人或被保险人委托，凭借自身的专业知识和机构储备的专业技术人员的专业技术，处理不同类型的保险公估业务，并公正地、客观地对委托业务提出合理、可操作的公估结论。

二、保险公估人的职能

保险公估人的职能，是指保险公估人的内在的固有的功能，它是由保险公估人的本质和内容决定的。一般认为，保险公估人有以下四个方面的职能：

（一）评估职能

保险公估人的评估职能包括勘验职能、鉴定职能、估损职能和理算职能等。评估职能是保险公估人的关键职能。保险公估人执行评估职能，可使赔案快速、科学地得以处理。

（二）公证职能

保险公估人之所以具有公证职能，原因在于：第一，保险公估人有丰富的保险公估知识和技能，在保险公估结论准确与否的问题上具有权威性。第二，保险公估人是保险合同当事人之外的第三方，既不偏向保险人，也不偏向被保险人，而是站在中间的立场上对保险案件进行评审，因而能够做出符合双方利益的公正的评估结论。

（三）中介职能

保险公估人的中介职能表现在：第一，保险公估人既可以受托于保险人，又可以受托于被保险人。第二，保险公估人以保险当事人之外的第三方身份从事保险公估经营活动，为保险当事人提供中介服务。

（四）调整职能

保险商品经济活动导致保险法律关系的产生。保险公估人可以在一定范围内调整法人之间、自然人和法人之间的保险法律关系。例如，合理、公证的公估结论往往得到保险人和被保险人双方的认可，能够有效调整各类主体之间的法律关系。

【拓展阅读】

保险公估公司的组织架构

保险公估公司通常是根据产品、客户和业务的需要来设计公司内部组织架构，不同的公司组织架构不同，图8-1是一般的保险公估公司的组织结构。

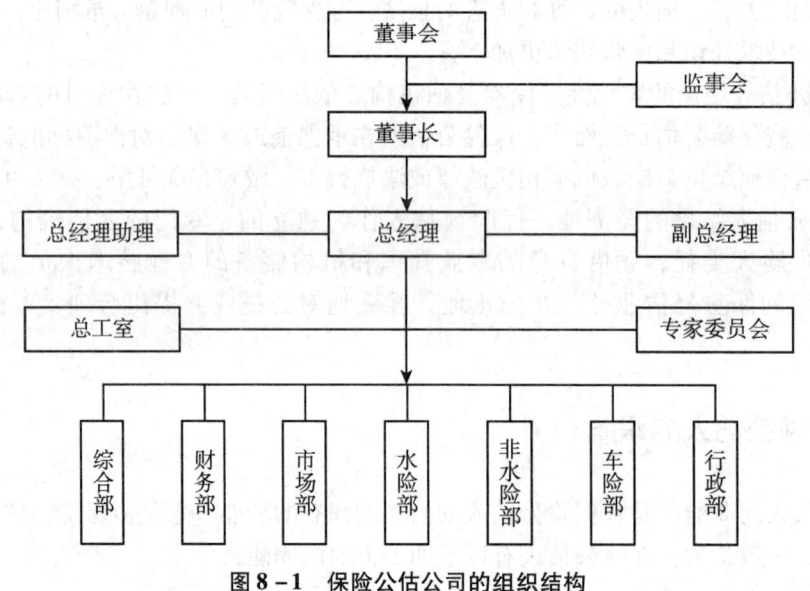

图8-1 保险公估公司的组织结构

业务一　保险公估业务流程

业务描述：掌握保险公估业务的承保公估程序和理赔公估程序，如图8-2所示。

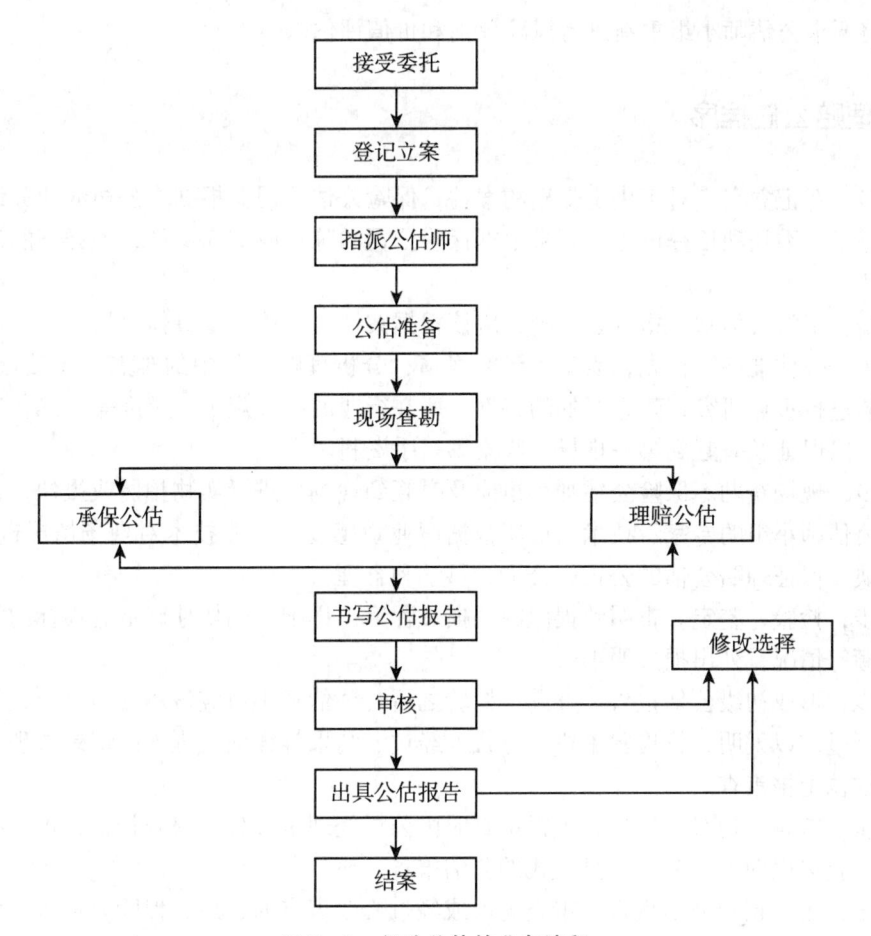

```
        接受委托
           │
        登记立案
           │
        指派公估师
           │
         公估准备
           │
         现场查勘
           │
    ┌──────┴──────┐
  承保公估      理赔公估
    └──────┬──────┘
           │
        书写公估报告
           │                    ┌─────────┐
          审核 ─────────────→  修改选择
           │                    └────┬────┘
        出具公估报告 ←──────────────┘
           │
          结案
```

图 8-2 保险公估的业务流程

一、承保公估程序

第一步，登记受理。保险公估公司应根据本公司的承保公估业务编号编制业务文件，对委托人的要求和建议作详细的记录。

第二步，指派公估师小组。保险公估公司根据实际需要，从登记在册自身的公估师与可聘用的兼职公估师、专家和技术人员中选择适当的组合，组成公估师小组共同完成任务。

第三步，公估前的准备。公估师小组分工协作，收集相关资料、文件，查找过去相关承保公估的记录等。

第四步，风险评估和价值评估。风险评估和价值评估是保险承保公估的核心内容，公估师小组应对保险标的所面临的风险及自身价值进行客观、科学、合理的评价。

第五步，出具公估报告。完成评估工作后，保险公估公司应当形成书面报告，将风险评估、价值评估的过程、运用的方式手段、最终的评估结果翔实地记录在案，而后上报审批。

第六步，审核。保险公估公司总经理或专管负责人的审核，是对报告的最终审查。如果报告合格，报告可以报送保险公司，进而结束承保公估；如果不符合要求，保险公估公司相

143

关负责人将要求公估师小组重新进行风险评估和价值评估。

二、理赔公估程序

第一步，登记立案。对于决定受理的案件，保险公估公司应根据本公司的业务编号编制案件案情登记、委托项目登记等，要求根据保险公司的陈述或书面文件，做详细的记录，以备今后查证。

第二步，指派公估师。指派公估师，应该根据案情，具体问题具体分析。

第三步，公估准备。首先，需集中研究案情，分析理赔公估中的难点、突破点；同时，对保险标的进行重点研究，熟悉标的的特性，所在行业的有关规定、标准等。准备工作应该尽快完成，以保证及时赶到第一现场，收集第一手资料。

第四步，现场查勘。保险公估师小组应及时赶到现场，进行实物拍照或摄像，收集第一手资料。公估师小组的专家、技术人员应根据职业敏感度、专业技术对现场情况进行客观、真实的反映，保证理赔公估的公正、公平、科学和合理。

第五步，检验、鉴定。查明致损原因、损失程度；详细、确切地确定受损标的物的损失程度、金额等情况，列出损失明细。

第六步，形成初级公估报告。查勘、检验之后，公估师小组应该用书面的形式将整个现场查勘的经过加以说明，将检验手段、方式、经过、结果等详细过程加以记录整理，写出公估报告的初稿上报审查。

第七步，审查。初级公估报告上报审查时由公司经理审查公估报告初稿，审查结果如果没有问题，就可以向保险公司出具正式的公估报告。

第八步，出具正式公估报告。审查无误或经过修改审查通过后，保险公估人员就可以出具正式的理赔公估报告。报告要求文理清晰、资料翔实、数字准确，并且一般需要两个以上公估师签字（签章）并对其负相关责任。

【拓展阅读】

关于人伤案的调查

针对车险第三者、司机及乘客伤亡事故发案率较高，非车险某些险种，如雇员工伤事故较为普遍，赔付金额较多，为杜绝假案骗案，避免小伤大养、旧病兼治，及时掌握伤亡事故所需费用，有效地控制赔付支出，同时，安抚受伤民众，给予伤者合理的赔付，进行人伤调查必不可少。

开展人伤调查应遵循"预防为主，跟踪治疗为普，事后调查为辅"，查防结合的原则，针对不同的情况，采取不同措施。

1. 对正在住院治疗的伤者要及时调查。为安抚伤者及家属方便开展调查，查勘人员前往医院探望时，应携带水果或鲜花。事实证明，这个办法行之有效，无形中促使伤者对查勘人员产生信任感。了解情况时，先向伤者说明来意，我们是保险公证人，以事故双方的中间人的身份，不偏不倚的态度，全面了解出事经过及伤者病情，最后调查与被调查方均要签名确保此调查问卷真实无误。根据此调查问卷再向伤者主治医生了解病情，估计住院时间和费用。这份问卷是确定保险责任范围、被保险人所负事故责任大小及伤者赔付预估的重要依据。调查的同时，在征得伤者本人及家属的同意后，对伤者拍照也可作为案件的旁证。

2. 对出险时未向保险公司报案、交警已结案的大案、要案，尤其是在理赔时产生疑问的案件，要求事后复勘调查。一方面，前往医院与主治医生联系，询问有关治疗情况；另一方面，持公司介绍信，到医院医务科病案室查阅其原始病历档案。工作要求"三到"，即到医院、到事故处理机关、到伤者单位。最后达到：三个了解、三个确定的目的，即了解事故经过、确定保险责任；了解伤情、确定伤情范围；了解治疗经过和费用、初步确定核损金额。

业务二　选派保险公估人员

业务描述：甲公司和财产保险公司向保险公估公司提出公估委托申请，公估公司立案之后，选派保险公估人员。

一、受理委托

甲公司和财产保险公司向保险公估公司提出公估委托申请，填写委托申请书，签订《业务受理合同》。业务委托书应明确业务委托范围及委托人的授权范围。业务委托一旦成立，保险公估公司及从业人员应该重合同，守信用，认真完成委托事项。

二、登记立案

保险公估公司对甲公司和保险公司委托的案件进行评估，对属于保险公估范围之内的业务登记立案，并与委托人协商公估价格。同时，保险公估公司应该建立项目档案，用以登记整个公估过程中所形成的文字、影像和电子资料。

三、选派公估人员

保险公估公司在立案受理之后，保险公估公司应该根据公估案件的需要，指派公估师负责本案。保险公估公司应该明确保险公估人员的主要任务是具体承担公估项目操作，因此要根据项目的需要，来指派相应的公估师。

在指派公估师时，应该根据案情，具体问题具体分析。不同的保险案件有着不同的专业技能和专业特点，从理论上讲，公估师只是某一领域和专业的专家，不可能对所有的案件都精通。因而指派公估师是一个严肃的问题，不能随意而为。指派相应的、适当的专业公估师前去处理问题将是公估工作成功的一半。例如，对于房屋倒塌的案件，要选派有建筑专长的公估师；对于锅炉爆炸的案件，要选派有动力专长的公估师。当然，保险公估公司将各种专业人才集于麾下显然是不经济的，因而通常的做法是：确立公估师小组，通过保险公估公司的公估师与外界的专家的组合，来共同完成预定的公估任务。

指派保险公估人员的标准包括：

1. 公正与职业道德。勇于承担职业责任，在所有公估工作中努力保持高标准；在开展公估业务时，除以其专业能力为其带来收益外，不得寻求任何其他好处；任何时候都保持其公正无私的立场。

2. 保险知识。保险公估人应具备保险法律、保险险种、保险条款和保险实务等专业知识。

3. 财务知识。具备一定的财务知识，明白查什么账、查账中什么款、怎样利用现有财务数据等。

4. 专业知识。具备包括专业工程技术和相关技术标准及规定等方面的知识。不同公估案件对保险公估人员的专业技术不同。

5. 市场信息。具有价格信息、国家计费标准等知识。

6. 语言表达能力。善于与人沟通、以理服人的交际能力。

业务三　保险公估物资和技术准备

业务描述：保险公估公司对于保险公估业务进行物资和技术准备。

一、保险公估物资准备

公估物资准备主要包括：本公估案件的相关文件，委托方联系人，交通工具，与公估操作相关的证件，记录工具（如照相机、摄像机等），简单工具、仪表（如尺子、温度计等）。

二、保险公估技术准备

公估技术准备的内容主要包括：了解灾害事故知识，熟悉保险标的的技术资料，收集相关市场信息，查看类似公估案例。

模块二　保险公估评估

【任务描述】

本模块工作任务：了解保险公估人的承包公估业务和理赔公估业务，掌握保险公估业务的要点。

标志性成果：掌握保险公估业务的内容。

业务一　承保公估评估

业务描述：承保公估是指保险公估人对保险标的承保前的检验、估价及风险评估。承保公估一般包括风险评估和价值评估。

一、风险评估

对于投保人，委托保险公估人进行风险评估旨在通过风险评估来确认自己的风险状况，进而选择恰当的风险处理技术，从而决定保险商品的需求程度。

对于保险人，保险公估人的保险承保公估则是其决定是否承保、如何承保的基本依据。一般来说，风险评估分为三个步骤：

（一）风险识别

风险识别是风险评估过程中最基本、最重要的环节，其任务是了解潜在的和客观存在的各种风险，识别和分析风险产生的原因和存在的条件，以及损失的发生可能带来的严重后果，目的是增强识别风险和感知风险的能力。保险公估机构可以利用系统风险分析问卷法、财务报表分析法、流程图分析法、资产—损失分析法、投入产出分析法、事件树分析法、事故树分析法等方法收集与标的有关的资料，分析标的潜在的风险因素。

（二）风险估测

风险估测是指在风险识别的基础上，通过分析以往大量的损失资料，运用概率论和数理统计的方法，对风险因素（或风险因素组合）的发生概率和损失程度进行估测。

（三）风险评价

风险评价是指在风险识别和风险估测的基础上，通过定性和定量分析，结合其他因素综合考虑，得出风险发生的可能性及严重程度，然后根据公认的安全指标确定风险等级，从而确定采取相应的风险管理措施，以控制或避免风险的发生。

二、价值评估

投保人与保险人就保险标的的价值，特别是对一些较新、较大、市场价值变化较大的保险标的的价值，在投保时常常会产生不同的意见，同时，投保人在投保时并不一定将所有资产全部投保，所以投保资产的价值确定、全部资产的合理划分就成为保险双方争议的焦点。这时，保险公估机构的价值评估就成为保险双方投保、承保的主要依据。保险公估机构可以通过指派或聘用有经验、专业技术较好的公估师或会计师，通过对投保人的财务账册的查对、对市场的调研来对投保标的的价值即投保金额进行评估。保险公估机构通过将投保人的资产进行合理细分，缩小风险单位，评估每一个风险单位的保险价值，以确定合理的投保金额。

下面以工程项目为例说明工程保险承保前公估业务的操作步骤：

（1）保险公估人员对工程承保合同、承保金额明细表、工程进度表、地质报告、工地分布略图、工地附近现有管线分布图和机械设备清单等工程文件进行审阅，以大致了解与工程相关的风险情况。

（2）保险公估人员进行实地风险勘查。勘查的主要内容有工地的地理位置、地势及周围环境，工地的管理状况及安全防范措施，工地周围的人文条件，工地的抗灾能力，施工单位的资质情况及施工经验，建筑物资、机械设备的放置状况及地理位置，物资运输方式及距离等。

（3）保险公估人员对工程项目所面临的风险状况进行识别和评估。在分析一般风险时，要考虑到工程项目所处地带的自然灾害及环境灾害、施工工艺水平的技术性风险、建筑员工的人为风险等；在分析第三者责任保险时，要考虑到施工方式和组织管理、工地周围的地理环境、工地所在区域的法律环境等因素。此外，对于不同的工程项目以及同一工程项目的不同阶段所面临的风险，要具体情况具体分析。在对各风险因素进行细致分析后，保险公估人员要对整个工程的危险程度做出综合评价。

（4）保险公估人员以书面形式提供公估报告，报告中要反映如下内容：对调查对象即工程项目的简单介绍；对工程项目面临的风险的详细分析；对工程最大可能损失的估计；对保险人的建议，诸如费率的厘定、免赔额或免赔率的设定，以及保险条款的组合使用等。

业务二 理赔公估评估

业务描述：保险理赔公估就是保险公司将理赔工作的一部分或全部外包给保险公估机构，让保险理赔公估人来承担保险公司理赔工作中的核心部分，即查勘现场、检验、鉴定、定损、出具理赔报告。为保险公司进行理赔公估评估。

一、责任评估

一般来说，保险公估机构接受的案件都是在理赔处理上具有一定难度的保险事故，其中最主要、最困难的是责任的判定。保险公司作为利益关系的一方，在理赔处理上常常因为责任的划分不被保险双方所接受而左右为难，那么，保险公估机构作为第三方，所要充当的是一个有一定权威的、体现公正和公平的中介形象。为此，保险公估机构必须本着公正、公平、科学、合理的原则，认真查勘每一个细节，正确划分保险责任，保证保险各方的合法、合理利益不受损害。

二、损失评估

在实际保险业务中，保险双方还会因保险赔付的多少而产生纠纷。一方的受损程度的准确判定直接影响到赔付金额的确定，特别是当保险标的受损程度的较小变化就会引起赔付金额出现较大的偏差。损失金额的判定还要受到保险金额、保险价值、是否是足额保险、是定值保险还是不定值保险等因素的制约。在保险理赔实践中，损失金额的准确确定（至少保险双方都满意）并不是一件容易的事情。因而，保险理赔公估的另一个直接的任务，在于借助有关的专家、技术人员，利用现实可利用的最先进技术、设备，对受损标的进行彻底的查勘，以科学、合理地确定保险事故中标的物的受损程度以及损失金额，进而为保险公司理赔提供科学的依据。

【拓展阅读】

企业财产保险的保险公估运作

当企业财产保险的保险标的发生灾害事故导致损失时，保险公估人将根据委托人的要求进行以下公估活动：

1. 进行现场查勘，仔细调查灾害事故和损失情况，包括出险时间、出险地点、出险原因、损余物资处理、财产损失估算与核实、编制查勘报告等。

2. 运用专业技术和近因原则准确鉴定损失原因，并根据保单中列明的保险责任和除外责任判断损失原因是否在保险保障范围之内。财产保险标的的出险原因有的比较明显，而更多的情况下则十分复杂，有直接的，也有间接的，还有可能是人为的因素。因此，必须结合出险时间、地点、气象、环境等情况进行综合分析，深入了解出险原因，认真分析研究，以确定是否属于保险责任范围内的损失。

3. 调查被保险人是否履行了自己所必须履行的义务，如交纳保费、如实告知、防灾防损、变动通知、损失通知、施救等义务。财产保险中一般规定：如果被保险人未履行保单中规定的各项义务，保险人有权不承担损失赔偿责任，甚至还可以解除保险合同。当然，如果双方发生争议是由于条款含义混淆不清引起的，则应从有利于被保险人利益的角度进行解释。

4. 进行损失理算。其中包括：固定资产，如机器设备、装备的实际修理费用和重置费用，建筑物实际修理费用；流动资产，如原材料的购买价格和加工费用；施救费用；赔偿限度，包括保险金额、重复保险条款、共同保险条款、免赔额（率）；扩展条款，包括专家费用条款、场地清理费用条款及其他批单项下的规定。

5. 按照调查结果提供公估报告。报告中要反映如下内容：事故发生日期；事故发生经过；损失情况；事故发生原因；责任归属；对损失及保险人应赔偿数额的估计；其他对保险人有用的内容，如受损保险标的的残值、代位追偿的可行性等。

模块三 撰写保险公估报告

【任务描述】

本模块工作任务：通过认知保险公估报告，掌握公估过程中不同时期报告的内容，根据项目的不同，撰写相应的保险公估报告，确认保险公估费用。

标志性成果：撰写保险公估报告。

业务一 认知保险公估报告

业务描述：了解保险公估报告的概念、特点和内容。

一、保险公估报告的概念

保险公估报告是保险公估机构客观反映保险公估事件过程和结论的载体，是保险公估业务的最终产品。保险公估报告一式三份，一份归档，两份送交委托方，作为其理赔的依据。保险公估人员在执行完勘验、鉴定、评估、估损、理算等工作后，需编写一份书面报告，对公估推理过程及结论给予表述。公估报告是保险公估工作的全面总结，是保险公估机构向委托人提供的反映保险公估工作内容和结果的一种公正性文件，是保险公估机构"生产"的产品。

二、保险公估报告的特点

1. 保险公估报告是一份权威性报告。保险公估报告不同于一般性书面文件或汇报材料，它必须由参与公估过程的保险公估人员和保险公估机构具各相关资质的负责人签名方能生效。保险公估报告具有数据可靠、推断严密、分析科学、结论准确等特征。它作为保险双方进行保险理赔结案的依据，可以协调保险双方的理赔分歧，使双方意见达成一致。保险公估报告附有比较充分的证明材料，除了有关文字说明外，还有各种有关的佐证材料或附件，包括公估人员的信誉声明等，以保证其权威性。

2. 保险公估报告不具法律效力。保险公估报告与司法部门公证处签具的公证文件不同，前者属于商业活动，后者属于法律手段。在保险双方争议处理或诉讼解决过程中，保险公估报告具有一定的权威性，但不具有法律的强制效力。司法部门的公证文件属于一种法律手段，是对诉讼当事人的陈述、笔录、资料和项目等的法律证明。

三、保险公估报告的内容

从世界各国保险公估实践来看，保险公估报告的主要内容包括：保险公估事项发生的时间、地点、起因、过程和结果等情况；保险公估标的简介；进行保险公估活动所依据的原则、定义、手段和计算方法；保险标的理算以及其他费用的计算公式和金额；保险公估结论；等等。

此外，按照惯例，保险公估报告内容还应该包括保险公估直接参与人签名的声明部分。举例如下：

我以我本人的知识和信誉声明：

1. 报告中陈述的事实是真实和正确的。

2. 报告中的分析、意见和结论是我个人（我们）相互协商、统一后的公正分析、意见和结论。

3. 在确定结论时我与（或没有与）保险双方进行了充分协商和沟通，而此前的一切工作都是保密的。

4. 我现在和未来与本报告中的公估标的没有利益关系，也同样与保险双方没个人利益关系或偏见。

5. 我获得的报酬与报告中预先确定的价值或对委托方有利的价值以及实际赔付价值无关。

6. 我依照《中华人民共和国保险法》、《保险公估机构监管规定》、保险合同以及案件事实进行分析，形成意见、结论和编制保险公估报告。

或者：

我以我本人以及公司公估师的学识和声誉声明：

1. 公估师的分析、意见和结论是在保险人或被保险人提供的，与该案相关的单证、凭证及相关资料下做出的。

2. 公估师经过现场勘察、调查、取证，并对上述材料进行了核查、询问和研究。

3. 公估师依据相关法律法规对财产损失的估价，是按实际情况做出的。

4. 公估报告中陈述的事实是真实的、正确的，并且做出的评估和结论只涉及本案及事故发生时段。我们对此承担相应的法律责任。

业务二　出具保险公估报告

业务描述：经过初步保险公估报告和最终保险公估报告两个步骤，确定保险公估报告。

一、初步保险公估报告

在现场查勘结束后，保险公估人员按惯例将向保险公司递交一份初步保险公估报告。以企业财产保险综合险公估报告为例，其主要内容包括：索赔编号；保险单编号；分类；被保险人的姓名和地址；损失情况；所属行业；被保险人增值税状况；建筑物的用途；损失发生的具体时间及日期；事故发生地点；推测的事故原因；损失估计额；等等。

如果保险公估人员出具的是一份临时支付报告，其报告内容与初步保险公估报告基本相同，但通常应该把最后一项"损失估计额"改为"暂付金额"。保险公估人员在应用了相关的比例赔偿方式之后，所预测的最终损失赔偿金额明显超过了建议的暂付金额的，保险公估人员将在公估报告中特别注明。

二、最终的保险公估报告

保险公估人员在整个公估过程完成后，应该编制最终保险公估报告，并及时递交给委托人。最终保险公估报告部分将重复初步保险公估报告的内容，但某些标题将作调整，例如，项目、分类、方案编号、描述、保险金额、经过理算的损失、此前给付金额、应付余额，等等。除此之外，还应该注明保险公估费用、损余处理以及施救费用。在公估实践中，最终保险公估报告分为完整的最终保险公估报告和简化的最终保险公估报告两种形式。

（一）完整的最终保险公估报告内容

对于保险标的价值较大、索赔金额较大的委托公估案例，保险公估人员应该出具一份完整的公估报告。完整的保险公估报告有比初步公估报告更详细的描述。

【拓展阅读】

企业财产保险综合险完整的保险公估报告内容（以火灾为例）

1. 对保险标的场所的描述：说明所涉及的建筑物、建筑物构造情况和周围环境等。通常需要附上照片。
2. 对被保险人经营活动的描述：说明被保险人所从事的业务以及场所受影响部分的具体用途等。
3. 事故发现：说明发现日期、时间以及发现人等；对任何报警系统的描述。
4. 事故原因：注明与建筑物特征任何联系；起火点和最先引燃的物资之间的联系；如果未确定原因，则必须注明进行调查的具体情况和所考虑的各种可能性等。
5. 蔓延和停止：说明火灾的蔓延、停止情况以及支持和限制因素等，如天气情况，供水情况，结构、开口、衬里，所从事经营业务和其中财务的特殊特征，内务管理情况以及一般情况，如屋顶通风、现代建筑材料、塑料的使用等。

6. 灭火的过程：通知消防队的时间和方法；消防队到达时间；雇员所采取的临时施救措施情况；消防队对损失限制的情况；喷水装置或其他设备的有效性；等等。

7. 损失的性质和程度：说明损失的性质以及建筑物、设备和库存的损失程度。

8. 最初措施：拆除、废墟清理、保护措施和抢救行动等。

9. 保证：说明保证是否得到遵守，或者任何违反保证的详细情况。

10. 第三方情况及可能的追偿：说明调查和所获得的第三方责任的有关证据。

11. 损失估计额：初步保险公估报告反映的损失额。

12. 被保险人指定公估人。

13. 索赔和理算：所提交的索赔的详细资料；对原始索赔的修正；简单理算；分类详细理算情况，包括所涉及的项目和建筑物；理算是基于赔偿还是基于重置；对条款的援引（如比例赔偿方式、库存声明、地方当局、建筑师和测量师费用，清除残损）；有关灭火费用的详细情况及供考虑的建议；经过理算的赔偿金额摘要；对所提出的暂付金额的建议和原因。

14. 被托管的货物：说明法定责任是否成立。

15. 保险金额是否足够：说明比例赔偿方式的应用等。

16. 损余：说明损余物资及建议损余物资处理方案。

17. 任何其他保险和分摊应用的情况。

18. 未决赔款准备金：对于临时支付报告而言，是指专家建议的暂付金额之后的任何修改及余额；对于最终保险公估报告而言，是指诸如费用、租金损失或重置赔付的余额还未支付的部分。

19. 支付授权：需要时，被保险人可以授权保险人向第三人支付。但如果要将保险金直接支付给一个修理商，则需要被保险人向保险人做出书面授权并确认修理商已经圆满完成了任务。

20. 公估费用和支出。

（二）简化的最终保险公估报告

在某些特殊情况下，为了加快索赔、理赔处理进程，保险公估人员通常只编制简化的保险公估报告。例如，当实际金额或估损金额较低时，或者发生广泛的、大范围的保险事故，如暴风、洪水和地震等。简化的保险公估报告的内容和初步保险公估报告的内容基本相同，但是对值得注意的情况必须做出简要的说明。这些情况通常包括：遵守保证条款的情况；重置价值备忘录；保险金额是否足够；是否存在第三人的责任；其他保险的情况；保险人未决赔款准备金；等等。

三、被保险人确认书

当保险公估人员完成调查和损失金额的理算后，应当向被保险人发出一份确认书，供其签署。确认书的主要内容如下：在须经保险人同意的情况下，被保险人同意接受××元人民币，作为对其损失的全部和最终赔偿；声明没有任何其他方对被保财产具有权益。然后，保险公估人员将签字后的确认书连同最终保险公估报告递送保险人。

知识要点

1. 保险公估人的概念、特征和职能。
2. 保险公估的业务流程。

3. 承保公估的风险评估和价值评估。
4. 理赔公估的责任评估和损失评估。
5. 保险公估报告的特点和内容。

习题与实训

1. 保险公估过程的要注意哪些问题？
2. 三人一组，模拟甲公司、保险公司与保险公估公司订立业务委托书。
3. 案例分析。

杭州某大酒店在某财险杭州分公司投保了保额为 15 万元的企业财产保险，在保险期间内因天气原因，酒店的空调冷凝器机组被冻坏。某财险杭州分公司接到报案认定属于保险责任，并委托 A 保险公估公司杭州分公司对该大酒店被冻坏空调设备进行损失评估。A 保险公估公司评估的损失额约为 26 万元。经双方协商，某财险杭州分公司拟赔偿该大酒店为 12 万元。后来某财险杭州分公司以此案有问题为理由，又找来 B 保险公估公司的专业人员再次勘查现场，并承诺三天之内给投保人做出赔偿答复。结果 B 保险公估公司评估的损失额约为 9 万元。同一起案件的公估公司，相差 17 万元，且两个公估公司都是某财险杭州分公司找来的，到底哪个评估结果公正？投保人酒店方面对保险公司的做法表示质疑且迷惑。请分析可能导致该结果的原因并提出解决方案。

项目九

保险公估人道德要求与法律监管

【职业能力目标】

　　知识学习目标：熟悉保险公估从业人员职业道德与执业操守的基本内容及规定；熟悉保险公估人的法律监管规定及法律责任。

　　技能训练目标：分析和解决保险公估业务纠纷。

【典型工作任务】

　　本项目工作任务：熟悉与运用《保险公估从业人员职业道德指引》与《保险公估从业人员执业行为守则》；掌握保险公估人的法律监管内容及保险公估人法律责任的种类。

　　标志性成果：结合保险公估人的法律监管规定制定保险公估人及保险公估从业人员的正确行为报告书。

【业务场景】

　　保险公估公司或保险公司，主要参与者为保险公估方和保险监管方。

【导入案例】

　　2013年5月30日，G省保监局公布行政处罚决定，具体为：某保险公估有限公司对高中级管理人员进行职务任命。目前公司有班子成员五人，除总经理外均未向G省保监局提交高级管理人员任职资格核准申请并获得保监局出具的批复文件，上述违法事实，有《现场检查事实确认书》、调查询问笔录清单等证据在案证明。该公司上述行为违反了《保险公估机构监管规定》第二十二条的规定，依据《保险公估机构监管规定》第七十三条的规定，责令该公司改正，给予该公司警告并罚款1万元的行政处罚。

模块一　认知保险公估人职业道德与执业操守

【任务描述】

　　本模块工作任务：搜集保险监管部门颁发的《保险公估从业人员职业道德指引》与《保险公估从业人员执业行为守则》，总结分析保险公估从业人员的职业道德及执业操守；收集保险公估人违反有关职业道德和执业守则规定的案例并进行分析。

　　标志性结果：所收集的保险公估人违反有关职业道德和执业守则规定的案例和分析结果。

业务一　认知保险公估人职业道德

　　业务描述：培养保险公估人员在执业活动中守法遵规、独立执业、专业胜任、客观公正、勤勉尽责、友好合作、公平竞争、保守秘密的职业道德。

一、守法遵规

守法遵规就是自觉遵守国家的法律，它是保险公估从业人员最基本的职业道德要求。保险公估从业人员在执业活动中既要遵守保险相关的法律法规，也要遵守行业协会有关保险公估的自律守则，同时还要遵守保险公估公司的有关管理规定。

（一）以《中华人民共和国保险法》为行为准绳，遵守有关法律和行政法规，遵守社会公德

1. 《中华人民共和国保险法》是我国保险业的基本法，保险公估从业人员作为保险从业人员中一个特殊的职业群体，《中华人民共和国保险法》对其约束也必然构成对保险公估从业人员的约束。

2. 《中华人民共和国保险法》明确了保险公估机构的法律地位并规定了保险公估从业人员的行为规范。例如："保险人和被保险人可以聘请依法设立的独立的评估机构或者具有法定资格的专家，对保险事故进行评估和鉴定。依法受聘对保险事故进行评估和鉴定的评估机构和专家，应当依法公正地执行业务。因故意或者过失给保险人或者被保险人造成损害的，依法承担赔偿责任。依法受聘对保险事故进行评估和鉴定的评估机构收取费用，应当依照法律、行政法规的规定办理。"

3. 《中华人民共和国海商法》《中华人民共和国合同法》《中华人民共和国民法通则》和《中华人民共和国道路交通安全法》等与保险公估相关的法律法规，保险公估从业人员也必须遵守。

4. 社会公德是社会生活中的三大道德领域之一，而遵纪守法又是社会公德规范的主要内容之一，因而，保险公估从业人员守法遵规也是遵守社会公德的具体体现。

（二）遵守保险监管部门的相关规章和规范性文件，服从保险监管部门的监督与管理

中国保监会作为我国保险业的主管机关，根据国务院授权履行行政管理职能，依照法律、法规统一监管中国保险市场；自2001年以来，中国保监会出台了一大批与保险公估有关和直接针对保险公估的主要有：《关于保险中介公司聘请会计师事务所进行外部审计有关问题的通知》《中国保监会关于保险公估公司、保险公估公司审批程序的公告》《关于贯彻执行保险中介机构管理规定有关问题的通知》《关于核发保险中介从业人员执业证书的通知》《财政部关于印发〈保险中介公司会计核算办法〉的通知》《保险违法行为处罚办法》《保险公估机构管理规定》和《保险公估机构监管规定》等，这不仅表明保险公估监管的进一步法制化，而且也对保险公估从业人员的行为规范做出了严格的规定。

（三）遵守保险行业自律组织的规则

保险行业自律组织是保险人或保险中介人自己的社团组织，具有非官方性，是保险行业自我管理的具体实施机构。目前，我国的保险行业自律组织主要是指保险行业协会或保险同业公会，其工作宗旨是：为会员提供服务，维护行业利益，促进行业发展；其基本职责是：

自律、维权、协调、交流、宣传。

保险行业自律组织对会员自律的手段包括：一是通过组织签订自律公约，约束不正当竞争行为，监督会员依法合规经营，从而维护公平竞争的市场环境。二是依据有关法律法规和保险业发展情况，组织制定行业标准，如质量标准、技术规范、服务标准和行规行约，制定从业人员道德规范和行为准则，并督促会员共同遵守。保险行业自律组织对于违反组织章程、自律公约和管理制度，损害投保人和被保险人合法权益、参与不正当竞争等致使行业利益和形象受损的会员，可按章程或自律公约的有关规定，实施警告、业内批评，公开通报批评、扣罚违约金、开除会员资格等惩戒措施，也可建议监管部门依法对其进行行政处罚。

（四）遵守所属保险公估机构的管理规定

保险公估机构按照本单位的需要，制定出在本机构内部适用的准则，规范其员工的行为，统一其行动的方向，这种本单位局部适用的准则就是职业纪律。保险公估机构的职业纪律可以表现为员工守则、考勤制度、财经制度及其他有关规章制度形式。

上述四个方面是层层递进的关系，保险监管部门的规章和规范性文件要以《中华人民共和国保险法》和其他法律、行政法规为依据；保险行业自律组织的规则要贯彻落实《中华人民共和国保险法》和保险监管部门的规范性文件；而从业人员所属机构则要依据《中华人民共和国保险法》、保险监管部门的规章和规范性文件以及自律组织的规则来制定、修改自己的管理规定。

二、独立执业

独立执业是指保险公估从业人员在执业活动中保持独立性，不接受不当利益，不屈从于外界压力，不因外界干扰而影响专业判断，不因自身利益而使独立性受到损害。

保险公估从业人员作为保险市场的中介人，独立于保险人与被保险人之外，以第三人的身份，凭借其丰富的专业知识和技术，本着客观和公正的态度，处理保险合同当事人委托办理的有关保险公估业务事项。相对于保险人和被保险人而言，其地位超然，因而保险公估从业人员在进行保险公估业务时，要独立思考，发挥独立判断的能力，不依赖于他人。保险公估人的独立性主要体现在：

1. 独立性是保险公估从业人员取得工作成效所必须具备的基本功。独立性原则应贯穿于保险公估业务的全过程，即从接受委托，到确定标的物的风险程度、保险价值或损失程度、理赔数额的整个过程。尤其在查勘定损过程中，保险公估从业人员更要通过自己的独立思考，辨别出险近因，核定损失程度，做出正确判断。

2. 真正的独立性是建立在深入调查、广泛获取资料的基础上的。保险公估从业人员必须根据自己的知识和经验，对所收集到的资料进行加工提炼、深入思考。由于主客观原因，从与受托业务相关的部门、企业、人员处获得的材料，往往带有水分、假象或偏见，这时就需要保险公估从业人员通过独立思考，去粗取精，找出有价值的可靠的资料。因此，保险公估从业人员的独立性，并不是闭门造车、主观臆断或偏听偏信、人云亦云，而是依赖于自己的实际能力，探究出与受托业务相关的实际结果。

三、专业胜任

一些特殊职业,要求其从业人员具备特殊的职业素质。作为一名保险公估从业人员,是否具备保险公估的特殊职业素质,能否胜任保险公估的专业性要求,主要是考察其是否具备保险公估的专业技能。具体要求如下:

1. 保险公估从业人员执业前取得保险监管部门规定的资格。鉴于保险公估的技术性和专业性,各国法律一般规定,保险公估从业人员应具备法律规定的条件,经过考核和政府主管部门的批准方能取得保险公估从业资格。我国对于保险公估从业人员同样也实行资格认证制度。首先应当通过中国保监会统一组织的保险公估从业人员资格考试,然后向保险监管部门申请领《保险公估从业人员资格证书》。但需要特别指出的是:《保险公估从业人员资格证书》是中国保监会对保险公估从业人员基本资格的认定,并不具有执业证明的效力。

2. 保险公估从业人员应具备足够的专业知识与能力。保险公估业务的技术含量很高,第一,要求从业人员首先要有扎实渊博的基础知识,如基础文化知识、政策法规基础知识等;第二,要有精熟透彻的保险专业知识、保险法律知识、保险专门知识等;第三,要有广博的与公估相关的专业技术知识。由于保险标的自身特性以及自然灾害或突发事故所涉及的物理、化学或生物过程,保险公估从业人员必须了解相关的工程技术领域的问题,了解各种公估对象在各种灾害下可能产生的后果,以及恢复它们的方法、损失的计算和灾害的预防等。但是,仅有很高的文凭、丰富的知识,若不能把专业知识运用于保险公估的实践中去,指导和提升自己的实践活动,增强解决实际问题的能力和技巧,也是徒劳的。因而要求保险公估从业人员还必须具备运用知识解决问题的能力。这些能力包括:保险公估的基本技能、风险管理能力、把握市场的能力、客户关系管理能力、公关交际能力和开拓创新能力等。

3. 在执业活动中加强业务学习,不断提高业务技能。保险公估从业人员要善于从实践中不断获取新的知识,在执业活动中不断加强业务学习,以不断提高业务技能。通过业务实践,有意识地检验自己的知识水平和知识结构,对自己的工作做出合乎实际的评价,发扬优点,修正错误,使自己的知识和素质更加科学化;同时通过实践直接学习,从实践中汲取丰富的知识营养,完善自己的知识结构。

4. 参加保险监管部门、保险行业自律组织和所属保险公估机构组织的考试和持续教育,使自身能够不断适应保险市场的发展。知识经济的快速多变性决定了保险公估从业人员必须坚持"终身学习"、时刻学习,才能与时俱进。作为保险公估从业人员,其在执业之前取得的《保险公估从业人员资格证书》仅仅是一个基本资格,许多国家在基本资格的基础上又设定了分级分类的资格考试,每一层级资格的取得,就是对保险从业人员更高专业技能的认可。我国这一体系目前正在酝酿建设中,保险公估从业人员可以通过参加这类考试而不断提高业务素质和技能。另外,保险公估从业人员还要善于通过教育不断更新知识,不断提高业务素质和技能。因此,在做好本职工作的前提下,保险公估从业人员还应争取受教育的机会,通过学历教育、岗位培训等途径,接受再教育,掌握最新的文化基础知识和保险业动态,以使自己能够适应不断发展与变化的保险业的需要。

四、客观公正

客观公正是保险公估从业人员职业道德的外在表现。它要求保险公估从业人员"在执业活动中以客观事实为根据,采用科学、专业、合理的技术手段,得出公正合理的结论"。保险公估业务虽然只受一方委托,但它却往往涉及好几方的利益。甚至一个小小的委托案件,也会使众多利益方纠缠在一起,他们都希望保险公估从业人员以最有利于他们的方式定损,甚至在必要的时候还会行贿,以小利谋大利。这时保险公估从业人员应坚持原则,秉公办事,不偏不倚,不谋私利。要注意抵制来自外界的干扰和压力,抵制来自外界的诱惑和刺激,防止陷入委托方内部人与人之间、部门与部门之间的纠纷之中。客观公正的职业道德的具体要求如下:

1. 秉公办事,不徇私情。保险公估从业人员在从业过程中要做到客观公正,在处理保险公估业务时要秉持公正的立场,不徇私情。对委托人所委托的公估事项进行科学的调查、测定、分析,从而得出公正的结果。

2. 对客户一视同仁,照章办事。保险公估从业人员在从业过程中,要如实、客观地反映实际情况,在处理某种业务或形成某种见解之时,不应受外界影响,也不应迁就任何个人或集体的片面要求。

3. 分析资料要真实可靠。保险公估从业人员在公估业务中分析和理算所采用的数据、资料必须是在现场查勘的基础上得到的客观、真实、可靠的资料。在现场查勘前,要先调查了解,掌握被保险人客观而全面的资产数据资料,而后再综合分析损失发生原因、经过及标的损失情况。在对保险资产及受损标的进行检验时,保险公估人应依据出险现场的情况,实事求是地进行清点、勘验和鉴定,不能有丝毫的主观隐瞒与串通等行为。

五、勤勉尽责

勤勉尽责是保险公估从业人员职业道德的基础。其基本要求如下:

1. 对于委托人的各项委托尽职尽责,不因公估服务费用的高低而影响公估服务的质量。保险公估从业人员应立足于本职岗位,把职业理想与平凡的日常工作结合起来创造优异绩效。对于所有客户一视同仁,尊重每个客户,不以权位取人,不以亲疏取人,不以利害取人,不以公估服务费的高低取人,对于客户委托的每一事项都要尽职尽责,提供优质的服务。

2. 忠诚服务于所属保险公估机构,接受所属保险公估机构的业务管理,切实履行对所属保险公估机构的责任和义务,不侵害所属保险公估机构的利益。保险公估从业人员忠诚于所属的保险公估机构,同时也就意味着奉献于所属的保险公估机构。首先,忠诚服务于所属保险公估机构,要求保险公估从业人员忠实于所属保险公估机构的经营理念。理念不仅是一个公司昭示于社会公众的一个标志,而且也是全体员工的行为准则。只有忠实于公司的理念,才能使员工的行为有了指南,才不至于偏离方向。其次,忠诚服务于所属保险公估机构,要求保险公估从业人员尽心尽力,尽到自己的责任和义务。

六、友好合作

友好合作是指保险公估从业人员在从事保险公估业务时，既要与其他关系方保持密切友好的合作关系，也要与保险公估内部人员保持融洽和谐的合作关系，良好的合作性是保险公估业务取得圆满成功的必要前提，也是对保险公估从业人员职业道德的基本要求。

1. 对外友好合作。在执业活动中，保险公估从业人员不仅要与保险人、被保险人等有关各方友好合作，确保执业活动的顺利开展，还要与保险经纪机构和保险公估机构友好合作、共同发展。保险公估从业人员要在较短的时间之内查明保险事故发生的经过、近因、确定损失程度的大小、理赔数额的大小等，必须紧紧依靠有关方面的密切合作，否则将举步维艰。因此，保险公估从业人员与其他关系方之间能否相互尊重，密切配合，这绝不是礼仪上的需要，而是顺利完成保险公估业务的基本条件。为此，保险公估从业人员要具有谦虚谨慎的品质和作风。保险公估从业人员和其他关系方虽然是处于平等的地位，但是对保险公估从业人员来说，应主动地和其他关系方协商，在进行现场测定和资料分析时，应当主动邀请相关方的有关人员一起测量和分析。在公估分析和结论与相关方的预测数据不一致时，要耐心地讲解和比较，让他们能够充分理解保险公估人员的观点和看法。保险公估业务的完成，必将是多方通力合作的结果。这样，各关系方就会心悦诚服地接受保险公估结论。

2. 内部友好合作。保险公估从业人员不仅要善于同受托业务关系方的有关人员密切配合，而且还要善于在保险公估小组内部相互合作，融为一体地协调工作。尤其当保险公估小组人员较多时，合作、协调工作就更为重要。具体而言，要求做到"统一布置、分头调查、汇合求证、组长决策"。这十六个字既体现了保险公估小组组长的权威和职责，也体现了集体的智慧和每个公估人员的主观能动性。另外，各保险公估机构在竞争中是对手，但作为同一行业，各自又互为协作伙伴，因此，保险公估从业人员在公估活动中，也应加强同业间的交流与合作，实现优势互补、共同进步。

七、公平竞争

公平竞争，是民法原则之一，也是商品经济的基本法则。但是，竞争作用的正常发挥，需要一种公平交易的秩序，需要形成公平的竞争环境。所谓公平竞争是指竞争主体间在价格公平、手段合法、条件平等的前提下展开的竞争。只有公平竞争，才能使价值规律充分发挥作用。保险公估从业人员公平竞争的职业道德的具体要求是：

1. 尊重竞争对手，不诋毁、贬低或负面评价同业、其他保险中介机构和保险公司及其产品和服务。保险公估从业人员应当在我国法律允许的范围内，在相同的条件下开展保险公估业务的竞争。正当的竞争应该是竞相向客户提供物美价廉的产品和优质的服务，那些诋毁、贬低或负面评价同行的行为，是一种损人利己的不道德行为、不正当竞争行为，将会造成保险市场秩序的混乱，影响我国保险业的健康发展。

2. 依靠专业水平和服务质量展开竞争。竞争手段应该合法、合规和正当，不借助行政手段或其他非正当手段开展业务，不给予客户或承诺给予客户不正当的经济利益。

八、保守秘密

保险公估从业人员在执业活动中不仅对所属保险公估机构负有保密义务,对公估业务涉及相关各方也负有保密的义务。

1. 保险公估从业人员要忠诚于所属公估机构的利益,严守秘密。保险公估从业人员在从业过程中,不将有关涉及商业机密的信息向外透露。未经批准,不向外人或内部无关人员展示本机构的文件或资料,不向新闻媒体提供未公开的公司信息,不复印标有"绝密""秘密""商业机密""内部资料""注意保存"等密级字样的资料。

2. 保险公估从业人员承担对公估业务涉及相关各方的保密义务。保险公估从业人员应对公估过程中所获知的相关各方的信息尽保密责任,非因业务正当需要不得泄露,更不得用以为自己或他人谋取不正当的利益。

3. 保险公估从业人员不得提前透露公估结论。公估结论是保险公估从业人员关于该业务的分析、意见和结论,是很明确的保密事项,只能在所有公估工作结束后,分别同保险当事人双方协商时,才能告知其相关信息。否则,将会影响保险公估工作的公证、合理和快速。

业务二 认知保险公估人执业操守

业务描述:规范保险公估从业人员在执业准备、执业过程和其他执业活动中的执业行为。

一、执业准备

(一)保险公估从业人员必须持证上岗

1. 取得中国保监会颁发的《保险公估从业人员资格证书》。保险公估机构从业人员应当通过中国保监会统一组织的保险公估从业人员资格考试。凡通过保险公估从业人员资格考试者,均可向中国保监会申请领取《保险公估从业人员资格证书》。但是,该资格证书只是中国保监会对保险公估从业人员基本资格的认定,并不具有执业证明的效力。

2. 取得保险公估机构核发的《保险公估从业人员执业证书》。根据我国《保险公估机构管理规定》,保险公估机构对保险公估从业人员实行执业资格管理。取得《保险公估从业人员资格证书》者,由所属保险公估机构核发《保险公估从业人员执业证书》。该执业证书是保险公估从业人员开展保险公估活动的证明文件。

3. 开展保险公估活动,应主动出示《保险公估从业人员执业证书》。根据我国《保险公估机构管理规定》,保险公估机构的从业人员开展保险公估活动,应主动出示《保险公估从业人员执业证书》。

(二)保险公估从业人员要接受培训

1. 保险公估从业人员应当接受并完成有关法规规定的持续教育。在做好本职工作的前提下，保险公估从业人员还应争取受教育的机会，通过学历教育、岗位培训等途径，接受再教育，掌握最新的文化知识和保险业动态，以使自己能够适应不断发展与变化的保险业的需要。

2. 保险公估从业人员应积极参加保险行业自律组织和所属保险公估机构举办的培训。保险公估从业人员通过参加保险行业自律组织和所属保险公估机构举办的培训，不断增强法律和诚信意识，提高职业道德水准和专业技能。知识经济的快速多变性决定了保险公估从业人员必须坚持终身学习和时刻学习。

二、执业行为

（一）业务洽谈

1. 主动告知客户所属保险公估机构的有关信息。保险公估从业人员在开展业务过程中应当首先向客户声明其所属保险公估机构的名称、性质和业务范围，并主动出示《保险公估从业人员执业证书》，如果客户要求，保险公估从业人员应当向客户说明如何得知该客户的名称（姓名）、联系方式等信息。

2. 签订业务受理合同或委托书。受理保险公估（或风险评估）业务应当与委托人签订书面业务受理合同或取得委托人的书面委托，并据此立案。业务受理合同或委托书应明确业务委托范围及委托人授权范围。业务委托一旦成立，保险公估机构及从业人员应尽职尽责地完成委托事项。

3. 不得对公估结论做出承诺。保险公估从业人员不得与保险公估标的当事人约定保险公估结论，也不得就保险公估结论向保险公估标的当事人做出承诺。保险公估从业人员在对受托案件进行大致评估的基础上，对属于其公估范围之内的业务进行登记立案，并与委托人协商公估价格。

（二）操作准备

1. 根据案件的需要，选派保险公估师。保险公估机构应根据委托项目的具体情况和要求以及内部从业人员的专业技能和执业经验，指派专业胜任的人员负责项目操作，并向其明确所承担的任务和要求达到的目标。例如，对于房屋倒塌的案件，要选派有建筑专长的公估师；对于锅炉爆炸的案件，要选派有动力专长的公估师等。

2. 着手准备有关资料。所指派的公估师在接受案件后，应在合理的时间内联系投保人或被保险人，进一步了解情况并收集相关资料。这些资料包括保险合同、损失清单、有关部门出具的事故证明或技术鉴定书、费用发票、必要的报表、账簿、单据以及其他必要的单证、文件等。

首先要将一切相关单证收集齐全，其次要对索赔人的资格进行审查，最后还要准备相关资料。以海上货物运输保险为例，所涉及的基本单证有保险单正本、贸易合同等，在审查索赔人资格时，要求被保险人在灾害事故发生时具有保险利益，因此在离岸价格项下，大多事故发生在海上运行过程之中，则发货人就不具有保险利益，也不能作为被保险人进行索赔。海上货物运输保险所需要的相关资料有：货物销售发票、保险单、提单、保函、装箱单、磅码单、理货签单、货差货损检验报告等货物单证；当损失与运输工具相关时，还需要有航海日志、适航证书、船员证书、轮机日志、水尺计量报告、通风日志、船舶结构证书、货舱清洁证书等单证。此外，在必要时还要收集其他损失证明单证，如货运记录、海事报告、港监证明等。

3. 审核当事人提供的资料。保险公估从业人员应当对相关当事人提供的资料进行甄别、审核。如发现问题，应当要求相关当事人予以澄清或补充相关资料，必要时可以与委托人协商后聘请专业机构进行鉴定。

4. 做好项目操作的准备工作。保险公估从业人员应当做好项目操作的准备工作，主要包括拟订行程和作业计划、准备查勘设备、技术资料以及人员分工。

（三）事故勘验

1. 调查保险标的出险后的状况并进行现场取证。保险公估从业人员应详细调查出险标的坐落地点、出险时间、出险原因、标的损失内容、损失程度、损失数量等，制作翔实的《现场查勘记录》。《现场查勘记录》应当由主办查勘人现场制作，要求项目齐全、表述准确、书写工整。《现场查勘记录》应当由主办查勘人签字，并取得出险单位代表签字确认。为客观反映保险标的损失状况，保险公估从业人员应认真做好现场取证等工作，包括拍照、摄像、绘图、丈量、称重、计数等，同时现场索取与出险标的有关的由相关执法机关或有资质机构出具的各种证明材料。

2. 向有关人员取证。

（1）为准确判定保险责任，保险公估从业人员应尽快索取相关的保险合同和被保险人提交的《索赔清单》。

（2）为公正、合理的理算做准备，保险公估从业人员应尽快取得并查看出险单位的会计账册和有关凭证，必要时可复印相关账目和凭证，以取得财务证据。

（3）对清理出的受损财产进行分类清点，据实造册登记，并由保险公估从业人员和出险单位代表签字确认。

（4）为使评估客观公正，保险公估从业人员应认真听取评估对象的情况介绍，以获取除各项资料以外更详细的相关信息。

（5）与保险当事人密切配合，真实客观地反映评估对象的各种风险因素，以及这些风险因素对保险利益的影响。

3. 对有关物件进行鉴定、检测。保险公估从业人员应当充分考虑灾损现场的时效性，确保查勘过程中的任何疑点均在现场查勘过程中得到合理解释。

特别应将出险单位是否具有故意行为、欺诈行为、恶意串通行为作为疑点排查的重点，必要时可以与委托人协商后聘请专业机构协助进行鉴定、检测，对发现的疑点追查到底。保险公估从业人员为准确了解受检部位现状，必要时可采取仪器检测等技术手段。保险公估从业人员应当对受检部位的现状作翔实的记录。在对各受检部位勘验的同时，全面了解评估对象的周围环境、交通状况、河川地形地貌、公共建设配套设施、消防水源、排水系统及各项安全防护设施等的状况及其对评估对象的影响。

4. 及时采取施救措施。为防止财产损失扩大，保险公估从业人员有义务提出进一步施救措施建议，敦促、协助相关当事人制订抢救方案，避免现场损失进一步扩大。

5. 提出风险防范建议。风险评估项目的现场查勘旨在评价保险标的潜在风险的状况，进而对防范风险的发生提出建议。保险公估从业人员应当取得与评估对象有关的各种技术资料、图纸、历史记录等，通过对上述资料的分析，全面掌握评估对象的历史沿革、资产状况、经营状况、管理状况以及出险记录与治理措施等。保险公估从业人员不得向保险公估标的有关当事人收取或接受任何不当经济利益。

（四）责任审核

1. 确认事故原因与近因。保险公估从业人员应按照委托要求，根据查勘情况和调查分析结果确认事故原因，也可依据有关行政职能部门或法定机构出具的证明文件认定事故原因。保险公估从业人员应当根据事故原因和相关的调查结果，分析、确认事故的近因。

2. 确定保险责任。

（1）保险公估从业人员应当熟悉、理解和正确运用保险条款，特别是有关保险责任和除外责任的条款。

（2）根据近因原则和保险条款确认保险责任是否成立。

（3）根据查勘、调查情况和事故原因确认是否存在第三方责任。

三、保险公估从业人员的其他行为

（一）竞争

保险公估从业人员在执业过程中处理竞争关系时，必须做到：

1. 保险公估从业人员不得借助行政力量或其他非正当手段进行执业活动。
2. 保险公估从业人员不得向客户给予或承诺给予不正当的经济利益。
3. 保险公估从业人员不得诋毁、贬低或负面评价保险中介机构和保险公司及其从业人员。

（二）保密

保险公估从业人员不仅应当尊重在执业过程中得到的有关保险标的当事人的个人隐私和保守商业秘密，而且应当保守所属保险公估机构的商业秘密。

（三）投诉处理

1. 告知当事人投诉渠道和投诉方式。保险公估从业人员应当将投诉渠道和投诉方式告知保险公估标的有关当事人。

2. 积极协助投诉的处理。保险公估从业人员应当始终对投诉保持耐心与克制，并将接到的投诉提交所属保险公估机构，同时积极协助所属保险公估机构或其他机构对投诉进行调查和处理。对于涉及第三方利益的投诉，应当坚持客观、公正的原则进行处理。

模块二 保险公估人法律监管

【任务描述】

本模块工作任务：搜集保险监管部门颁发的《保险公估机构监管规定》《保险经纪从业人员、保险公估从业人员监管办法》，总结分析保险监管部门对保险公估组织机构监管的具体内容；收集保险公估人违规执业案例并进行分析；查阅中国保监会网站行政处罚栏目中关于对保险公估人的处罚并进行分析。

标志性成果：所收集的保险公估人违规执业案例和分析结果；结合保险公估人的法律监管规定制定保险公估机构的正确行为报告书。

业务一 保险公估组织机构与任职资格监管

业务描述：对保险公估组织机构的监管包括公估机构的设立条件、公估机构的变更与市场退出监管；对保险公估从业人员任职资格的监管包括对保险公估机构董事长、执行董事和高级管理人员的监管。

一、保险公估组织机构监管

（一）保险公估机构的设立

1. 保险公估机构的设立要件。

（1）保险公估机构的组织形式。保险公估机构的组织形式可以采用合伙企业、有限责任公司和股份有限公司3种组织形式。

（2）设立保险公估机构应具备的一般条件：股东、发起人或者合伙人信誉良好，最近3年无重大违法记录；注册资本或出资应达到法律、行政法规和《保险公估机构监管规定》规定的最低金额。保险公估机构的注册资本或者出资不得少于人民币200万元，且必须为实缴货币资本；公司章程或者合伙协议符合有关规定；董事长、执行董事和高级管理人员符合《保险公估机构监管规定》的任职资格条件；具备健全的组织机构和管理制度；有与业务规模相适应的固定住所；有与开展业务相适应的业务、财务等计算机软硬件设施；法律、行政法规和中国保监会规定的其他条件。

（3）设立保险公估机构的特别要求：依据法律、行政法规规定不能投资企业的单位或者个人，不得成为保险公估机构的发起人、股东或者合伙人；保险公司员工投资保险公估机构的，应当书面告知所在保险公司；保险公司、保险中介公司的董事、高级管理人员投资保险公估机构的，应当根据《中华人民共和国公司法》有关规定取得股东会或者股东大会的同意；保险公估机构及其分支机构的名称中应当包含"保险公估"字样，且字号不得与现有的保险公估机构相同，中国保监会另有规定除外；申请设立保险公估机构，全体股东、全体发起人或者全体合伙人应当指定代表或者共同委托代理人，向中国保监会办理申请事宜。

2. 保险公估分支机构的设立条件。保险公估机构可以申请设立分公司、营业部。保公估机构申请设立分支机构应当具备下列条件：内控制度健全；注册资本或者出资达到本规定的要求；现有机构运转正常，且申请前1年内无重大违法行为；拟任主要负责人符合本规定的任职资格条件；拟设分支机构具备符合要求的营业场所和与经营业务有关的其他设施。

保险公估机构以本规定注册资本或者出资最低限额设立的，可以申请设立3家保险公估分支机构；此后，每申请增设一家分支机构，应当至少增加注册资本或者出资人民币20万元。申请设立保险公估分支机构，保险公估机构的注册资本或者出资已达到前款规定增资后额度的，可以不再增加注册资本或者出资。保险公估机构注册资本或者出资达到人民币2 000万元的，设立分支机构可以不再增加注册资本或者出资。

3. 保险公估机构许可制度。中国保监会依法批准设立保险公估机构、保险公估分支机构的，应当向申请人颁发许可证。申请人收到许可证后，应当按照有关规定办理工商登记，领取营业执照后方可开业。保险公估机构及其分支机构自取得许可证之日起90日内，无正当理由未向工商行政管理机关办理登记的，其许可证自动失效。依法设立的保险公估机构、保险公估分支机构，应当自领取营业执照之日起20日内，书面报告中国保监会。

（二）保险公估机构的变更和市场退出

1. 保险公估机构的变更。保险公估机构有下列情形之一的，应当自变更决议做出之日起5日内，书面报告中国保监会：变更名称或者分支机构名称；变更住所或者分支机构营业场所；发起人、主要股东或者出资人变更姓名或者名称；变更主要股东或者出资人；股权结构或者出资比例重大变更；变更注册资本或者出资；修改公司章程或者合伙协议；分立、合并、解散或者变更组织形式；撤销分支机构。

保险公估机构及其分支机构变更事项涉及许可证记载内容的，应当交回原许可证，领取新许可证，并按照《保险许可证管理办法》有关规定进行公告。

保险公估机构许可证的有效期为3年，保险公估机构应当在有效期届满30日前，向中国保监会申请延续。保险公估机构申请延续许可证有效期的，中国保监会在许可证有效期届满前对保险公估机构前3年的经营情况进行全面审查和综合评价，并做出是否批准延续许可证有效期的决定。决定不予延续的，应当书面说明理由。保险公估机构应当自收到决定之日起10日内向中国保监会缴回原证；准予延续有效期的，应当领取新许可证。

2. 保险公估机构的市场退出。

（1）保险公估机构市场退出。保险公估机构有下列情形之一的，中国保监会不予延续许可证有效期：许可证有效期届满，没有申请延续；不再符合《保险公司机构监管规定》除第八条第一项以外关于机构设立的条件；内部管理混乱，无法正常经营；存在重大违法行为，未得到有效整改；未按规定缴纳监管费；保险公估机构因下列情形之一退出市场的，中国保监会依法注销许可证，并予以公告：许可证有效期届满，中国保监会依法不予延续；许可证依法被撤回、撤销或者吊销；保险公估机构解散、被依法吊销营业执照、被撤销、责令关闭或者被依法宣告破产；法律、行政法规规定的其他情形。

被注销许可证的保险公估机构应当及时交回许可证原件。

（2）保险公估分支机构市场退出。保险公估分支机构有下列情形之一的，中国保监会依法注销许可证，并予以公告：所属保险公估机构许可证被依法注销；被所属保险公估机构撤销；被依法责令关闭、吊销营业执照；许可证依法被撤回、撤销或者吊销；法律、行政法规规定应当注销许可证的其他情形。

被注销许可证的保险公估分支机构应当及时交回许可证原件。

二、保险公估从业人员任职资格管理

(一) 保险公估从业人员资格管理

保险公估从业人员是指保险公估机构及其分支机构中从事保险标的承保前检验、估价及风险评估的人员，或者从事保险标的出险后的查勘、检验、估损理算等业务的人员。

欲从事保险公估业务的人员应当参加由中国保监会统一组织的保险公估从业人员资格考试，并取得《保险公估从业人员资格证书》（简称《资格证书》）。《资格证书》并不具有执业证明的效力，因此，保险公估机构应当向本机构的保险公估业务人员发放《保险公估从业人员执业证书》（简称《执业证书》）。保险公估机构不得向下列人员发放执业证书：未持有资格证书的人员；未在信息系统中办理执业登记的人员；已经由其他机构办理执业登记的人员。

(二) 保险公估机构董事长、执行董事和高级管理人员任职资格管理

保险公估机构高级管理人员包括：公司制保险公估机构的总经理、副总经理或者具有相同职权的管理人员；合伙制保险公估机构执行合伙企业事务的合伙人或者具有相同职权的管理人员；保险公估分支机构的主要负责人。

保险公估机构拟任董事长、执行董事和高级管理人员应当具备下列条件，并报经中国保监会核准：大学专科以上学历；持有中国保监会规定的资格证书；从事经济工作2年以上；具有履行职责所需的经营管理能力，熟悉保险法律、行政法规及中国保监会的相关规定；诚实守信，品行良好。从事金融或者评估工作10年以上，可以不受本科以上学历限制；担任金融、评估机构高级管理人员5年以上或者企业管理职务10年以上，可以不受资格证书限制。

有《中华人民共和国公司法》第一百四十七条规定的情形或者下列情形之一的，不得担任保险公估机构董事长、执行董事和高级管理人员：担任因违法被吊销许可证的保险公司、保险中介机构的董事、监事或者高级管理人员，并对被吊销许可证负有个人责任或者直接领导责任的，自许可证被吊销之日起未逾3年；因违法行为或者违纪行为被金融监管机构取消任职资格的金融机构的董事、监事或者高级管理人员，自被取消任职资格之日起未逾5年；被金融监管机构决定在一定期限内禁止进入金融行业的，期限未满；因违法行为或者违纪行为被吊销执业资格的资产评估机构、验证机构等机构的专业人员，自被吊销执业资格之日起未逾5年；受金融监管机构警告或者罚款未逾2年；正在接受司法机关、纪检监察部门或者金融监管机构调查；中国保监会规定的其他情形。

同时，未经股东会或者股东大会同意，保险公估公司的董事和高级管理人员不得在存在利益冲突的机构中兼任职务。保险公估机构的合伙人不得自营或者同他人合作经营与本机构相竞争的业务。

（三）保险公估机构董事长、执行董事和高级管理人员任职资格审核程序

保险公估机构向中国保监会提出董事长、执行董事和高级管理人员任职资格核准申请的，应当如实填写申请表、提交相关材料；中国保监会可以对保险公估机构拟任董事长、执行董事和高级管理人员进行考察或者谈话；保险公估机构的董事长、执行董事和高级管理人员在保险公估机构及其分支机构内部调任、兼任同级或者下级职务，无须重新核准任职资格。

（四）保险公估机构董事长、执行董事和高级管理人员的任免

保险公估机构决定免除董事长、执行董事和高级管理人员职务或者同意其辞职的，其任职资格自决定做出之日起自动失效。保险公估机构任免董事长、执行董事和高级管理人员，应当自决定做出之日起5日内，书面报告中国保监会。

保险公估机构的董事长、执行董事和高级管理人员因涉嫌经济犯罪被起诉的，保险公估机构应当自其被起诉之日起5日内和结案之日起5日内，书面报告中国保监会。

保险公估机构在特殊情况下任命临时负责人的，应当自任命决定做出之日起5日内，书面报告中国保监会。临时负责人任职时间最长不得超过3个月。

业务二　保险公估人业务经营活动监管

业务描述：对保险公估公司业务经营活动的监管，主要侧重保险公估从业人员的执业监管和公估机构经营规则的监管，以保护被保险人和保险机构的利益。

一、保险公估从业人员的执业监管

保险公估机构及其分支机构应当将许可证置于住所或者营业场所显著位置；保险公估机构及其分支机构不得伪造、变造、出租、出借、转让许可证。保险公估机构及其分支机构可以在中华人民共和国境内从事保险公估活动；保险公估机构及其分支机构的从业人员应当符合中国保监会规定的条件，持有中国保监会规定的资格证书；保险公估从业人员不得以个人名义招揽、从事保险公估业务或者同时在两个以上保险公估机构中执业。保险公估机构及其分支机构应当对本机构的从业人员进行保险法律和业务知识培训及职业道德教育。

二、保险公估机构的经营规则

保险公估机构在执业活动中也应当符合以下要求：

（一）依法经营保险公估业务

保险公估机构可以经营下列业务：保险标的承保前和承保后的检验、估价及风险评估；保险标的出险后的查勘、检验、估损理算及出险保险标的残值处理；风险管理咨询；中国保监会批准的其他业务。

（二）依法开展经营活动

保险公估机构、保险公估分支机构及其从业人员在开展公估业务过程中，不得有欺骗投保人、被保险人、受益人或者保险公司的行为。

保险公估机构、保险公估分支机构及其从业人员在开展公估业务过程中，不得有下列行为：虚假广告、虚假宣传；以捏造、散布虚假事实，利用行政处罚结果诋毁等方式损害其他保险中介机构的商业信誉，或者以其他不正当竞争行为扰乱市场秩序；利用行政权力、股东优势地位或者职业便利以及其他不正当手段强迫、引诱、限制投保人订立保险公估合同、接受保险公估结果或者限制其他保险中介机构正当的经营活动；给予或者承诺给予保险公司及其工作人员、投保人、被保险人或者受益人合同约定以外的其他利益；利用业务便利为其他机构或者个人牟取不正当利益；利用执行保险公估业务之便牟取其他非法利益；泄露在经营过程中知悉的投保人、被保险人、受益人或者保险公司的商业秘密及个人隐私；虚开发票、夸大公估费。

保险公估机构及其分支机构不得与非法从事保险业务或者保险中介业务的机构或者个人发生保险公估业务往来。

（三）依法做好业务档案管理

保险公估机构及其分支机构应当建立专门账簿，记载保险公估业务收支情况。保险公估机构及其分支机构应当建立完整规范的业务档案，业务档案应当包括下列内容：保险公估业务所涉及的主要情况，包括保险人、投保人、被保险人和受益人的名称或者姓名，保险标的、事故类型、估损金额等；报酬金额和收取情况；其他重要业务信息。保险公估机构的记录应当完整、真实。

业务三　保险公估人财务及综合监管

业务描述：保险监管机构对保险公估机构进行财务监管与综合监管。

一、保险公估财务监管

（一）材料报送

保险公估机构及其分支机构应当依照中国保监会有关规定及时、准确、完整地报送报表、报告、文件和资料，并根据中国保监会要求提交相关的电子文本；保险公估机构及其分支机构报送的报表、报告和资料应当由法定代表人、执行合伙企业事务的合伙人、主要负责人或者其授权人签字，并加盖机构印章。

（二）资料保管

保险公估机构及其分支机构应当妥善保管业务档案、会计账簿、业务台账以及佣金收入的原始凭证等有关资料，保管期限自保险合同终止之日起计算，保险期间在1年以下的不得少于5年，保险期间超过1年的不得少于10年。

（三）监管费收取

保险公估机构应当按规定将监管费交付到中国保监会指定账户。

（四）监管审计

保险公估机构应当在每一会计年度结束后3个月内聘请会计师事务所对本机构资产、负债、利润等财务状况进行审计，并向中国保监会报送相关审计报告；中国保监会根据需要，可以要求保险公估机构或者保险公估分支机构提交专项外部审计报告。

（五）监管谈话

中国保监会根据监管需要，可以对保险公估机构的董事长、执行董事或者高级管理人员进行监管谈话，要求其就经营活动中的重大事项做出说明。

二、保险公估综合监管

综合监管是指保险监管机构根据需要对保险公估机构的业务、财务、人员、管理等方面进行监督检查。综合监管对于规范保险公估机构经营行为、规范其经营风险、促进其健康发展具有重要意义。

（一）现场检查的内容

中国保监会依法对保险公估机构及其分支机构进行现场检查，包括但不限于下列内容：机构设立、变更是否依法获得批准或者履行报告义务；资本金或者出资是否真实、足额；业务经营状况是否合法；财务状况是否良好；向中国保监会提交的报告、报表及资料是否及时、完整、真实；内控制度是否完善，执行是否有效；任用董事长、执行董事和高级管理人员是否符合规定；是否有效履行从业人员管理职责；对外公告是否及时、真实；计算机配置状况和信息系统运行状况是否良好。

（二）现场检查要求

保险公估机构或者保险公估分支机构因下列原因接受中国保监会调查的，在被调查期间中国保监会有权责令其停止部分或者全部业务：涉嫌严重违反保险法律、行政法规；经营活动存在重大风险；不能正常开展业务活动。

保险公估机构及其分支机构应当按照下列要求配合中国保监会的现场检查工作，不得拒绝、妨碍中国保监会依法进行监督检查：按要求提供有关文件、资料，不得拖延、转移或者藏匿；相关管理人员、财务人员及从业人员应当按要求到场说明情况、回答问题。

（三）重点检查对象

保险公估机构及其分支机构有下列情形之一的，中国保监会可以将其列为重点检查对象：业务或者财务出现异动；不按时提交报告、报表或者提供虚假的报告、报表、文件和资料；涉嫌重大违法行为或者受到中国保监会行政处罚；中国保监会认为需要重点检查的其他情形。

业务四 保险公估人法律责任确定

业务描述：确定保险公估人违规行为的法律责任，包括依法承担行政责任，民事责任和刑事责任。

一、保险公估人法律责任的性质

保险公估人的法律责任是指保险公估人对自己在执业过程中因主观过错而实施的违法行为应承担的法律后果。保险公估人在执业过程中按照其违法行为所违反的法律的不同，可以将其分为三种法律责任：民事违法行为所导致的民事法律责任，由于保险公估人与委托人之间存在合同关系，若保险公估人未能妥善地履行该合同下的义务，导致委托人承担了不合理的费用与损失，便要承担民事损害赔偿责任；行政违法行为所导致的行政法律责任；刑事违法行为所导致的刑事法律责任。其中，最常见、保险公估人承担最多的责任是保险公估人执业过程中的民事损害赔偿责任。由于保险公估人因行政违法行为所承担的行政法律责任、因刑事违法行为所承担的刑事法律责任，同保险公司以及其他金融机构相比存在较多类似之处。因此，这里只重点介绍保险公估人的民事损害赔偿责任问题。

二、保险公估人法律责任的认定

对于某一民事损害赔偿责任的认定，在一般情况下可以分为两步：一是行为主体是否对该损害结果负有责任。二是如若负有责任，如何确定赔偿金额的问题。也就是说，归责是赔偿的前提和基础，如不能认定责任，也就无法确定赔偿额度。

我国保险公估人民事损害赔偿责任的归责原则应适用过错责任原则。过错责任原则，是指决定赔偿时以行为人的过错为依据。结合保险公估人的民事损害赔偿责任来看，这一归责原则具有如下基本特征：一是保险公估人必须对自己的过错行为负责。具有民事责任能力的保险公估人，在实施某种行为时，必须明白或预知该行为可能产生的后果，并应对该后果负责。过错责任原则，其前提和最本质的特征之一，就是行为人必须对自己的过错行为负责。二是保险公估人的过错大小同应负的责任成正比，即过错大则责任大，过错小则责任小。三是过错责任的举证责任在原告，即由受害人提供证据证明保险公估人的行为是违法的或者是有过错的，而且自己所蒙受的这种损害同保险公估人的过错行为之间有因果联系。如果不能证明保险公估人的行为有过错或者违法，那么，受害人所蒙受的损害后果，由受害人自己承担。

三、保险公估人法律责任的种类确定

一般来说，保险公估人在执业过程中有下列违法行为之一，并给委托当事人造成实际损失的，应当承担民事损害赔偿责任。

（一）超越委托授权范围

受委托的保险公估人只能在委托授权的范围内从事保险公估业务。保险公估人在执业过程中，超越委托授权的范围所实施的行为，不会产生法律效力。而且，该行为的后果责任问题由执业保险公估人来承担。若因保险公估人超越委托权限，实施了某种"违法"行为或"因过错"给当事人造成损害，应当由行为实施保险公估人所在的保险公估机构对当事人承担经济赔偿责任。

（二）未能正确主张权利

所谓未能正确主张权利，是指保险公估人在执业过程中，因主观上的过错或专业上的疏忽或过失，代理委托人实施主张权利的方式违反有关法律、法规的规定，徇私舞弊，致使当事人的某一合法权益应当得到保障而没有得到保障，直至给当事人造成实际损失。保险公估人未能正确主张权利致使委托人权益得不到保障，并对当事人造成损失的，保险公估机构应当以其全部法人财产承担赔偿责任。

（三）串通骗取保险金

保险公估人与投保人、被保险人或者受益人串通骗取保险金（尚不构成犯罪的），应负返还责任。因此造成保险公司损失的，保险公估人还应负赔偿责任。

（四）泄露保险活动当事人的商业秘密、技术秘密

保险公估人在从事公估活动时，有时会涉及保险活动当事人的商业秘密、技术秘密。执业保险公估人因其主观上的过错，泄露当事人这方面秘密而造成实际损失的，同样应承担赔偿责任。

（五）无故拖延或不依法履行职责

若接受委托的执业保险公估人无故拖延或不依委托合同履行职责，那无疑是一种失职，也是一种严重违约。对于这种失职和违约行为所造成的损失，保险公估人也必须承担相应的过错赔偿责任。

（六）其他应承担民事损害赔偿责任的行为

这类行为如遗失与保险承保、理赔活动有密切关系的重要证据，并造成当事人实际损失的，保险公估人应当承担赔偿责任；保险公估机构向委托人披露虚假或不实信息，误导客户，或向客户隐瞒应报告而未报告的与保险公估事项有关的重要情况、欺骗客户的行为。

知识要点

1. 保险公估从业人员的职业道德。
2. 保险公估从业人员的执业规则。
3. 保险公估人的法律监管内容。
4. 保险公估人的法律责任确定。

习题与实训

1. 每 5 名学生一组，参观保险公估公司。了解该公司内部管理制度及员工行为规则，对比分析该公司的行为规则与保险公估人执业规则，并进行小组总结，对实训效果进行评价。

2. 结合我国保险公估人发展的实际谈谈保险公估人法律监管的重点是什么？

3. 案例分析。

G 省保监局对某保险公估有限公司现场检查发现，该公司有 8 名从事保险标的出险后的查勘等业务的人员未取得保险公估从业人员资格。2011 年 1 月至 2012 年 8 月期间，8 名未取得保险公估从业资格的人员实现的公估业务收入超过 117 万元。该公估公司认为：上述 8 人不是保险公估从业人员，理由是 8 人从事的工作为出险后的查勘，不出具公估报告，应视为保险公司车险查勘员，或者属于公估公司借用给保险公司的人员。试分析此案例。

附录一　个人保险销售人员代理合同

合同编号

被代理人（以下简称甲方）：
地址：
电话：
代理人（以下简称乙方）：
地址：
邮政编码：
身份证号码：
电话：
《保险销售从业人员资格证书》号码：
《保险销售从业人员执业证书》号码：

一、总则

第一条　根据《中华人民共和国保险法》《中华人民共和国合同法》和保险监督管理委员会的《保险销售从业人员监管办法》及保险监管机构颁布的各项规章制度，甲、乙双方本着平等自愿、协商一致的原则，就甲方委托乙方代理销售财产保险业务事宜，达成一致，签订本合同。

第二条　甲、乙双方的关系为保险代理合同关系，不直接或间接构成劳动关系。

第三条　甲方委托乙方在本合同授权范围内为甲方代理保险业务，甲方按合同规定向乙方支付代理手续费。

二、代理内容

第四条　本合同自甲乙双方签字或盖章，且乙方保证人在《履行保险代理合同保证书》上签字或盖章之日起生效。代理期限____年，自____年____月____日起至____年____月____日止。

第五条　代理地域范围。

甲方授权乙方在甲方经营区域____省（自治区、直辖市）____市（地区、州、盟）____县（市、区、旗）代理保险业务。

第六条　代理业务范围。

（一）乙方代理保险业务限于下列行为

1. 向客户宣传、介绍、推荐甲方提供的保险产品。

2. 代理推销甲方保险产品、指导客户正确填写投保单、附表及批改申请表，并要求客户如实告知有关保险标的风险情况等事宜。

3. 将投保人填写的投保单及相关投保材料安全、及时交付甲方。

4. 代理甲方收取保险费，并将甲方签发的保险单、保险费收据等相关单证交付给投保人。

5. 按照甲方指示向客户提供相应服务。

6. 接受客户咨询。

7. 甲方书面授权的其他适宜。

（二）乙方不得处理下列事项

1. 乙方无权从事保险事故的定损和理赔业务，不得代理甲方签订任何赔付协议或做出任何形式的赔付承诺。

2. 乙方在未经甲方书面同意，不得将其授权代理的保险业务再授权第三方代理。

3. 其他未经甲方书面授权的事项。

第七条 本合同有效期内，乙方在甲方授权范围内，代为办理保险业务的行为，由甲方承担责任。乙方超越本合同甲方书面授权范围的行为及乙方过错行为，由乙方承担责任。

第八条 甲方委托乙方代理推销的保险产品（险种）有：_____。

乙方月度至少完成实收保费____万元（分公司应以合同附件方式细化保费险种结构的要求）。

乙方应做到应收保费率为0；对于签订分期付款保险合同的，须经团队经理审批。

乙方超越权限代表公司签订保险合同，造成公司损失的，由营销员承担全责。

三、保险费的解付方式和期限

第九条 甲方提倡乙方展业时，请投保人将保费直接划到甲方指定保费账户上。

对于甲方许可的小额现金业务，乙方应将收到的全部保险费在24小时内缴至甲方财务部门或指定账号（法定节假日顺延），否则视为乙方滞留保险费（不可抗力或公司的原因除外）。

第十条 乙方不得使用非甲方账户收取保险费，不得将保险费挪作他用。

第十一条 对于滞留保费的代理人，公司将追扣代理人滞留款项本息，并收取滞纳金（滞纳金＝应交保费×1‰×滞纳天数）；滞留保费的滞纳天数超过七个工作日的代理人，公司除追扣代理人滞留款项本息，收取滞纳金外，有权解除本合同。构成犯罪的，依法移送司法机关处理。

四、代理手续费的支付

第十二条 甲方依据国家法律法规、保险监管部门的相关规定，向乙方支付代理手续费。双方约定的各险种手续费标准是：

险种名称	手续费比例（%）

机动车交通事故责任强制保险的代理手续费比例必须符合保险监管规定的要求。

1. 甲方应按照有关的业务流程和财务规定及时向乙方支付代理手续费。

2. 甲方应向乙方支付的代理手续费为实收保险费乘以甲方规定的代理手续费率，乙方不得以保险费抵扣代理手续费。

3. 甲方确认客户应缴纳的保费已到达甲方账户，且乙方提供的相关手续齐备后，甲方向乙方支付代理手续费，根据甲方财务流程每月结算。

4. 乙方所得代理手续费产生的税款由乙方承担，并由甲方代为扣缴。

5. 甲方根据国家有关法律、法规和行政规章以及甲方业务管理需要，可调整手续费标准，如乙方不能认可新的手续费标准，本合同自动终止。

6. 同时符合以下三个条件，乙方才有权要求甲方支付代理手续费：
（1）甲方已审核签发保险单。
（2）甲方已全额收到保险费。
（3）代理行为符合代理合同各项约定。

7. 乙方代理的业务发生退保或变更，甲方相应调整乙方的手续费。
（1）如客户退保造成乙方代理的保险合同终止或乙方代理的保险合同无效，导致甲方退还客户已缴保费，乙方必须将因该合同所领取的代理费在七个工作日内退还甲方。
（2）客户减保造成乙方代理的保险合同项下的保险费减少，乙方应在七个工作日内退还减少保费所对应的手续费（或佣金）。乙方因本条承担的退款义务不因本合同终止而免除。

五、权利和义务

第十三条　本合同有效期内，甲方享有以下权利：
1. 有权依照国家及监管部门有关法律法规对乙方的代理活动进行管理、监督、检查、统计和考核。
2. 有权掌握乙方代理业务完成情况和所代理客户的详细资料和信息。
3. 对乙方在授权范围内招揽的保险业务有最后确认权。
4. 若甲、乙双方对乙方代理行为是否超越代理权限产生争议，甲方有权暂停支付该笔代理业务的代理手续费直至该争议解决。

第十四条　本合同有效期内，甲方承担以下义务：
1. 根据本合同约定按时向乙方支付代理手续费。
2. 为乙方核发《保险销售从业人员执业证书》，将乙方《保险销售从业人员资格证书》报保险监管部门备案并办理年度检验，由乙方承担相关费用。
3. 为乙方提供从事保险代理业务所需展业证件、业务单证和甲方认为必要的宣传材料。
4. 为乙方提供与保险代理业务有关的培训，包括岗前培训和后续教育培训。

第十五条　本合同有效期内，乙方享有的权利：
1. 在甲方授权范围内从事代理保险业务活动。
2. 依据合同约定获取甲方支付的代理手续费。
3. 享有甲方为其提供的与保险代理业务有关的培训。
4. 参加甲方组织的相关业务竞赛。

第十六条　本合同有效期内，乙方应承担以下义务：
1. 遵守国家法律法规，遵守保险监管部门和行业协会关于保险营销活动的各项规定、约定等。

2. 遵守甲方制定的规章制度，包括实务操作、业务流程、财务制度、考核制度等，接受和服从甲方的监督管理。

3. 向甲方如实告知并准确、及时地提交在从事代理活动中获取的客户资料和其他信息。

4. 向客户如实解释保险条款。

5. 协助甲方了解投保标的的真实情况和风险状况。

6. 按本合同约定向甲方解付代收的保险费。

7. 保守甲方和客户的商业秘密。

8. 非经甲方书面授权，不为甲方以外保险机构代理保险业务，不以甲方代理人的身份兼职从事其他职业。

9. 对甲方提供的宣传资料及有价单证需妥善保管，若发生单证丢失，所产生的责任由乙方承担。

10. 按甲方要求确定展业身份称谓，不向投保人作任何与保险业务有关的虚假宣传和承诺。

11. 在接到投保人或被保险人的出险通知后，及时指导、协助投保人或被保险人向甲方报案。

12. 保险合同订立后，在接到投保人或被保险人要求变更、终止或者解除合同的请求后，应及时指导、协助投保人或被保险人办理相关手续。

13. 乙方在代理甲方从事保险业务的过程中，不得从事或协助任何机构和个人从事洗钱活动，乙方应当积极履行反洗钱义务，发现投保人（被保险人）有反洗钱法规规定的大额交易或者可疑交易行为的，应当及时通知甲方。

第十七条 担保人。

乙方请_____作为乙方履行本合同的保证人，由其出具的《履行保险营销员代理合同保证书》是本合同的组成部分。

六、合同的变更、解除与中止

第十八条 合同的变更。

1. 在本合同有效期内，根据国家有关法律、法规和行政规章，甲、乙双方协商一致，可依法对保险代理的地域范围、险种范围、代理手续费标准、保证人等合同内容进行变更，并订立补充协议予以约定。

2. 双方如不能就变更事宜达成一致意见，本合同自动终止。

第十九条 合同的终止和解除。

1. 本合同期满前30天内，甲、乙双方任何一方可以向对方提出续签保险代理合同，经双方协商一致可以续签保险代理合同。

2. 在本合同有效期内，甲、乙任何一方要求解除合同，应提前30天书面通知对方，经双方协商一致并签订解除代理合同协议后，本代理合同终止。

3. 乙方有下列情况之一的，甲方可随时单方解除合同，并有权要求乙方承担违约责任，并赔偿由此给甲方造成的损失：

（1）违反国家及保险监管部门有关法律法规。

（2）违背社会公德，损害甲方信誉和形象。

（3）挪用或侵占保险费。

（4）串通投保人、被保险人或保险受益人欺骗甲方。

（5）使用不正当手段强迫、引诱或者限制投保人、被保险人投保。

（6）擅自变更保险条款，提高和降低保险费率。

（7）泄露客户信息及甲方商业秘密。

（8）遗失重要保险单证造成甲方重大损失。

（9）为甲方以外的保险机构代理存在与甲方有利益冲突关系（如存在变相价格竞争等恶意行为）的保险业务。

（10）连续两个季度未能通过甲方的考核。

（11）违反本合同约定中乙方的任何一项义务。

（12）国家法律法规规定的其他情形。

4. 有以下情形之一的，本合同终止：

（1）本合同期满。

（2）乙方丧失民事行为能力。

（3）乙方丧失劳动能力。

（4）乙方《保险销售从业人员资格证书》被保险监管部门吊销。

（5）乙方《保险销售从业人员执业证书》被所代理机构收回的。

（6）法律规定的其他应当终止的情形。

5. 本合同终止或解除时，乙方须于7日内将甲方核发的《保险销售从业人员执业证书》、代理期间有关的单证材料、客户资料、乙方和保证人留存的代理合同原件和借用甲方的物品等交还甲方，交付完毕甲方及时结清应付的手续费。

6. 本合同终止或解除后，乙方不得再以甲方的名义从事保险代理活动。

七、违约责任

第二十条 违约责任及追偿。

1. 甲方无正当理由，未按本合同约定向乙方支付代理手续费，除应如数支付代理手续费外，每拖延1日，要向乙方支付应支付代理手续费金额1‰的违约金；若因乙方的原因致使甲方不能及时向乙方支付代理手续费的，甲方不受本款约束。

2. 乙方未在本合同约定的期限内向甲方解付保险费，除如数上交保险费外，每拖延1日，要向甲方支付应交付保险费金额1‰的违约金。

3. 乙方违反国家法律法规或违反本合同约定造成甲方或客户财产损失的，由乙方承担一切责任，须按照损失金额支付赔偿金；如乙方对客户的民事责任由甲方先行承担的，甲方有权在乙方的代理费中扣除甲方相应承担的部分，对不足弥补甲方损失的部分，甲方有权继续向乙方进行追偿；同时甲方有权单方解除代理合同。

4. 乙方超出甲方授权范围或者在代理合同终止后仍以甲方名义进行的活动，除经甲方追认的以外由乙方自行承担责任。

5. 甲方不履行合同义务或违反本合同约定，乙方有权提出解除本合同，给乙方造成损失的，乙方有权要求赔偿损失。

八、其他约定

第二十一条 争议处理。

甲、乙双方就本合同发生争议时，可协商解决。协商不成，可依法向有管辖权的人民法院提起诉讼。

第二十二条 乙方展业行为准则。

乙方在展业过程中应遵循《保险销售从业人员监管办法》《保险从业人员行为准则》《保险从业人员行为准则实施细则》要求，进行保险业务销售活动。

第二十三条 本合同一式四份，甲、乙双方及乙方保证人各持一份，报甲方所属分公司备案一份。

第二十四条 本合同自双方签字生效。

甲方签字（盖章）　　　　　　　乙方签字（盖章）

　年　　月　　日　　　　　　　　年　　月　　日

合同签订地点：＿＿＿省（自治区、直辖市）＿＿＿市（地区、州）

附录二　保险兼业代理合同

合同编号

委托代理方（以下简称甲方）：
地址：
邮政编码：
经营许可证号码：
负责人：
电话：
代理方（以下简称乙方）：
行业：
地址：
邮政编码：
联系人：
电话：

根据《中华人民共和国保险法》和《保险兼业代理管理暂行办法》及有关法规，甲、乙双方经平等协商达成一致，签订本合同。

第一条　委托代理权限。

一、甲方委托乙方在甲方授权的业务范围、经营区域内，以甲方的名义为甲方代理保险业务。

二、乙方使用由甲方提供的保险条款、保险费率、保险单证、宣传资料，并依照甲方的各项规章制度和业务管理规定开展保险代理业务。

三、乙方为甲方代理保险业务不得违反国家有关的法律法规和行政规章。

四、乙方为甲方代理保险业务，除甲、乙双方特别约定外无签单权、无最终条款解释权、无出具批单权、无查勘定损权、无理赔权。

五、未经甲方同意，乙方无权与投保人、被保险人签订特别约定或约定变更条款内容。

六、乙方不得以自己名义，在甲方的授权范围内与第三方建立转委托代理保险关系。

第二条　代理地域范围。

甲方授权乙方在甲方经营区域____省（自治区、直辖市）____市____县（区）代理保险业务。

第三条　代理业务范围。

甲方授权乙方代理下列保险业务（按险种列明）：

第四条　委托代理责任。

乙方在本合同中甲方的授权范围内代为办理保险业务所产生的保险责任由甲方承担。乙方超越本合同甲方书面授权范围的代理行为，由乙方承担责任。

第五条 保险费的划缴方式和期限。

乙方应在____日内将收取的保险费、保险储金划缴甲方指定银行的保费存款账户（只能存入，不能提取），甲方在审核无误后，据以签发保险单；经甲方特别授权可以签发保险单的，乙方应于当日将保险费、保险储金存入甲方指定银行的保费存款账户。不得以保险费抵扣代理手续费。保险费、保险储金结算时间最长不得超过____日。代理保险费收入达到____万元（人民币）时，乙方应及时与甲方办理结算、对账手续。

第六条 代理手续费的支付标准和支付方式。

一、甲方根据乙方代理保险业务的保费收入和赔款支付情况，按照国家规定标准确定各险种相应的手续费标准。

企业财产险____%　家庭财产险____%　工程险____%　机动车辆险____%

意外险____%　其他____%

二、甲方按月（季）同乙方进行业务结算，在____日内以转账支票方式按合同确定标准支付乙方代理手续费。甲方不得以直接冲减保费或现金方式支付代理手续费。

第七条 甲方的权利。

在本合同有效期限内，甲方委托乙方代为办理保险业务，甲方享有下列权利：

一、要求乙方贯彻执行国家颁布的保险法律法规和行政规章，严格执行甲方制定的各项保险代理业务管理规章制度。

二、根据业务需要，要求乙方建立业务台账。业务台账应逐笔列明保单流水号、代理险种、保险金额、保险费、代理手续费等内容。做好各种账簿、账卡的登记、统计、存档工作，有权对账簿、单证、收据进行监督检查，并对发现的问题提出整改意见。

三、在签发保险单时，甲方对乙方在授权内代理的保险业务有最终确认权。

四、规定和调整乙方代理的保险险种和区域。

五、甲方在为乙方办理相关证件时，有权要求乙方提供必要的证件和证明等资料。

第八条 甲方的义务。

在本合同有效期限内，甲方委托乙方代为办理保险业务，甲方应尽下列义务：

一、应协助乙方申请办理《保险兼业代理许可证》。甲方应依据《保险兼业代理管理暂行办法》的要求，在《保险兼业代理许可证》三年有效期满前三个月时，为乙方申请办理换领新证。

二、应为乙方提供从事保险代理业务所需的业务单证、保险条款、宣传材料等必须物品。

三、根据乙方代理保险费的实际数额按合同约定支付代理手续费。

四、协助乙方所属的代理人员进行必要的保险业务培训及相关法律法规培训和职业道德教育，保证乙方可以正常开展保险代理业务。

五、应积极协助乙方建立代理业务所需的各种账簿、报表及必要的规章制度，不断完善乙方的管理工作。

六、对于乙方反映的问题和工作中遇到的困难，要积极协助解决，提供必要的帮助。对于乙方提出的合理化建议，甲方要认真听取，积极采纳。

第九条 乙方的权利。

在本合同有效期限内，乙方按照甲方的委托授权范围代理保险业务，乙方享有下列权利：

一、根据《保险兼业代理管理暂行办法》的有关规定，要求甲方协助申请办理《保险兼业代理许可证》，并在有效期满后换发新证。

二、在甲方授权范围内为甲方代理展业，获得甲方提供的相关条款、单证、业务资料等。

三、要求甲方按合同约定支付代理手续费。

四、参加甲方组织的学习教育和业务培训，学习和掌握保险专业知识和相关法律法规，了解甲方的业务规章制度。

五、对保险代理工作及相关工作提出合理化建议，并有权向甲方上级单位及保险监管部门反映。

第十条 乙方的义务。

在本合同有效期限内，乙方按照甲方的委托授权范围代理保险业务，乙方应尽下列义务：

一、应认真执行国家制定的相关法律法规，遵守甲方制定的有关规章制度。

二、在录用保险代理人员时，要遵守国家及甲方的有关规定和标准，并报甲方备案。代理人员调离或解聘应提前30天通知甲方，并办理好有关物品的移交手续。

三、应按照甲方的业务规定及时为投保人、被保险人办理保险业务，并要遵循"最大诚信原则"，履行对投保人和被保险人的明确说明义务。及时向保户送交保险单证、保费收据或储金收据。

四、应按照本合同约定及甲方的业务规定，将收取的保险费、保险储金于____天内上缴甲方或存入甲方指定的银行账户，及时与甲方完成业务交接和保险费的结算，不得拖欠、挪用和侵占保险费。

五、应严格按甲方提供的保险条款、费率、单证、实务等有关规定代理保险业务，并妥善保管甲方提供的单证、资料，不得丢失或转授他人，不得涂改甲方单证、资料和被保险人资料。

六、应为甲方保守商业秘密，妥善保管甲方的一切业务资料和宣传资料，不得把在从事保险代理业务中获得的甲方的信息、资料等向第三方泄露。

七、在与甲方终止保险代理关系后，须与甲方完成各项交接手续，上缴所有代理收取的保险费和所有从甲方获得的业务单证、条款、资料以及所有借用甲方的物品。

八、应督促、指导保户做好防灾防损工作和安全工作，协助甲方做好理赔工作，维护甲方利益。

九、按甲方的要求建立各种账簿，做好登记、统计工作，并定期上报甲方。

十、应遵循"独家代理"的原则，在合同有效期内只为甲方代理保险业务。

第十一条 合同期限。

一、本合同的有效期为1年，自双方签字盖章之日起生效。

二、本合同期满前15日内，甲、乙双方均未书面提出终止合同的要求，且对本合同无任何异议，本合同自动延续1年。本合同最长有效期为3年，如双方愿继续保持代理关系，应重新签订代理合同书。

第十二条 合同的变更。

在合同有效期内，经甲、乙双方协商同意，可对本合同的有关内容以书面形式进行变更。并将相关材料报甲方主管部门备案。

第十三条 合同的解除。

一、在本合同有效期内，甲乙任何一方要求解除合同，应提前30日书面通知对方，双方协商一致并达成书面协议后，本合同即告终止。本合同解除后，乙方不得再以甲方的名义进行保险代理活动。

二、乙方有下列情形之一者，甲方有权单方面解除合同，在乙方收到甲方的《终止保险代理合同通知书》15日后，合同即告终止。对给甲方造成的经济损失，甲方有权向乙方进行追偿：

1. 被国家保险监管部门吊销了《保险兼业代理许可证》。
2. 违反国家的法律法规或严重损害甲方信誉及被保险人利益的行为。
3. 犯有其他严重错误，并受到司法部门追究查处的。
4. 不履行或违反本合同约定中应承担的义务的。
5. 超越本合同中甲方的授权范围越权代理保险业务，而事后未经甲方以书面形式追认，给甲方或第三方造成经济损失的。
6. 违反本合同约定的划缴保险费的义务，经保险人书面促缴仍未在指定日期内划缴的。
7. 在本合同终止后仍以甲方的名义从事保险代理业务。
8. 滥用代理权违反甲方制度的要求，或通过代理权的行使损害投保人、被保险人利益。
9. 与被保险人或其他第三方恶意串通，隐瞒重大事项欺骗甲方。
10. 未经甲方书面同意擅自转代理。

第十四条 违约责任。

一、甲、乙双方应共同遵守本合同，如有违约应承担相应的经济赔偿责任。

二、乙方不按本合同约定上缴保险费、保险储金，经甲方催告仍未在规定的期限内划缴的，除应如数上缴保险费、保险储金外，应承担相应的利息和费用。

三、乙方违反国家的法律法规以及本合同第二条、第三条及第十条的有关约定，对甲方或第三方造成的经济损失由乙方负责赔偿。

四、甲方于每月（季）业务结算＿＿＿天后，将代理手续费支付给乙方，如无适当理由，每拖延1个月，要向乙方支付当月（季）保险代理费＿＿＿%的违约金。

第十五条 争议处理。

甲、乙双方就本合同发生争议，要及时协商解决。经协商不能解决时，可向人民法院提请诉讼。

第十六条 附则。

本合同一式三份，甲、乙双方各执一份为凭，报甲方上一级主管机关一份备案。

甲　方　　　　　　　　　　　　　　乙　方
授权签字人（盖章）：　　　　　　　　代表签字（盖章）：
地点：　　　　　　　　　　　　　　　地点：
　　年　月　日　　　　　　　　　　　　年　月　日

附录三 专业保险代理合同

合同编号

甲方：　　　　　　　　　　　　乙方：
负责人：　　　　　　　　　　　负责人：
营业地址：　　　　　　　　　　营业地址：

为维护合同双方的合法权益，规范合同双方的权利义务，根据《中华人民共和国保险法》和《保险专业代理机构监管规定》及保险监管机构颁布的各项规章制度，甲、乙双方经平等协商达成一致，特签订本合同。

第一条 代理产品及销售地域。

1. 甲方委托乙方代理销售其产品（具体险种及佣金比例详见附件）。
2. 乙方代理甲方产品的地域范围为_____。

第二条 乙方代理权限。

甲方委托乙方代理以下事项：

1. 在乙方营业执照许可范围内代理销售经甲方书面认可的保险险种。
2. 指导投保人填写投保单等相关单证，为投保人办理相关投保手续。
3. 协助甲方收取投保人的保险费及向投保人支付与保险合同相关的款项。
4. 传递投保人、被保险人及受益人的投保、变更、保险给付申请等相关文件。
5. 乙方按甲方作业规范要求代理甲方业务。
6. 代理甲方书面委托的其他事项。

甲方有权根据实际情况，变更乙方的代理权限，但应提前一个月通知乙方。

第三条 甲方的责任。

1. 甲方应对授权乙方销售的险种的合法性负责。同时，在乙方必要的协助下，对包括投保人对条款公正性争议、理赔争议及其他基于险种本身的纠纷承担全部解释和事后处理责任。
2. 甲方应为乙方免费提供代理保险业务所需要的宣传材料、保险条款、保险业务单证及相关的业务管理规定和办法。
3. 甲方应按本合同规定及时给付乙方代理佣金（相关标准见附件）。甲方有权利根据保险监管法规及相关国家行政机关要求对佣金标准进行调整，但调整前必须提前60天书面通知乙方。
4. 甲方应给予乙方必要的业务培训，及时传达甲方相关业务管理规定，如因甲方未履行及时通知义务而造成甲方损失的，乙方不承担责任。
5. 新增、变更或停售保险产品时，甲方应将相关资料提前一个月书面通知乙方；如因甲方未履行及时通知义务而造成甲方损失的，乙方不承担责任。
6. 甲方应给予乙方及时的出单、核保、理赔、保全和后援相关服务支持和行政事务支持。

7. 甲方的各项规章制度等若要求乙方遵守的，必须以书面形式明示乙方知悉，如有更改，应及时书面通知乙方；且其中不含有不平等、不合理的内容，不含有加重或疑似加重乙方责任的内容，否则，乙方无遵守此等规章制度的义务。

8. 甲方不得以其规章制度变更或变相改变本合同约定，如有冲突的，应以本合同的约定为准。

9. 甲方不能因为乙方代理的个别保单有过错，而拒付乙方全部代理佣金。

第四条 乙方的责任。

1. 乙方及其个人保险代理人，应具备保险监管部门所认可的合法资质。

2. 乙方从事本合同所规定的保险代理业务及有关服务时，应遵守监管机构相关法律法规及甲方的规定，履行代理人应尽的义务，不得误导他人。

3. 乙方不得签发任何投保单、保险协议，或以任何方式做出同意承保的承诺，不得以自己或甲方的名义从事任何保险理赔工作，不得签订任何赔付协议或做出任何形式的赔付承诺。

4. 乙方在代理保险业务时，应全面了解投保人的资信、经营管理、以往保险记录等情况，但全面了解的情况范围限于甲方投保单和相关附件中要求投保人如实告知的"投保询问"。

5. 乙方仅对投保标的和投保人的可保利益等进行了解，并提醒投保人需如实告知前述情况，向甲方如实汇报投保人告知的情况和如实汇报乙方所掌握的情况，但乙方不进行核实。

6. 乙方应将保险条款的内容、释义、免责事项等如实告知投保人、被保险人，同样应将乙方所了解的投保人、被保险人的真实情况如实告知甲方，包括真实的客户信息及投保情况等。

7. 乙方在代理保险业务时，不得擅自更改甲方规定的保险条款、保险费率、承保规则、演示说明等各种规定，否则将由乙方承担相应责任。

8. 乙方须对其代理销售的保单进行必要的后续服务，包括但不限于上门收取各种单证、提供咨询服务等。

9. 保单经甲方签发以后，其保单回执须由客户亲笔签字后交回甲方。甲方在规定日期收到保单回执后，该笔保险费方可计入当月代理佣金发放基础。

10. 乙方在展业过程中必须使用甲方提供的宣传资料、费率表、投保书、保险条款等有关单证和表格，不得私自修改、变更；乙方对外宣传时，涉及甲方的宣传内容须经甲方书面认可，不得有夸大、不实或误导行为。

11. 乙方代理的保单，有下列情形之一的，乙方就该保单所收取的代理佣金等报酬，应全额退还甲方：

（1）因乙方有误导、代签名、夸大保险利益等不正当行为而导致投保人退保、撤销投保或导致保险合同无效或导致甲方与投保人解除保险合同、全额退保的。

（2）因乙方未告知、错误引导或阻止投保人履行如实告知义务，致使甲方与投保人解除保险合同或全额退保的。

（3）其他因乙方过错造成的保险合同无效、解除等事由而造成全额退保的情形。

12. 在乙方代理甲方业务范围内，甲方有权对乙方进行监督和检查。但乙方不向甲方提供财务会计账簿等可能泄露乙方与其他商业合作伙伴（含保险代理合作）商业秘密的资料和文件。

13. 如因乙方过错导致乙方代理业务发生退保时，甲方有权要求乙方退还退保保费对应的已结付的代理佣金，如经乙方书面同意，甲方可以从应付代理佣金中扣减相应金额。如乙方无过错，乙方代理业务发生退保的，甲方无权要求乙方退还已结付的代理佣金，也无权从应付乙方代理佣金中扣减相应金额。

14. 如甲方以乙方违约为由，从乙方代理佣金中扣除部分或全部款项（金额），甲方应提前 20 天书面通知乙方，该扣除款项的书面通知应包括扣除事由、扣除金额、计划扣除日期等内容；乙方在收到甲方书面通知之日起 20 天内予以回复，经乙方书面同意后，甲方可以从应付代理佣金中扣减相应金额。而且乙方有权在甲方扣除前述款项之日起 6 个月内提出书面异议，甲方应在接到乙方异议之日起 1 个月内予以复核并书面告知乙方复核结果。如甲方扣除有误的，应自发现错误之日起 20 日内向乙方返还误扣款项，并加付误扣款项 5% 的违约金。

第五条 保险费及代理佣金结算及支付。

1. 乙方承诺以下事项：

（1）设立独立的保费收入账户并对保险代理业务进行单独核算，并建立业务台账，逐笔列明保单流水号、客户名称、代理险种、保险费及保险金额等内容。

（2）妥善保管并交接相关保险单证。

（3）乙方在收到保费后＿＿＿工作日之内，将保费划入甲方指定账户。

甲方保险费专用收取账户：

户名：

账号：

开户行：

2. 在乙方履行第 1 款承诺的前提下：

（1）甲方根据乙方所代理的保险险种，按中国保监会的规定及双方的约定比例支付代理佣金（详见附件）。

（2）代理佣金的支付必须按照收支两条线的原则，双方经复核后，按月以实际到账并承保的保险合同的保费金额（实收保费）结算代理佣金。

（3）甲方通过其指定邮箱（　　　　）在每月第 1 个工作日向乙方指定邮箱（　　　　）发送上月的代理业务佣金结算单，结算单至少应包含：分公司、保单号码、险种、出单日、保单状态、保费、代理手续费比例等。

（4）业务清单统计时段为每个自然月的第 1 天到最后一天，产险统计应按照"每月 1 日至当月最后一日，产险卡单业务保费交到甲方账户的日期，产险非卡单业务以产险保单出单日为截止点核算当月代理手续费"。

（5）乙方经核对确认无误后，在规定时间内向甲方支付该代理佣金。该佣金清单必须由甲乙双方盖章签字确认，一式两份，甲、乙双方各执一份。

（6）甲方应于每月 15 日前，将上月代理佣金以转账方式支付。乙方需在确认收到全部代理佣金后在 5 个工作日内向甲方提交当地监管部门认可的代理佣金发票。

乙方代理佣金专用收取账户

户名：××保险代理有限公司_____分公司

开户银行：

账号：

注：转入款项时，请注明转入单位名称。

（7）乙方不得在代收保费中坐扣代理佣金。未经乙方书面同意或合同另有约定外，甲方不得从乙方代理佣金中抵销任何欠款或赔偿款。

第六条　保密条款。

1. 乙方未经甲方同意，不得翻印甲方的任何文件和资料（但乙方为留存业务档案而复印或扫描投保单、保险单等资料的除外），不得泄露其代理甲方业务的经营情况。

2. 甲、乙双方均不能泄露对方的商业机密，此商业机密是指甲、乙双方未曾公开的有关业务操作程序、报备文件、政府批文、客户资料、保险设计方案、费率价格、代理佣金率等一切有形载体的信息及资料，且本保密义务在本合同终止后仍然有效。

第七条　反洗钱合作。

1. 根据《中华人民共和国反洗钱法》《金融机构反洗钱规定》和《客户身份识别和客户身份资料及交易记录保存管理办法》等监管规定，乙方不是金融机构，乙方不负有上述监管规定中的客户身份识别的法定义务。但乙方应在甲方履行法定的反洗钱义务和客户身份识别义务时，为甲方提供协助，甲方对乙方客户提供的身份信息和身份证件资料负有最终审核的责任。

2. 乙方承担的客户身份识别工作仅限于：当收到客户填写的投保单时，必须核对投保人、被保险人的身份证明证件原件和复印件是否相符，并向投保人和被保险人确认其两者之间的关系，及时向甲方转交客户身份证明复印件供甲方留存。

3. 乙方在代理销售甲方保险产品过程中，如对客户身份产生合理怀疑时，应及时将情况向甲方报告。

4. 在受理客户投保申请时，如甲方发现乙方客户的身份信息不符合法律法规要求，应及时通知乙方。乙方将根据甲方的通知要求告知客户补充或更正；甲方如需要调查客户真实身份的，乙方应予以协助；乙方如不能或不愿配合甲方履行反洗钱工作的，甲方不受理乙方的该笔业务。如甲方未尽法定的反洗钱义务而令甲方承担任何的法律责任的，乙方不承担责任。

5. 乙方须遵守和执行甲方制定有关反洗钱的制度和流程。但该制度或流程有以下情形之一的，由甲方自己进行相关工作，乙方可以提供协助：

（1）要求乙方承担反洗钱工作的规定超出乙方自身能力的。

（2）要求乙方承担的客户身份识别工作超出本合同第七条第2款约定的范围的。

（3）乙方因执行甲方的制度、流程而使乙方的执行支出大于或等于代理该笔保险业务所获得的收入的。

6. 因乙方未能按以上约定履行义务而导致甲方经济损失或受到行政处罚的，乙方应赔偿甲方的前述损失。但有以下情形之一的，乙方不承担责任：

（1）因客户故意提供虚假的身份证件、户口簿或其他身份证明文件的原件和复印件以及其他虚假信息，而令乙方产生错误认识，并且乙方没有过错的。

（2）甲方未履行自身的法定反洗钱义务而导致甲方经济损失或受理行政处罚的。

（3）该代理业务原属于按本合同约定甲方不受理的乙方业务，但甲方仍然受理并承保的。

第八条 关于远程出单业务管理和单证的管理。

1. 如甲方在乙方省级分公司以下分支机构（以下简称"乙方分支机构"）设置远程出单点的，甲、乙双方应另行以书面形式约定实施远程出单的乙方分支机构的具体名称和出单点地址，并加盖双方公章。如未经乙方书面盖章确认，甲方与乙方分支机构或乙方员工或乙方代理人串通，私自在乙方分支机构设置远程出单点的，此行为属于严重违约行为。

2. 甲、乙双方之间的有价单证交接只能由甲方与乙方省级分公司进行，甲方不得与乙方分支机构进行有价单证交接。乙方向甲方申请领取空白单证时，领取单证的乙方人员应持有乙方省级分公司开具并盖章的授权领取单证的委托书。甲方在查验并确认乙方授权委托书后，向乙方授权人员发放甲方有效空白单证。

3. 甲方不得向乙方授权以外的任何乙方人员发放空白有价单证，也不得向乙方任何分支机构发放空白有价单证。

4. 如甲方违反本条第 3 款、第 4 款约定而造成自身或乙方损失（包括直接和间接损失）的，由甲方承担全部责任。本约定的效力高于甲方在本合同签订前或签订后制定的业务规章制度（含单证管理制度）。

5. 甲、乙双方应依照诚信原则，建立每月远程出单代理业务量台账和有价单证交接、回销、作废台账。双方均应如实记录乙方代理业务台账和有价单证交接、回销、作废台账，并将真实的台账交与对方核对。

6. 甲、乙双方在每月第一个工作日交换双方上月远程出单业务量和上月单证台账进行核对，核对工作由甲方与乙方省级分公司进行，甲方应直接以书面、传真或电子邮件形式将台账交与乙方省级分公司，不得交由乙方分支机构与甲方进行。台账经双方核对无误后，双方应在对方出具的书面台账上加盖公章确认，并将书面台账返还一份交对方留存。每月台账核对工作应至迟在 3 个工作日内完成，任何一方无正当理由，不得拖延台账核对工作。

7. 甲、乙双方依约在乙方分支机构安装远程出单系统，以甲方为保险人、乙方为代理机构的名义出单的，甲方不得与乙方分支机构的代理人或员工串通，瞒报、少报乙方实际出单业务量，致使乙方应得代理手续费流失或减少。

8. 甲方如有违反本条第 1 款、第 6 款至第 8 款的行为的，致使乙方应得代理手续费流失的，即属于严重违约行为。乙方有权解除合同、追回乙方流失的代理手续费（乙方流失的代理手续费＝甲方瞒报、少报乙方代理业务量×代理手续费比例），并且乙方有权要求甲方支付违约金，违约金金额按以下两种违约金额中的最大者支付：

（1）违约金金额＝1 万元。

（2）违约金金额＝乙方流失的代理手续费收入×5。

9. 如甲方按本条第 2 款、第 9 款约定支付的违约金尚不能弥补乙方损失（包括直接损失和间接损失）的，甲方还应弥补乙方损失金额与违约金额之间的差额。

第九条 违约责任。

1. 乙方不按约定及时将代收保费转交给甲方，经甲方要求仍未在规定期限内划转的，除如数划转外，还应承担自规定期限届满之日起至付款日止的相应利息（利息按照同期银行活期基准利率计算）和费用。

2. 甲方须按本合同约定的时间和方式向乙方支付代理佣金，经乙方要求仍未在规定期限内支付的，甲方除应如数支付外，每延付一日，甲方应按未付代理佣金的5‰向乙方支付违约金，上述违约金不足以抵偿乙方由此遭受的损失的，乙方有权要求甲方另行承担赔偿责任。

3. 乙方同意并保证在本合同规定的代理范围内开展业务，如乙方在开展业务过程中违反本合同约定，经甲方制止仍不改正的，甲方有权要求乙方承担法律责任。

4. 甲、乙双方应认真履行各自责任，如一方违反本合同规定，给对方的信誉造成严重不良影响和重大经济损失，另一方可书面通知违约方解除本合同，并由违约方承担相应的法律责任并补偿相应的经济损失。

第十条 合同的生效、变更和终止。

1. 本合同自签订之日起生效，有效期为1年。如本合同期满前30日甲方或乙方未书面通知终止本合同，则本合同自动延期1年。

2. 合同有效期内，经双方协商同意，可对本合同进行变更。

3. 合同有效期内，由于国家政策、法律、法规的变更，本合同的内容失去依据，或与之违背，本合同应予变更。

4. 在本合同有效期内，甲、乙任何一方要求终止合同，应提前30天书面通知对方，经双方协商一致并达成书面合同后，本合同即告终止。

5. 有下列情形之一，本合同即告终止：

（1）甲方或乙方的法人资格丧失，本合同即行终止。

（2）乙方《经营保险代理业务许可证》失效，则本合同即期终止。

（3）由于国家政策、法律、法规的变更，本合同的内容失去依据或与之违背，已不能继续执行，本合同解除。

6. 乙方有下列情形之一，甲方有权随时终止本合同，并有权要求乙方赔偿损失：

（1）擅自变更保险条款，提高或降低保险费率。

（2）在保险代理业务中有欺诈、背信、伪造文书、私刻公章者。

（3）串通投保人、被保险人、受益人或其他第三方恶意欺诈甲方。

（4）挪用或侵占、贪污保险费或保险金、赔款。

（5）自行涂改或伪造保险协议及其相关附件。

（6）假冒被保险人、投保人签名。

（7）以代理人名义签发投保单或擅发保险协议。

（8）与非法从事保险业务的机构或个人发生保险业务往来。

（9）其他违反国家相应法律法规的行为。

7. 本合同一经解除，双方应将一切与保险代理业务有关的保险条款、保险单证、相关材料等用品进行交接，同时填写《终止保险代理合同清算交接单》。

8. 本合同终止后，乙方为甲方提供代理服务的保单的保全、理赔业务由甲方负责维护。

9. 在本合同有效期内及终止后，乙方不得欺骗或诱导投保人或任何方式诱导客户将其在本合同项下代理的保险产品退保、减额或转换到其他保险公司。若乙方有上述行为，甲方有权要求乙方退回已支付给乙方的佣金。

第十一条 反商业贿赂条款。

1. 甲、乙双方都清楚并愿意严格遵守中华人民共和国关于反商业贿赂的法律规定,双方都清楚任何形式的贿赂和贪污行为都将触犯法律,并将受到法律的严惩。

2. 甲方或乙方均不得向对方或对方经办人或其他相关人员索要、收受、提供、给予合同约定外的任何利益,包括但不限于明扣、暗扣、现金、购物卡、实物、有价证券、旅游或其他非物质性利益等,但如该等利益属于行业惯例或通常做法,则须在合同中明示。而且在合同中明示之利益必须以转账方式划至合同对方之对公账户,不得以现金或转账或其他任何方式支付给个人。

3. 乙方经办人发生本条第二款所列示的任何一种行为,都是违反乙方公司制度的,都将受到乙方公司制度惩处。

4. 合同双方均有义务严格禁止己方经办人员的任何商业贿赂行为。任何一方或一方经办人员发生本条第二款所列示的任何一种行为,该等行为都是违反国家法律的行为,并将受到国家法律的惩处。构成犯罪的,任何一方有义务依法向国家司法机关举报犯罪行为,使有商业贿赂行为的一方或一方经办人员受到刑事法律惩处。

5. 如因一方或一方经办人违反上述第二款之规定,给对方造成损失的,应承担损害赔偿责任。

6. 本条所称"其他相关人员"是指甲乙方经办人以外的与合同有直接或间接利益关系的人员,包括但不仅限于合同经办人的亲友。

第十二条 争议处理。

如在履行本合同过程中发生争议,双方应友好协商解决,协商不成,应向被告所在地法院起诉。

第十三条 附则。

1. 本合同一式四份,甲、乙双方各执二份。

2. 本合同内容如有与中国保险监督管理委员会的有关规定相违背之处,以中国保险监督管理委员会的有关规定为准。

3. 本合同的未尽事宜可签订补充协议,作为本合同的组成部分,与本合同具有同等法律效力,若补充协议的内容与本合同冲突,以补充协议为准。

甲方(公章):	乙方(公章):
授权签字人	授权签字人
(签字):	(签字):
签署日期:　年　月　日	签署日期:　年　月　日

附录四　保险经纪服务委托协议书

甲方（委托方）：
办公地址：
乙方（受托方）：_____保险经纪公司
注册地址：

根据《中华人民共和国采购法》《中华人民共和国保险法》的有关规定，甲乙双方本着平等自愿、诚实信用的原则，经友好协商，就甲方委托乙方提供保险经纪服务达成如下协议：

一、甲方同意聘请乙方为保险经纪人，乙方同意为甲方提供保险经纪服务。

二、乙方同意在本协议有效期内根据甲方要求提供下列服务：

1. 根据甲方的具体需求，设计保险招标方案。
2. 按照"保费合规、服务优质"的原则，协助甲方就保险条款、费率、优惠条件、后期服务等制定招标细则及评分标准，并负责追踪落实。
3. 协助甲方根据招标文件与保险公司签订保险服务合同。
4. 根据合同条款，协助甲方用车单位办理投保手续及结算事宜，确保财政支出的安全。
5. 协助甲方及保险公司解答车辆使用单位在实际操作中遇到的问题。
6. 在发生引致保险索赔争议或需要乙方处理的事件发生时，提出处理建议，协助甲方准备相关文件，在授权范围内代表甲方与保险公司进行谈判，全程处理相关事宜。
7. 根据甲方授权全程监督保险公司投保流程、保险价格、服务承诺、理赔服务进程并定时将情况报告甲方。
8. 与保险公司、被保险人及其他关系方沟通协调。

三、乙方责任：

乙方受甲方委托通过招标方案设计、保险政策咨询、保单事后稽查、重大事故现场监督、车辆保险信息统计分析等工作，确保甲方投保单位和车辆保险费率不高于合同规定，享受的保险服务不低于合同的规定，并根据合同执行出现的情况，及时向甲方提供建议，以确保甲方利益的最大化。具体内容如下：

1. 在履行协议过程中，忠实维护甲方的合法权益；在完善服务条款的同时，在政策许可的范围内争取最低费率。
2. 负责提供甲方及用车单位对保险业务及政策的咨询。
3. 根据保险合同约定的投保险种及中标价格审核保单，如有差错，及时督促保险公司纠正并定时报告甲方。
4. 监督保险公司按照服务承诺认真履行合同。在收到甲方车辆使用单位关于保险服务质量投诉的3个工作日内，对保险公司的反应进行监督，督促其在最短的时间内尽快查处并做出书面答复。超过3个工作日内没有弥补缺陷，乙方将协助用车单位按照合同的约定，采取必要的补救措施以保证甲方用车单位的合法权益。

5. 重大事故接到甲方用车单位或保险公司的通知后，必须在第一时间赶到现场，负责对现场查勘、施救及善后事宜的监督，以确保甲方用车单位的合法权益。

6. 督促保险公司定期对甲方车队管理人员及驾驶人员进行安全培训。

7. 在每个月度结束的 5 个工作日内（法定节假日顺延），负责汇总《投保车辆保费结算情况表》《投保车辆出险理赔情况表》并报告给甲方。

8. 在每个季度结束的 10 个工作日内，负责召集有保险公司、甲方代表参加的"合同履行及服务质量分析例会"，并撰写分析报告给甲方。

9. 在第一个保险年度结束前的一个月，撰写下一年度保险调整建议书给甲方，征得甲方同意后负责落实。

10. 为单位提供理赔指导服务，对有理赔争议或估损金额在 5 万元以上（含 5 万元）的赔案，乙方负责全程索赔服务及有关善后事宜。

11. 乙方接受甲方及用车单位的监督，如工作中出现如下情况之一，每次支付违约金____元：

（1）未能及时发现保单错误。

（2）办理相关业务超出上述规定时限。

（3）用车单位投诉，经确认属实的。

（4）财政认为的其他工作失误或违约行为。

12. 由于乙方的重大过错，给甲方造成的直接经济损失，乙方负担赔偿责任。

四、甲方责任：

1. 保险合同生效后，负责通知用车单位按合同的约定投保。

2. 向乙方提供与委托事项有关的信息与资料，并在乙方提供服务过程中给予必要的协助。

3. 指定专人协助乙方开展工作。

4. 当需要乙方处理的事件发生时，尽快通知乙方。

五、保密条款：

除非下列情况，甲、乙双方在执行本协议过程中不得将获得的费率、保险方案、理赔数据等任何保密信息泄露给第三方：

1. 告诉给予执行本协议相关的人员。

2. 应法律或司法管辖要求而提供。

3. 告诉给根据本协议确定的提供保险服务的保险人。

4. 经另一方书面同意。

本协议终止时本条款继续有效 1 年。

六、函件：

发送对方的重要函件应以书面形式送达或以挂号方式寄至对方办公地址，邮寄函件通常被认为在发出后 7 个工作日内寄达对方。

七、报酬与费用：

1. 双方同意，在甲方将保险业务交由乙方安排后，乙方从保险人处取得与甲方保险合同有关的佣金作为报酬，不向甲方收取费用。

2. 如甲方要求乙方提供超出本协议委托事项以外的服务，具体事宜由双方协商后，签订补充协议进行约定。

八、争议的解决：

甲乙双方就执行本协议发生的争议，应通过友好协商解决。如协商无效，可向____市仲裁委申请仲裁。

九、协议期限：

1. 本协议自双方签章之日起生效，有效期为____年，自20____年____月____日____时起至20____年____月____日____时止。但各单位在有效期内投保的机动车辆保险单，至20____年____月____日仍未执行完毕的，乙方需继续提供所有服务，直至保险单约定的保险期限结束。

2. 本协议有效期内，任何一方欲提前解除本协议，应提前30天书面通知另一方，并妥善处理善后事宜。

3. 在协议有效期内，如有未尽事宜，经双方协商可对本协议条款予以补充或修订，补充协议与本协议具同等法律效力。

十、依据本协议，甲方应向乙方提供授权委托书，以备乙方为甲方安排保险时使用。

十一、本协议一式四份，甲、乙双方各持二份，具有同等法律效力。

甲方签章：   乙方签章：
主要负责人：   法定代表人：
授权代表：   授权代表：
签署日期：   年   月   日   签署日期：   年   月   日

附录五　再保险经纪服务协议书

甲方（委托方）：
注册地址：
乙方（受托方）：
注册地址：

甲、乙双方本着平等自愿、诚实信用的原则，就甲方委托乙方提供再保险经纪服务达成如下协议。

一、在本协议有效期内，乙方同意

1. 根据甲方的委托范围，负责与国际/国内再保商的联络、沟通与协调。
2. 根据甲方要求，设计再保险方案，并向国际/国内再保险市场询价，根据询价结果做出汇总分析，供甲方决策参考。
3. 协助甲方对项目进行风险查勘、识别与评估，并根据要求，向分保接受人提供风险查勘报告。
4. 根据甲方的决定，选择分保接受人，并负责再保险安排工作。
5. 负责就保单的注销和续转，沟通甲方和分保接受人。
6. 出险后，负责与分保接受人的联系和协调工作。
7. 负责协助甲方向分保接受人摊回赔款。

二、在本协议有效期内，甲方同意

1. 如实向乙方提供所有与上述再保险经纪服务有关的信息与资料，在乙方服务过程中给予必要的协助。
2. 在有效期内，若甲方欲终止协议，应提前1个月书面通知乙方。

三、保密条款

本协议执行过程中，除应法律要求或经对方书面同意，甲、乙双方不得将获得的任何保密信息泄露给第三方。本协议终止或解除时，本条款继续有效____年。

四、函件

1. 发送对方的重要函件应以书面形式送达或以挂号方式寄至对方地址。使用传真、电子邮件等其他方式，原件应随后挂号寄送。
2. 邮寄函件通常被认为在发出后7个工作日内寄达对方，传真件则在传送的同时即视为收到。

五、报酬与费用

1. 双方同意,在甲方将再保险业务交由乙方安排后,乙方依法有权从分保接受人处取得相关的佣金作为报酬,不再另外向甲方收取其他费用。

2. 如甲方要求乙方提供任何超出本协议第一条范围的服务,乙方应事先向甲方提供费用预算报告,双方协商确定后由甲方支付相关服务费用。

六、争议解决

甲、乙双方就执行本协议发生的争议,应通过友好协商解决。如协商不成,任何一方均可向本签署地的人民法院提起诉讼。

七、其他事项

1. 本协议自双方签章之日起生效,有效期____年,协议期满后,如双方无异议,则本协议继续有效。

2. 本协议如有未尽事宜,双方应协商订立补充协议。补充协议与本协议具有同等法律效力。

3. 本协议一式两份,甲、乙双方各持一份。

甲方(签字):   乙方(盖章):
                                       负责人(签字):

    年   月   日   年   月   日

附录六　机动车辆保险公估合作协议

第一章　总则

第一条　本机动车辆保险公估合作协议（以下称"本协议"）于＿＿年＿＿月＿＿日由下列双方在中华人民共和国（"中国"）＿＿市签订：

甲方：＿＿＿＿＿＿＿财产保险股份有限公司

地址：

电话：

传真：

乙方：＿＿＿＿＿＿＿保险公估股份有限公司

地址：

电话：

传真：

第二条　根据《中华人民共和国合同法》、《中华人民共和国保险法》、《保险专业代理机构监管规定》、《保险经纪机构监管规定》、《保险公估机构监管规定》等有关法律、法规甲乙双方在自愿、平等、协商一致的基础上，达成本协议。

第二章　合作内容

第三条　委托与接受委托。

一、甲方可以将保险车辆发生的保险事故，通过电话或书面委托给乙方进行查勘、检验、定损、取证等公估工作。

二、乙方接受委托后，应在5分钟之内与客户取得联系，按照约定到达现场的时间查勘现场及负责完成甲方委托的公估工作，确保工作质量和工作时效。若遇塞车或其他特殊情况不能按时到达现场的，乙方应及时与客户沟通。

第三章　甲乙双方权利义务

第四条　乙方权利义务。

一、乙方从事保险标的的查勘、定损、检验、取证等业务时应当遵守法律、行政法规和中国保监会的有关规定以及甲方制定的有关车险理赔的规章制度，坚持客观、公正、公平的原则，正确处理好甲方和被保险人的关系。如因乙方员工在职业中不当行为造成甲方损失或损害甲方市场声誉的，乙方承担经济赔偿责任。

二、乙方应严格遵守由甲方制定车险理赔规章制度、理赔规程和客户服务承诺。

三、乙方公估人员必须具有相关从业资格并掌握相关的法律、法规，经甲方考核通过后方可上岗。

四、乙方应以事实为依据，以法律为准绳，就是否赔付，及赔付金额做出公平、公正、合理的公估结论（查勘定损报告）并向甲方出具公估报告，其调取的相关证据材料应该充分支持公估结论。

五、乙方公估人员在查勘现场时、对保险责任认定、损失核定等公估业务所出具报告的合法性、公正性和准确性应承担法律责任。

六、乙方应及时向甲方递交公估赔案的全部理赔资料，包括鉴定材料、证明材料、检验报告、发票单据等，并负责向保险双方当事人的疑问做出技术解释。乙方公估人员需严格按照甲方制定查勘定损工作规范要求及时完成查勘定损工作，在两个工作日内将查勘报告或定损单以邮寄方式寄出（以寄出日期为准），查勘报告和定损单应完整规范。经甲方告知后 24 小时内仍未送达时，乙方按延期天数每案每天向甲方支付违约金 50 元。

七、乙方必须建立 24 小时值班制度，安排现场查勘值班人员，设立值班电话、传真机等必要设备。

八、现场情况及事故、车辆的照片必须通过网络在查勘过程中按照指定时间传送到甲方指定的邮箱或系统。

九、甲方如有其他服务内容要求，乙方在人力配置和工作负荷可承担的前提下合理安排。

第五条 甲方权利义务。

一、由甲方书面制定相关管理制度、规则、业务标准及规程，并告知乙方，必要时向乙方提供培训。

二、甲方在乙方铺设机构覆盖地区范围内（见附件）委托乙方处理查勘、检验、定损、取证等公估工作。

三、甲方负责查勘定损工作的及时、合理委托，有权对本委托范围内乙方业务及管理情况进行监督和检查，乙方须积极主动配合。

四、甲方应对乙方递交的查勘报告和定损单及时审核，对不合格单证应在两个工作日内退回乙方，乙方应及时给予修正和完善，不得敷衍了事。

五、若乙方的公估结论明显与事实不符，或乙方工作懈怠，延误检验或公估的时机，甲方有权解除委托协议、扣减公估费。甲乙双方可协商制定考核标准，该标准不得低于甲方车险理赔相关规定，甲方有权根据工作任务及标准对乙方进行考核，其考核结果与公估费用挂钩。甲方对委托公估的每个案件按约定的标准进行考核，每个案件的标准公估费用乘以考核结果所得出的金额即甲方最终应支付的该案件的公估费用。

六、保险事故发生后，甲方应积极配合乙方的公估人员，提供各种相关背景资料，因甲方原因导致乙方不能按期完成公估任务的，乙方不承担责任。

七、乙方出具正式公估报告后，甲方应按附件所列的收费标准在约定期限内支付给乙方，如有特殊情况不能按期支付的，甲方应事先书面声明。

八、甲方负责对配件价格的核损工作，甲乙双方应密切合作，如甲方对乙方报价有疑问时，应及时向乙方询问价格依据，并审定最终价格。

第四章 费用支付及结算

第六条 公估费。

一、公估收费标准

车险公估费用根据案件的复杂程度、金额大小和委托案件数量分档及省份收费，甲方与乙方商定指导性收费标准见附件。

（一）收费标准包含工作内容：现场查勘、损失核定、出具查勘报告（公估报告）、定损单及编辑打印事故照片等。

（二）如案件涉及人伤案件，需要乙方进行查勘核损的，按人伤医疗核损案件收费标准收费。

（三）如甲方要求甲乙双方在约定区域以外进行查勘定损工作，由甲乙双方根据地域及案件的实际情况，另行商定公估费标准。

二、奖励费

通过乙方额外努力，查勘后拒赔或销案案件，乙方按事故损失金额的10%收取公估费，最低收费200元。奖励费连同当月公估费一同开具。

第七条 公估费结算。

一、按月结方式进行公估费结算。

二、甲乙双方于每月5日前（遇节假日顺延）共同完成对上月业务量和公估费统计核对工作，甲方在每月10日之前，以转账形式支付到乙方指定公司账户上。

三、乙方不得向甲方客户直接收取公估费。

四、公估费收费账号

开户名称：

开户银行：

账号：

五、滞纳金

甲方逾期支付公估费的，乙方可以从逾期之日起每日按应支付公估费用万分之三加收违约滞纳金。

第五章 其他内容

第八条 服务时效及满意度。

一、案件上传和资料交接时效

乙方查勘员在查勘定损完毕后24小时内把案件资料发送到甲方指定的邮箱，或者把案件资料发送到甲方的理赔服务系统，案件纸质资料由乙方专人在两个工作日内送到（或者邮寄）甲方车险理赔部。

二、案件查勘时效详见附件。

三、乙方应保证服务质量，甲方通过对客户回访等方式，评判乙方服务质量，并将结果反馈给乙方。

四、乙方应不断提高查勘服务时效及客户满意度。

第九条 乙方根据甲方业务量和业务难度，进行人力合理配置和投入，加强人员培训和管理工作，不断提高整体技能和职业道德水平。

第十条 乙方关键岗位人员变动时，应提前一周书面通知甲方，乙方应负责做好交接工作，确保工作顺利进行。

第十一条 乙方如果没有按照协议规定选派合格查勘人员或因乙方查勘人员道德风险造成甲方损失，或乙方查勘人员出具虚假查勘报告、不实等情况，除赔偿甲方正常经济损失以外，每次支付甲方违约金500元。

第十二条 经查属实的乙方查勘人员因工作态度、工作技能或职业操守而被投诉超出3次的，乙方每例向甲方支付违约金200元。

第十三条 有关损害赔偿和违约金，经甲乙双方确认后，甲方有权利直接从当月支付乙方公估费用中抵扣。

第十四条 本协议附件为协议不可分割组成部分，与本协议具有同等法律效力。

第六章 保密制度

第十五条 对涉及甲方商业秘密公估内容、相关资料、信息和甲方客户秘密，乙方应严守秘密，未经甲方允许不得泄露给任何第三方，否则将承担由此产生的法律和经济责任。

第七章 协议的生效、终止和延长

第十六条 协议生效。

一、本协议一式五份，甲方三份、乙方二份，自双方签字、盖章之日起生效，有效期为一年。

二、本协议有效期限____年____月____日至____年____月____日。

第十七条 协议终止。

因协议一方的故意行为或严重过失，造成协议另一方的利益（包括商誉和形象）受到严重损害时，损失一方有权解除本协议。

第十八条 协议延长。

在协议到期前30日内若甲乙双方均未正式提出终止合作，则本协议自动延长一年。

第八章 协议的补充修改

第十九条 根据需要经双方协商，可以对本协议内容进行补充或修改。提出方需提前15天通知对方商讨修改事宜。补充或修改的条款以书面形式经双方授权代表签字后，即成为本协议的组成部分，与本协议具有相同的法律效力。

第九章 争议解决

第二十条 凡因本协议所发生的或与本协议有关的一切争议，争议双方应通过友好协商解决；如果协商不能解决，争议双方同意将争议提交被告所在地仲裁委员会进行仲裁。

第十章 附则

第二十一条 甲方指派专门部门和各分支机构负责本协议的具体履行，甲方各分支机构享受本协议项下甲方的权利。甲方委托乙方进行公估的损案卷宗及公估报告书应按照甲方要求由指定部门或所属各分支机构保管。

第二十二条 每年年末甲方将对与乙方的合作情况进行综合评价,并有权按评价结果对次年的合作做相应调整。

第二十三条 本协议书一式五份,甲方三份,乙方二份。

甲方:＿＿＿＿＿＿财产保险股份有限公司　　　乙方:＿＿＿＿＿＿保险公估股份有限公司
　　　　　(盖章)　　　　　　　　　　　　　　　　(盖章)
授权代表(签字):　　　　　　　　　　　　　　授权代表(签字):
　　　年　　月　　日　　　　　　　　　　　　　　年　　月　　日